Manual de
Word 2010

Manual de
Word 2010

MEDIAactive

marcombo
ediciones técnicas

Manual de Word 2010

© MEDIAactive

Primera edición, abril 2011

© 2011 MARCOMBO, S.A.
  Gran Via de les Corts Catalanes, 594
  08007 Barcelona (España)
  www.marcombo.com

en coedición con:

© 2011 ALFAOMEGA GRUPO EDITOR, S.A. de C.V.
  C/ Pitágoras 1139 - Colonia del Valle
  03100 – México D.F. (México)
  www.alfaomega.com.mx

Diseño de la cubierta: NDNU DISSENY GRÀFIC

Con la colaboración de:

Generalitat de Catalunya
**Institut Català
de les Indústries Culturals**

ISBN por Marcombo: 978-84-267-1730-6

ISBN por Alfaomega: 978-607-707-220-1

ISBN (obra completa): 978-84-267-1674-3

D.L.: BI-1082-2011
Printed in Spain

Índice

La interfaz de Word 2010

Crear y guardar documentos

Trabajar con textos

Las vistas y el diseño del documento

Insertar elementos en el documento

Trabajar con referencias

Revisar y proteger

Imprimir y compartir

Presentación

Definitivamente, el programa de creación de documentos de texto más conocido, utilizado y respetado en el mundo es Microsoft Office Word. La versión a la que se dedica este manual, Word 2010, tal como sucede con todas las aplicaciones de la suite Office, presenta una interfaz de usuario renovada, en la que destacan especialmente la pestaña **Archivo** y la vista **Backstage**, y ofrece además nuevas utilidades que permiten analizar, compartir y administrar la información de manera sencilla y segura.

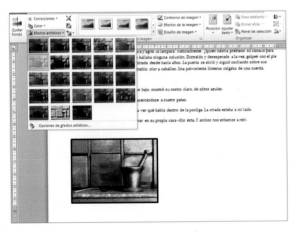

Con Word 2010 es posible aplicar a sus documentos las ampliadas galerías de estilos y temas de la aplicación, obtener espectaculares gráficos con aspecto profesional a partir de los datos introducidos, compartir información de un modo seguro con clientes, socios o compañeros, subir documentos directamente a un blog personal...En definitiva, se trata de una útil y sencilla herramienta que permite crear documentos con diseños realmente elaborados y luego distribuirlo por múltiples vías sin ninguna dificultad y sin tener que salir de la aplicación. Su uso puede ser tanto personal (para crear álbumes de fotos, cartas u otros documentos personales) como profesional o empresarial (para elaborar formularios, presentaciones, informes, etc.)

Además de las novedades en cuanto a su interfaz, que saltan a la vista al acceder a la aplicación, el nuevo Word 2010 ofrece nuevas funciones que facilitan el intercambio de datos con otros usuarios, la organización de la información y la gestión de sus fuentes, la creación de gráficos dinámicos, la aplicación de efectos espectaculares a textos, formas e imágenes, y la introducción y edición de imágenes, ecuaciones, diagramas, etc. Los ejercicios que componen este completo manual servirán al alumno para introducirse en el mundo de Word 2010 y aprender a desenvolverse con sus principales herramientas. Una vez los haya completado, seguro que será capaz de utilizar el programa en su propio beneficio.

Nuestro método de aprendizaje

El método de aprendizaje de esta colección de manuales permite que el lector ejercite las funciones sobre el programa real desde el primer momento, pudiendo personalizar los ejercicios según sean sus necesidades o preferencias. Nuestro método se caracteriza por no dar nada por sabido guiando cuidadosamente al usuario desde los primeros pasos hasta el perfecto dominio del programa. Una serie de capturas de pantalla que acompañan a los ejercicios permiten asegurarse en todo momento de que el proceso se está ejecutando correctamente.

A lo largo de las lecciones que conforman el presente manual, no se trabajará con un único archivo sino que se utilizará más de uno, según la finalidad de las funciones presentadas. La continuidad en el proceso de creación que presentan muchas de las lecciones hacen que sea muy recomendable estudiarlas de forma ordenada y empezando por el principio, para así ir encontrando los documentos necesarios tal y como quedaron al ser manipulados por última vez. No obstante, con la finalidad de optimizar el curso y evitar la repetición innecesaria de procedimientos ya estudiados, algunos de los ejercicios parten de archivos de ejemplo ya creados. El lector puede optar en estos casos por realizar los ejercicios sobre un documento cualquiera creado y guardado por el alumno, o por descargar los archivos necesarios desde nuestra página Web. Es recomendable, a fin de no interrumpir el ritmo de estudio, descargarse todos los documentos necesarios y guardarlos en una carpeta del disco, antes de empezar la práctica.

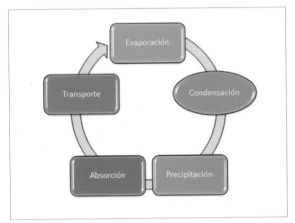
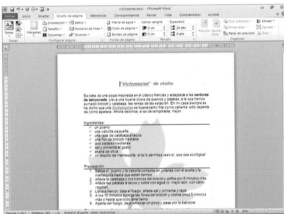

En la confección de este manual, hemos tenido en cuenta que sea utilizado como un completo curso con el que aprender a usar la aplicación desde sus funciones básicas y como libro de consulta complementario sobre Word 2010. En cada una de las lecciones encontrará una breve descripción teórica del tema que se trata, a modo de introducción, y un ejercicio guiado paso a paso y pulsación a pulsación.

La interfaz de Word 2010

Introducción

El elemento que distingue claramente la interfaz de Word 2010 de la de su versión predecesora, Word 2007, es la **pestaña Archivo**, que oculta un menú de opciones relativas al trabajo con archivos: impresión, almacenamiento, distribución, protección, etc. Algunas de estas opciones disponen a su vez de otro nuevo elemento, la vista **Backstage**, desde donde se pueden administrar los archivos y sus datos, crear y guardar documentos, inspeccionar metadatos o información personal ocultos y configurar opciones.

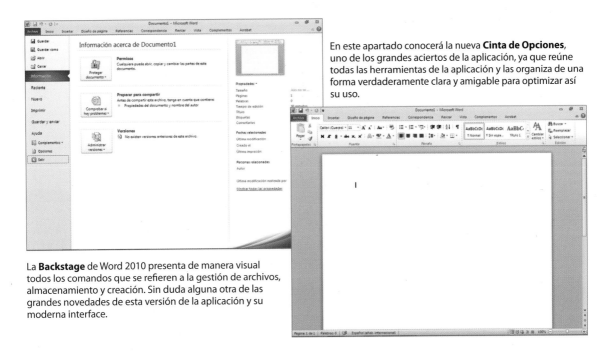

En este apartado conocerá la nueva **Cinta de Opciones**, uno de los grandes aciertos de la aplicación, ya que reúne todas las herramientas de la aplicación y las organiza de una forma verdaderamente clara y amigable para optimizar así su uso.

La **Backstage** de Word 2010 presenta de manera visual todos los comandos que se refieren a la gestión de archivos, almacenamiento y creación. Sin duda alguna otra de las grandes novedades de esta versión de la aplicación y su moderna interface.

Éstas son las principales novedades que presenta la aplicación respecto a su interfaz. El resto de elementos ya existían en la versión anterior pero también han sido mejorados para facilitar el trabajo y ofrecer una experiencia avanzada y útil. En las lecciones que componen este apartado, aprenderá a configurar según sus necesidades y preferencias los diferentes elementos de la interfaz del programa. Así, conocerá el modo de agregar y eliminar iconos de la **Barra de herramientas de acceso rápido** y de personalizar la **Cinta de opciones** para que aparezcan determinadas fichas o grupos de herramientas. También practicará con la **Barra de estado** y con otras opciones de personalización del entorno de Word (que pueden llevarse a cabo desde el cuadro Opciones de Word), y conocerá el modo de exportar e importar personalizaciones, proceso muy útil cuando se trabaja en equipo y se desea compartir un mismo espacio de trabajo.

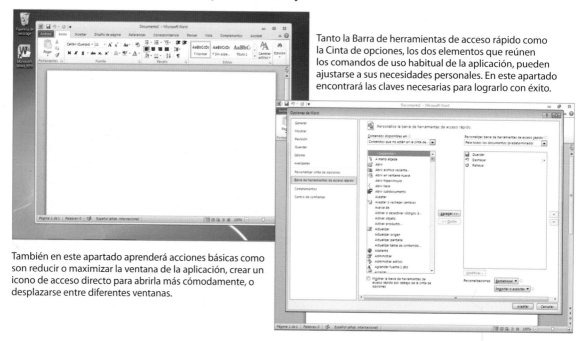

Tanto la Barra de herramientas de acceso rápido como la Cinta de opciones, los dos elementos que reúnen los comandos de uso habitual de la aplicación, pueden ajustarse a sus necesidades personales. En este apartado encontrará las claves necesarias para lograrlo con éxito.

También en este apartado aprenderá acciones básicas como son reducir o maximizar la ventana de la aplicación, crear un icono de acceso directo para abrirla más cómodamente, o desplazarse entre diferentes ventanas.

Con estos ejercicios se pretende, pues, que sepa identificar rápidamente cada una de las partes que componen la interfaz de Word 2010, para que pueda seguir el resto de apartados del manual sin ninguna dificultad.

Lección 1. **Acceder a Word 2010**

Una vez ha instalado la suite Office 2010 en su ordenador, puede acceder a Word 2010 a través de la carpeta de la aplicación, ubicada dentro del directorio Todos los programas del menú Inicio. Sin embargo, si va a utilizar a menudo el programa, probablemente le resultará mucho más cómodo añadir un acceso directo a la aplicación en el Escritorio, lo que le permitirá iniciarlo con solo un doble clic. En este ejercicio aprenderá a acceder al programa por ambos métodos, a cerrarlo también de diversas maneras y creará el acceso directo en el Escritorio que usaremos luego repetidamente en este curso.

1 Para empezar esta primera lección, aprenderemos cómo arrancar Word 2010 desde el menú **Inicio** de Windows, que es la forma predeterminada, y cómo cerrarlo al acabar una sesión de trabajo. Dirija el puntero del ratón hacia la parte inferior de la pantalla y cuando aparezca la **Barra de tareas**, pulse sobre el botón de **Inicio. (1)**

Word, al igual que todos los programas de la suite Microsoft Office, se almacena en el directorio **Todos los programas** de su disco local.

2 Antes de acabar de abrir el programa queremos comentar la primera novedad general de la versión 2010 de Office. La pantalla de bienvenida nos brinda la posibilidad de cancelar el proceso de apertura de la aplicación o minimizar directamente la ventana del programa, sin acabar de abrirse. Eso sí, si quiere hacerlo debe de tener buenos reflejos, porque la ventana de bienvenida es realmente breve. Tan pronto como se abra la pantalla intente minimizar la aplicación. Vamos a ello, pero antes tenemos que acabar de abrir el programa.

3 Una vez desplegado el menú **Inicio**, se despliega una primera lista que contiene en primer lugar los programas que haya abierto recientemente en su ordenador. Al pie de la lista encontrará el comando **Todos los programas**. Pulse sobre esta opción, utilice la barra de desplazamiento vertical para encontrar el directorio **Microsoft Office** y seleccione el programa **Microsoft Word 2010. (2)**

4 Inmediatamente se abra la ventana de bienvenida, **(3)** pulse sobre el botón correspondiente, la pequeña línea horizontal ubicada en el extremo superior derecho de la misma. Además de los dos iconos **Cerrar** y **Minimizar (4)** de la ventana de bienvenida, puede además cerrarla desde el botón con el texto **Cancelar**, ubicado su esquina inferior derecha. **(5)**

5 Si ha tenido éxito, la ventana ha quedado minimizada en la **Barra de tareas** en forma de botón. **(6)** Para recuperar la ventana en pantalla simplemente debe pulsar sobre el botón del programa en esta barra. Dirija nuevamente el puntero del ratón hacia la parte inferior de la pantalla y, cuando aparezca la **Barra de tareas**, haga clic sobre el botón que identifica la ventana de **Word 2010** para maximizarla.

6 Ya hemos arrancado la primera sesión de trabajo con Microsoft Word y ahora aprenderemos las diferentes formas de cerrarla. Puede hacer uso del grupo de botones de la esquina superior derecha, donde corresponde el botón en forma de aspa. **(7)** También puede cerrar el programa desde el comando **Salir** de la pestaña **Archivo. (8)** Tenga en cuenta que la opción **Cerrar** de la pestaña **Archivo** cerraría solo el documento abierto en primer plano, pero no la aplicación.

7 Para facilitar el acceso a Word en las próximas sesiones, ahora crearemos un icono de acceso directo en el **Escritorio**, de forma que pueda acceder a la aplicación más rápidamente en el futuro. Para ello, pulse nuevamente en el menú **Inicio** de Windows para desplegar su menú.

8 Fíjese que dispone de un acceso directo a Word en este primer menú. **(9)** Sucede exactamente así con cada aplicación que usa en su ordenador. Con otro clic sobre este acceso de la primera lista, abriría directamente el programa pero ahora no lo usaremos.

Para tener siempre la aplicación al alcance de un par de clics puede que también le interese anclarla a la **Barra de tareas** o a la lista de aplicaciones recientes del menú **Inicio**. Sólo tiene que pulsar el botón derecho del ratón sobre el nombre de la aplicación en la mencionada lista y del menú contextual desplegado seleccionar la opción que desee.

9 Diríjase al campo **Buscar programas y archivos** que tiene al pie del menú y escriba el texto **Microsoft Word**. En un instante aparece una lista con todos los programas y archivos que contienen ese texto. Recuerde en el futuro que dispone de este rápido método de búsqueda. Vamos ahora a crear el acceso a partir del nombre de la aplicación, que aparece de primero en la lista junto a su icono. Pulse con el botón derecho del ratón sobre el programa **Microsoft Word 2010** y en el menú contextual que se despliega, pulse sobre el comando **Enviar a** y elija la opción **Escritorio (crear acceso directo). (10)**

10 Automáticamente aparece el icono de Word 2010 en el Escritorio. **(11)** En la segunda lección haremos uso de él para acceder de forma más directa a la aplicación.

Lección 2. **La nueva interfaz de Word 2010**

La versión 2010 de la suite Microsoft Office incorpora una nueva interfaz, común a todas sus aplicaciones con las necesarias variantes, que logra realmente facilitar la búsqueda y uso de diferentes herramientas y opciones. Los cambios que presentan todas las aplicaciones, y desde luego el programa Word que nos ocupa, hacen que los procesos se hagan mucho más intuitivos y el manejo más visual. En esta segunda lección comenzaremos a familiarizarnos con los elementos básicos de esta interfaz y aprenderemos unos conceptos básicos para el uso de ventanas, y en las siguientes lecciones profundizaremos en sus componentes. Además, aprenderemos a cambiar de tamaño la ventana de la aplicación por diferentes métodos.

1 Comenzaremos esta lección abriendo la aplicación desde el acceso directo que hemos creado en el **Escritorio**, para poder pasar explorar los elementos fundamentales de la interfaz de Word 2010. Abra el programa haciendo un doble clic sobre el icono.

2 Una vez abierto el programa, podemos empezar a ubicar sus elementos más relevantes. En la parte superior y al centro se encuentra la **Barra de título**, que muestra en todo momento el título del documento abierto en primer plano, y contiene el botón de Word 2010, que permite gestionar la ventana del programa. **(1)** Haga clic sobre este icono, que es la letra **W** de color azul situada en el extremo izquierdo de la **Barra de título**.

3 Como verá, el icono de la aplicación incorpora un menú básico que permite cambiar el tamaño de la ventana de la aplicación, moverla, minimizarla, maximizarla o cerrar el programa. Vamos ahora a jugar un poco con estas funciones. Pulse sobre el comando **Restaurar. (2)**

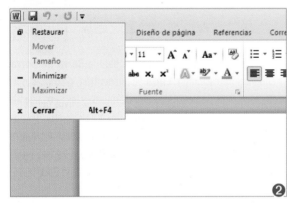

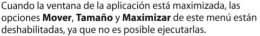

Cuando la ventana de la aplicación está maximizada, las opciones **Mover**, **Tamaño** y **Maximizar** de este menú están deshabilitadas, ya que no es posible ejecutarlas.

4 La ventana ha reducido sus dimensiones manteniendo visible todo su contenido. **(3)** También en la **Barra de título**, en el extremo opuesto al icono de la aplicación, se encuentra un grupo de tres botones. Desde estos botones también puede ejecutar tres de las acciones mostradas en el menú que acabamos de ver: **Minimizar, Restaurar y Cerrar**, en ese mismo orden. **(4)** Cuando la ventana está en su tamaño máximo, ocupando toda la pantalla, al restaurarla reduce su tamaño. Cuando ya está reducida el botón **Restaurar** vuelve a maximizarla. Haga ahora clic en el icono **Restaurar** de la **Barra de título** para maximizar nuevamente la ventana.

5 En la parte superior izquierda de la ventana, inmediatamente después del icono de la aplicación, se sitúa la **Barra de herramientas de acceso rápido** que muestra los iconos de tres de los comandos más habituales: **Guardar, Deshacer** y **Rehacer. (5)** En la próxima lección aprenderá a personalizarla según sus propias necesidades añadiendo o eliminando comandos.

6 Haga ahora clic sobre la pestaña **Archivo**, ubicada en el extremo izquierdo de la **Cinta de opciones**, para visualizar su contenido. Se ha abierto en su pantalla la ficha **Información** de la nueva vista **Backstage** de Microsoft Office 2010. **(6)** En todas las aplicaciones de la suite, la pestaña **Archivo** contiene opciones de administración de documentos similares a las disponibles en el botón Microsoft Office y en el Menú **Archivo** de versiones anteriores. La vista **Backstage** permite obtener un acceso más eficaz y rápido a todas las tareas de gestión de documentos y de configuración de la interface, y centraliza todas las acciones relativas a la preparación, finalización y distribución de documentos. Más adelante le dedicaremos una lección.

Los pequeños iconos ubicados en la **Barra de estado**, justo antes del zoom, sirven para cambiar las vistas del documento.

7 Seleccione la pestaña **Inicio** de la **Cinta de opciones**, ubicada bajo la **Barra de herramientas de acceso rápido. (7)** En esta imprescindible **Cinta** se encuentran, distribuidos en diferentes fichas, los controles que antes se repartían entre la barra de menús y las barras de herramientas. Cada una de las fichas de la **Cinta** está dividida en grupos de comandos relacionados con un mismo tipo de acción. Al abrir la aplicación, vemos por defecto el contenido de la ficha **Inicio**, pero ahora veremos que podemos configurarla para que no se vea ninguna de las fichas. La punta de flecha situada en el extremo derecho de la **Cinta de opciones** permite minimizar y volver a ampliar las pestañas activas. Pulse sobre el icono en forma de punta de flecha del final de la **Cinta.** Observe que ahora solo se visualizan las pestañas **(8)** y el botón de punta de flecha ha pasado a apuntar hacia abajo **(9)**. Vuelva a pulsar el botón para volver a darle su aspecto anterior a la **Cinta**.

8 El resto de elementos de la interfaz de Word 2010 son el Área de trabajo donde se visualiza el documento, que ocupa en la parte central de la pantalla (y la mayor parte de esta, y la **Barra de estado**, situada en la parte inferior del área de trabajo. La **Barra de estado** indica en este orden el número de página sobre el total existente, el número de palabras, el idioma, las diferentes vistas disponibles, el nivel de zoom y los controles deslizantes para modificarlo. **(10)**

9 Es posible modificar la configuración predeterminada de casi todos los elementos mencionados, y por ello dedicaremos una lección específica a cada uno de ellos dentro de este mismo apartado. Ahora, para acabar esta lección, exploraremos una forma más para cambiar el tamaño de la ventana. Para restaurar una vez más la ventana, haga doble clic en la **Barra de título**.

10 Efectivamente esta ha vuelto a reducir su tamaño. **(11)** Ahora, para desplegar el menú contextual de la **Barra de título**, simule una pulsación con el botón derecho del ratón sobre esta.

11 Como apreciará, se trata del mismo menú contextual que abrimos al pulsar sobre el icono de Word pero ahora que está la ventana reducida, todas las opciones están disponibles. **(12)** Pulse esta vez sobre la opción **Tamaño**.

12 El cursor ha cambiado de forma y ahora es una cruz con flechas en las puntas. Vamos ahora a cambiar su tamaño modificando sus bordes desde el teclado. Usando las teclas de desplazamiento hacia la derecha y hacia abajo, modifique el tamaño de la ventana.

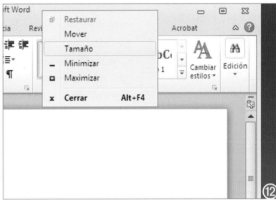

13 Mueva ahora el ratón para comprobar cómo el tamaño de la ventana cambia también de esta forma, y haga un clic cuando haya dado a la ventana el tamaño deseado.

14 Finalmente, para acabar esta lección y pasar a conocer en detalle la **Barra de herramientas de acceso rápido**, ampliaremos nuevamente la ventana. Haga doble clic en la **Barra de título** y podrá dar por terminada esta lección

También es posible **redimensionar** una ventana restaurada arrastrando alguno de sus vértices con la punta del cursor.

Lección 3. **La Barra de herramientas de Acceso Rápido**

En la lección anterior hemos conocido de forma general los elementos que componen la nueva interfaz de Word 2010. Hemos visto que la Barra de acceso rápido se sitúa en la parte superior de la interfaz de la aplicación, a la izquierda de la Barra de título y está compuesta de forma predeterminada por tres comandos que probablemente sean los de uso más frecuente del usuario medio de Word: Guardar, Deshacer y Rehacer. Ahora aprenderemos el modo de añadir y eliminar iconos de la Barra de herramientas de acceso rápido, para que pueda adaptarla de la mejor manera a sus necesidades personales y facilitar así la elaboración de documentos.

1 Después de haber terminado las primeras dos lecciones de este manual, habrá notado que dos de los comandos predeterminados en la **Barra de herramientas de acceso rápido** se encuentran desactivados: **Deshacer** y **Rehacer**. Es así desde que iniciamos la sesión y se debe a que todavía no ha llevado a cabo ninguna acción sobre el documento que pudiera querer anular o repetir. Ahora veremos que es posible personalizar esta barra añadiéndole otros comandos. Pulse el botón derecho del ratón sobre la Barra de herramientas de acceso rápido y, en el menú contextual de esta, seleccione la opción **Personalizar barra de herramientas de acceso rápido. (1)**

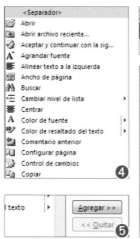

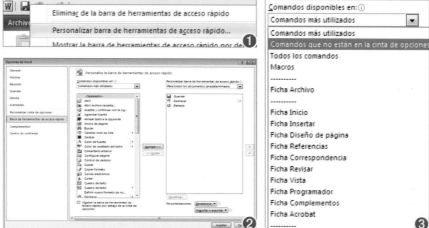

Para añadir comandos a la barra, basta con seleccionarlos en la lista de **Comandos disponibles en** y pulsar el botón **Agregar**.

2 Se abre de este modo el cuadro **Opciones de Word**, mostrando activa la ficha **Barra de herramientas de acceso rápido. (2)** Haga clic en el botón de punta de flecha del campo **Comandos disponibles en**, que muestra seleccionada la opción **Comandos más utilizados**, y en la lista que aparece, elija la categoría **Comandos que no están en la cinta de opciones. (3)**

3 Se despliega entonces la lista que hemos pedido. Puede ser bastante práctico añadir algunos de estos comandos, ya que contiene acciones de uso bastante habitual que podrían resultar más accesibles desde la **Barra**. Puede ademas añadir separadores para organizar mejor la **Barra**. Seleccione el **<Separador> (4)** y pulse sobre el botón **Agregar. (5)**

4 Vamos a añadir ahora algunos comandos por ejemplo, los comandos **Abrir** y **Nuevo documento en blanco**. Puede pulsar sobre un comando y luego usar el botón agregar, o puede hacer un doble clic sobre el comando deseado.

5 Seleccione la opción **Mostrar la barra de herramientas de acceso rápido por debajo de a cinta de opciones** y finalmente para aplicar los cambios, pulse sobre el botón **Aceptar. (6)**

6 En primer lugar es fácil apreciar que la **Barra** se ha desplazado hasta debajo de la **Cinta de opciones**. Compruebe además como, efectivamente, se ha añadido un separador en forma de línea vertical, seguido de los iconos de los comandos **Abrir** y **Nuevo documento en blanco.** Otro modo de añadir comandos a la **Barra** consiste en pulsar con el botón derecho del ratón sobre la herramienta elegida en la **Cinta de opciones** y seleccionar la opción **Agregar a la Barra de herramientas de acceso rápido**. Ahora utilizaremos el método inverso a este que acabamos de explicar para eliminar los iconos que hemos añadido y recuperar el aspecto inicial de la barra. Haga clic en el botón derecho del ratón sobre el **Separador** añadido a la barra y seleccione la opción **Eliminar de la barra de herramientas de acceso rápido. (7)**

7 Repita el proceso con los dos comandos agregados.

8 Veamos ahora cómo volver a cambiar la posición de la **Barra de herramientas de acceso rápido**. Para ello, pulse sobre el botón que muestra una punta de flecha apuntando hacia abajo, con una pequeña línea horizontal arriba, ubicado en el extremo derecho de dicha barra.

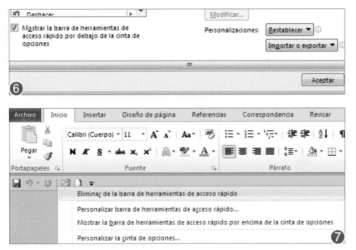

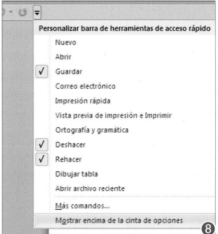

9 Se despliega el menú **Personalizar barra de herramientas de acceso rápido**. En la primera sección del mismo se muestra una lista de los comandos que el programa considera de uso más frecuente. Los que se encuentran marcados con un signo de verificación son los comandos que forman parte actualmente de la barra. Si no acabáramos de eliminar uno a uno los comandos añadidos, ahora podríamos hacerlo desde esta ventana, simplemente quitando el signo de verificación, y desaparecerían de inmediato. El menú se completa con dos opciones adicionales: **Más comandos,** mediante la cual es posible seleccionar cualquiera de los comandos disponibles en el programa, y la que seleccionará en este momento: **Mostrar debajo de la cinta de opciones. (8)**

10 Una vez hemos devuelto la barra a su lugar original, ensayaremos una última forma de personalización en cuanto a contenido. Haga clic sobre el botón de punta de flecha para desplegar nuevamente el menú de opciones, pulse sobre el comando **Guardar** para desactivarlo en este menú y compruebe cómo desaparece de inmediato de la **Barra de herramientas** de acceso rápido. Para devolver a la barra su configuración original y terminar esta lección, despliegue por última vez el menú de **personalización de la Barra** y añada nuevamente el comando **Guardar** haciendo un clic sobre su nombre.

Al pulsar sobre los comandos de l menú de personalización del botón de flecha de la **Barra**, los comandos se añaden o eliminan de inmediato

Lección 4. **La Cinta de opciones**

La Cinta de opciones, introducida en la versión 2007 de la suite Microsoft Office, a la que pertenece la aplicación Word, representó un importante aporte a la interfaz de los programas, pues reúne de forma lógica a todos los comandos de la aplicación y permite acceder a ellos y utilizarlos de una manera muy visual e intuitiva. Organiza en forma de fichas las diferentes funciones y herramientas del programa agrupadas por tipo de actividad, lo que facilita el trabajo a la hora de completar una tarea en la preparación de documentos. Ya hemos visto en la lección anterior que la cinta puede ser minimizada o maximizada. Ahora veremos que, tal como sucede con la Barra de herramientas de acceso rápido, puede además ser personalizada para que muestre los comandos más utilizados por el usuario.

1 Tal como hemos comentado, la **Cinta de opciones** se encuentra por defecto expandida bajo la **Barra de herramientas de acceso rápido** y muestra el contenido de la pestaña **Inicio**, la primera de la **Cinta**. Podrá ver que la pestaña Inicio está dividida en cuatro grupos de herramientas que son **Portapapeles**, **Fuente**, **Párrafo**, **Estilos**. Para pasar de una pestaña a otra sencillamente es preciso pulsar sobre la pestaña correspondiente. Vamos a verlo: haga clic sobre la pestaña **Diseño de página**.

2 Se ha abierto la ficha correspondiente y en este caso son cinco los grupos de herramientas incluidos, los cuales permiten modificar el diseño del documento. **(1)**

En **la Cinta de opciones**, los comandos están organizados en grupos de herramientas, que a su vez se agrupan de forma lógica en diferentes fichas según sus funciones.

3 Ahora abriremos la pestaña **Insertar**. Veremos que algunas veces varias herramientas de una misma categoría están agrupadas en un solo botón de la **Cinta** para ahorrar espacio. Estos botones tienen también una punta de flecha y despliegan un menú de opciones. Pulse el botón **Elementos rápidos** del grupo **Texto** y observe las diferentes opciones que contiene. **(2)**

4 Una vez ha visto su contenido, al que le dedicaremos una lección más adelante, cierre el cuadro **Elementos rápidos** pulsando sobre el área de trabajo.

5 Todos los comandos de la **Cinta de opciones** pueden utilizarse mediante teclas de acceso. Para visualizar información sobre las teclas que corresponden a cada función, pulse la tecla **Alt** de su teclado. **(3)** En efecto, se muestran sobre los elementos las teclas que debemos pulsar para activarlas. Supongamos, por ejemplo, que queremos ver el contenido de la ficha **Correspondencia** de la **Cinta de opciones**. Pulse la tecla **D** de su teclado para activar la ficha **Correspondencia** para comprobar cómo automáticamente se activa esa ficha y el programa sigue mostrando las teclas que accionan las diferentes herramientas que se incluyen en ella.

6 A continuación añadiremos un elemento de la **Cinta** a la **Barra de herramientas de acceso rápido**, directamente desde el comando que nos interesa. Pulse con el botón derecho del ratón sobre el icono **Iniciar combinación de correspondencia** y elija la opción **Agregar a la Barra de herramientas de acceso rápido. (4)**

7 El icono de la herramienta **Iniciar combinación de correspondencia** se ha añadido a la **Barra de herramientas de acceso rápido**, junto a la punta de flecha que activa su menú de opciones. ¿Recuerda cómo eliminar el comando? Pulse con el botón derecho del ratón sobre el icono **Iniciar combinación de correspondencia** de la **Barra de herramientas de acceso rápido** y elija la opción **Eliminar de la Barra de herramientas de acceso rápido. (5)**

8 Puede que necesite más espacio en el área de trabajo y prefiera minimizar la **Cinta de opciones**. Puede hacer uso para ello de los botones en forma de punta de flecha ubicados al final de la **Cinta** que usamos en la lección anterior, o puede usar el menú contextual de la propia **Cinta**, tal como haremos ahora. Pulse con el botón derecho del ratón sobre la pestaña **Diseño de página** de la **Cinta de opciones** y, del menú contextual que se despliega, elija el comando **Minimizar la Cinta de opciones. (6)**

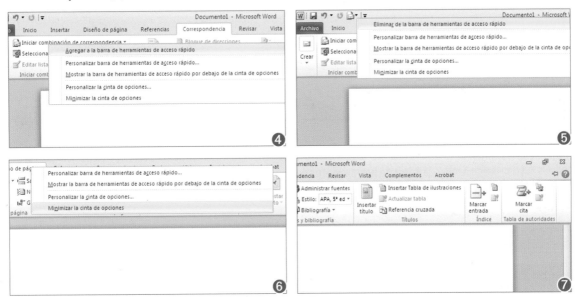

9 De este modo, la **Cinta de opciones** muestra sólo las pestañas de sus fichas. Para ver las herramientas de cada una de ellas, basta con hacer clic sobre la pestaña correspondiente. Hágalo sobre la pestaña **Referencias**.

*El icono ubicado al final de la **Cinta** junto al botón de **Ayuda**, cambia según el estado de la misma.*

10 Observe que cuando la **Cinta de opciones** se encuentra minimizada con alguna de sus pestañas desplegada, el botón del extremo derecho de este elemento se convierte en una especie de pincho, mediante el cual es posible volver a maximizarla. **(7)** Si ahora hace un clic con el ratón sobre cualquier punto fuera de la ficha desplegada, esta se cerrará de inmediato. Vamos a probarlo, para cerrar la pestaña **Referencias**.

11 Volvamos a expandir la **Cinta** de opciones para continuar con la lección, esta vez usando otro método. Haga doble clic sobre la pestaña **Insertar** de la **Cinta de opciones** para maximizar la cinta.

12 Para acabar esta lección, abriremos el cuadro de **Personalización de la Cinta de opciones** en el cuadro **Opciones de Word**. Haga clic en la pestaña **Archivo** y pulse sobre el comando **Opciones**. (8) De inmediato, al abrirse el cuadro **Opciones de Word**, haga clic sobre la categoría **Personalizar Cinta**. (9)

13 En el apartado **Personalizar la cinta de opciones** se muestra la lista de todas las fichas con las que cuenta la cinta de Word. Al igual que sucedía en la **Barra de herramientas de acceso rápido**, puede añadir o eliminar elementos de la **Cinta** con los botones correspondientes, y también puede recuperar su aspecto original en cualquier momento usando el botón **Restablecer**. En este caso no introduciremos ningún cambio. Debe tener en cuenta que la instalación de determinados programas en el equipo conlleva la adición de fichas propias en la **Cinta** de Word, como por ejemplo en el caso de **Adobe Acrobat.**

La pestaña **Archivo** permite acceder al cuadro de **Opciones de Word**, donde podemos personalizar la **Cinta de opciones**.

14 Una vez visto el cuadro de personalización, de estructura y funcionamiento idénticos al de la **Barra de herramientas de acceso rápido**, daremos por terminada esta lección pulsando en el botón **Cancelar**.

Lección 5. **Las fichas contextuales**

L a Cinta de opciones puede cambiar automáticamente su configuración en función del elemento que tenga seleccionado, añadiendo pestañas que contienen herramientas de edición del mismo. Son fichas que, como solo son útiles para trabajar con elementos específicos, se mantienen ocultas mientras sus herramientas no están activas para mantener más despejada la Cinta y reducir los elementos que puedan inducir a confusión. En la presente lección insertaremos un elemento para poder visualizar esta propiedad.

1 Para poder visualizar las fichas contextuales de la Cinta, tendremos primero que insertar algún elemento que las active. Abra para ello la ficha **Insertar** y despliegue el menú de **Formas** del grupo **Ilustraciones**.

2 Se muestran entonces todas las opciones de formas disponibles, en primer lugar las usadas recientemente y luego divididas por tipos de formas. Seleccione la opción **Cara sonriente**, del grupo **Formas básicas**. **(1)**

3 Más adelante estudiaremos diferentes opciones en lo que a **Ilustraciones** se refiere. Ahora simplemente insertaremos la cara sonriente sin ninguna adaptación. Para colocar la forma en el documento, haga un clic sobre la página en el área de trabajo. **(2)**

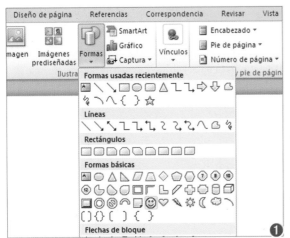

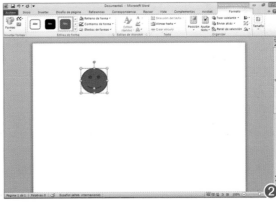

El número de pestañas incluidas en una ficha contextual varía dependiendo del elemento seleccionado en el documento.

4 Ya hemos comentado que la **Cinta de opciones** puede aumentar su número de fichas en función del elemento seleccionado en el **Área de trabajo**, añadiendo las llamadas fichas contextuales, que contienen con herramientas relevantes para la tarea que el usuario está realizando. Fíjese lo que ha sucedido al insertar la cara sonriente en el documento. Ha aparecido la pestaña **Herramientas de diseño**, destacada en color anaranjado, que contiene la ficha **Formato**. Detalle el contenido de esta ficha, que es la primera ficha contextual que encontramos en este manual, y muestra cinco grupos de herramientas de edición que permiten cambiar diversas características de la forma, como son estilo, alineación o tamaño. **(3)**

5 Veamos otra cosa. Hemos dicho que las fichas contextuales aparecen sólo al seleccionar el elemento cuya edición permiten. Vamos a comprobarlo haciendo un clic fuera de la cara sonriente que hemos insertado para deseleccionarla. **(4)**

6 Observe que ahora la **Cinta** de opciones vuelve a mostrar las 7 fichas habituales. Pero ¿no podemos volver a editar la forma? Vamos a verlo en un momento, seleccionando la figura nuevamente. Sitúe el puntero del ratón sobre la cara sonriente y, cuando aparezca un pequeño icono con cuatro puntas de flecha, haga clic sobre él para seleccionarla y volver a mostrar las fichas contextuales de edición de formas .

7 En este sencillo ejercicio hemos podido conocer las fichas contextuales y hemos visto que contienen las herramientas necesarias para editar elementos. Sepa que estas fichas nos servirán para editar no sólo elementos añadidos por nosotros sino también creados por otros usuarios. Para terminar esta lección y aprovechar que tenemos seleccionada la cara sonriente, pulse la tecla **Suprimir** o **Retroceso** de su teclado para eliminarla del documento.

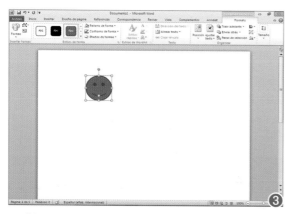

Las fichas contextuales de la **Cinta de opciones** siempre se muestran gráficamente de un color distinto a las predeterminadas y a un nivel por encima de estas.

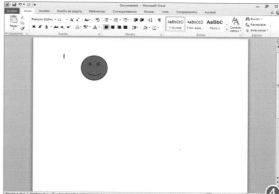

Al deseleccionar un objeto insertado en un documento que dispone de su propia ficha de herramientas contextual, esta desaparece de la **Cinta de opciones**.

Lección 6. **Las galerías y la Vista previa activa**

Word 2010 contiene galerías de estilos, formatos y plantillas que reúnen diferentes elementos en bloque, que al aplicarse a un documento brindan con el mínimo esfuerzo una apariencia verdaderamente elaborada. Estas galerías de elementos con formato previo permiten simplificar enormemente la creación de documentos de aspecto verdaderamente profesional. Además, gracias a la Vista previa activa, el usuario puede tener una imagen real, precisa e inmediata del efecto de las diferentes opciones disponibles sin tener que llegar a aplicarlas.

1 Para poder visualizar mejor algunas funciones de la cinta, puede utilizar algun archivo de Word que tenga en su ordenador, o bajar de la zona de descargas de nuestra web el archivo **Kafka_ Un_médico-rural**, que es el que nosotros usaremos en esta lecciónn. Se trata de un fragmento de cuento al que previamente hemos aplicado un formato específico que en la presente lección modificaremos.

2 Seleccione la pestaña **Diseño de página** de la **Cinta de opciones. (1)**

3 Ya hemos dicho que algunas herramientas de Word 2010 trabajan con galerías desplegables, como es el caso de **Temas** que veremos a continuación. Cada tema reúne diferentes opciones de fuentes, colores y efectos que pueden se aplicados en bloque a un documento. Para poder hacer una selección, haga clic sobre el comando **Temas** del grupo de herramientas **Configurar página**.

4 Se ha desplegado la galería de temas **Predeterminados** que pueden ser aplicados al documento. Además, al final se ofrece la opción de buscar otros temas guardados en el ordenador o guardar el tema aplicado actualmente al documento activo para poder volver a utilizarlo en otra ocasión.

5 Las galerías permiten utilizar la **Vista previa activa**, que son una novedad de la aplicación y permiten ver exactamente el aspecto del documento con las opciones disponibles antes de aplicar alguna de manera definitiva. Para ver el efecto sobre el documento, pasee el cursor sobre diferentes temas y observe como de inmediato son reflejados en el documento. Haga la selcción que más le apetezca. Nosotros nos hemos decidido por el tema llamado **Brío.(2)**

6 Veamos ahora el efecto de otra herramienta, esta vez sin necesidad de desplegar una galería. Pulse sobre la pestaña **Inicio**, coloque el cursor sobre el estilo **Sin espacio** y observe su vista previa en el documento.

Ciertos comandos de la **Cinta** muestran una pequeña punta de flecha que indica que contienen diferentes funciones que se despliegan al pulsar sobre ellos.

7 Fíjese que en este caso el estilo sólo es aplicado al título, que es donde está ubicado el cursor en este momento. **(3)** Finalmente vuelva a abrir la pestaña **Diseño de página**.

8 Aunque el documento ha cambiado considerablemente, podemos volver a su aspecto anterior fácilmente. Pulse sobre la herramienta **Temas** y seleccione la opción **Restablecer tema de plantilla** para volver a dar al documento su formato original. **(4)**

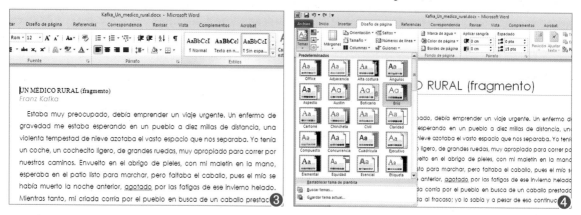

Las **Vistas previas activas** se pueden habilitar o deshabilitar desde la sección **General** del cuadro de opciones de Word.

9 Una vez que hemos visto el funcionamiento de las galerías de estilos y sus vistas previas activas, ha llegado la hora de dar por terminada esta lección. Para ello, pulse sobre el botón en aspa de la aplicación y seleccione la opción **No guardar** del cuadro de diálogo desplegado.

Lección 7. **La pestaña Archivo y la vista Backstage**

Una de las más importantes novedades de la nueva interfaz de la suite Office 2010, que desde luego vemos en esta versión de Word, es la vista Backstage. Esta vista, a la que se accede al pulsar sobre la pestaña Archivo en el extremo izquierdo de la Cinta de opciones, sustituye al Botón Office y al menú Archivo de versiones anteriores de la suite. Se trata de un completo centro de operaciones que permite acceder de una forma mucho más clara y rápida a todas las opciones de gestión y administración de archivos, y que facilita de manera considerable la preparación y la finalización de documentos.

1 En este ejercicio conoceremos de forma general el contenido de la nueva pestaña **Archivo**. Para comenzar, veamos el aspecto de la vista **Backstage**. Dirija el cursor del ratón al extremo izquierdo de la **Cinta de opciones** y haga clic sobre la pestaña **Archivo**.

2 Al abrir la vista **Backstage** de Microsoft Office se muestra el menú de opciones de administración de archivos. Verá que el menú desplegado permite en primer lugar ejecutar las acciones básicas de guardar, abrir y cerrar un documento. Automáticamente se ha desplegado también el contenido de la ficha **Información**, que contiene los comandos que permiten proteger el documento, comprobar si tiene problemas para ser compartido y administrar versiones. En la parte derecha se muestra una miniatura del documento abierto en primer plano y las propiedades del mismo, con datos de gran utilidad para la gestión de archivos. **(1)** Exploremos ahora el comando que está justo debajo de **Información**. Para ello haga clic sobre el comando **Reciente. (2)**

3 Podrá ver que este comando muestra, tal como es de suponer, una lista de los últimos documentos con los que se ha trabajado en el programa. Si usted aún no ha creado ningún documento con esta aplicación, esta lista estará aún en blanco, pero se irá actualizando a medida que vaya creando y abriendo distintos archivos. Si cambia la ubicación de un documento, el acceso directo a este quedará inservible. La próxima vez que abra el archivo en la nueva ubicación tendrá que acceder a él a través del cuadro de diálogo **Abrir** y entonces se vinculará a la nueva ubicación. En la parte inferior del panel se encuentra una opción, desactivada por defecto, que permite crear accesos directos a documentos recientes en el panel de comandos, es decir, a la izquierda de la vista **Backstage. (3)** Haga clic en la casilla de verificación de la opción **Obtenga acceso rápidamente a este número de documentos recientes**, y ahora teclee el número 6 en el cuadro de texto que se muestra junto a esta opción.

Dentro de la vista **Recientes** se crearán dos listas. La primera de los **Documentos recientes** y la segunda de los **Lugares recientes**. Al pulsar sobre el nombre del elemento en cuestión, se abrirá el documento o la carpeta según el caso, pues se trata de vínculos.

4 Si tiene documentos recientes, ahora pasará a ver los 6 primeros bajo el comando **Cerrar** a la izquierda de la vista **Backstage**. En nuestro caso esta lista permanece en blanco, pero podemos ver ahora un pequeño separador que indica dónde se añadirán los documentos recientes. **(4)** Veamos ahora cómo acceder a todas las opciones de configuración del documento para su impresión.

La barra de comandos de la pestaña **Archivo** mostrará vínculos a tantos documentos recientes como se indique en el campo correspondiente de la vista **Recientes**.

5 Pulse sobre la opción **Imprimir** para desplegar la vista que permite gestionar la impresión de documentos. **(5)** Se trata de una completa ficha que reúne todas las opciones de impresión y configuración que antes estaban repartidas en diferentes menús. Incorpora además una cómoda vista previa en la parte derecha del panel que permite comprobar todos y cada uno de los cambios realizados sobre el documento antes de su impresión. En el capítulo correspondiente profundizaremos sobre las diferentes opciones de impresión.

6 Seleccione ahora la **Ayuda**, ese elemento imprescindible en cualquier aplicación informática, que en la aplicación Word 2010 que nos ocupa resulta de gran utilidad tanto para comenzar a utilizar la aplicación como para obtener información más avanzada. Además del cuadro **Ayuda de Microsoft Office**, en el cual se encuentra la descripción y el funcionamiento de todas las opciones del programa, esta ficha proporciona soporte a través de la web de Microsoft Office, a la cual es posible acceder directamente desde las opciones **Introducción** y **Póngase en contacto con nosotros**. El panel de la derecha, por su parte, refleja toda la información referente a la versión del producto y a su legalidad. **(6)**

7 Pulse ahora sobre la opción **Ayuda de Microsoft Office**, del apartado **Soporte**, para observar la nueva configuración de este recurso. Se trata del cuadro Ayuda de Word que, como siempre, permite realizar consultas a través de la búsqueda de palabras clave, de la tabla de contenidos ubicada al lado izquierdo, o del mapa de hipervínculos que puede apreciar al lado derecho de la ventana. **(7)** Mediante cualquiera de estas vías, podrá acceder a información muy completa sobre el uso de la aplicación, explicaciones paso a paso y artículos con recomendaciones de gran utilidad para la optimización de su uso. Una vez visualizada la ayuda de Word, pulse el botón de aspa situado en la esquina superior derecha para cerrarlo.

8 Los tres últimos comandos de la vista **Backstage** permiten, por este orden, obtener complementos para el programa, acceder al cuadro de opciones y salir de la aplicación. Desde la pestaña **Opciones** podemos acceder al cuadro de **Opciones de Word** al que hemos accedido por el método abreviado en las dos lecciones anteriores.

9 Vuelva a abrir la pestaña Archivo y haga un clic sobre el comando **Opciones**, penúltimo título del panel de la izquierda. **(8)** Como verá, efectivamente se despliega el menú **Opciones generales para trabajar con Word** desde el cual podrá configurar, además de la **Cinta de opciones** y la **Barra de herramientas de acceso rápido** que ya hemos visto, las preferencias generales de la interfaz, las que se refieren a revisar, guardar, idioma, **Complementos de Microsoft Office** y privacidad, además de otras opciones Avanzadas. En estas opciones profundizaremos en el capítulo que se refiere a la personalización de la interfaz.

10 Pulse sobre el botón **Cancelar** para salir del cuadro y dar por terminada nuestra exploración a los contenidos de la pestaña **Archivo**.

El comando **Opciones** de la pestaña **Archivo**, permite acceder a los comandos de personalización de la **Barra de herramientas de acceso rápido** y de la **Cinta de opciones**.

Lección 8. **La Barra de herramientas mini**

Al seleccionar con el ratón un texto en un documento de Word 2010, aparece una pequeña barra que muestra los iconos de acceso directo a las herramientas de edición de texto más comunes. Se trata de la Barra de herramientas mini, que aparece difuminada en un primer momento y sólo se muestra activa cuando se sitúa el puntero del ratón sobre cualquiera de sus botones. Los comandos de la Barra de herramientas mini permiten modificar el formato del texto seleccionado (la fuente, el tamaño, el color, las sangrías, la alineación...) sin necesidad de ir a la Cinta de opciones.

1 En este ejercicio descubriremos la practicidad de trabajar con la **Barra de herramientas mini**. Para comenzar, asegúrese de tener abierta la ficha **Inicio**, pues nos interesa poder mirarla durante el ejercicio.

2 Para poder visualizar la **Barra de herramientas mini**, ante todo necesitamos un texto que seleccionar, así que para ello escribiremos dos líneas de texto de muestra: escriba el texto **Prueba 1**, pulse la tecla **Retorno** y escriba entonces **Prueba 2**.

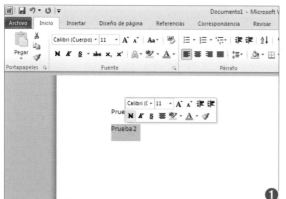

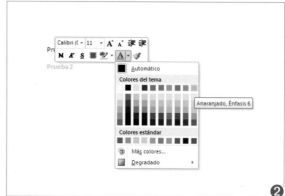

Al seleccionar un texto con el ratón, aparece difuminada la **Barra de herramientas mini**, que sólo se mostrará con nitidez al acercar el puntero del ratón a alguno de sus iconos.

3 Ya estamos listos para hacer aparecer la Barra. Haga tres clics sobre el texto **Prueba 2** para seleccionar toda la línea.

4 Junto a la selección se muestra de un modo difuso la **Barra de herramientas mini**. Para que esta **Barra** sea completamente visible, basta con situar el puntero del ratón sobre ella. **(1)** Ahora ya disponemos de este cómodo conjunto de herramientas para editar el texto. Podrá observar que algunas herramientas de la **Barra** tienen un pequeño icono de punta de flecha que indica que la herramienta en cuestión tiene diferentes opciones disponibles. Lleve el puntero del ratón hacia la **Barra** y haga clic sobre el icono de punta de flecha del comando **Color de la fuente**, que muestra una letra **A** sobre una barra de color rojo en la **Barra de herramientas mini**.

5 Se ha desplegado efectivamente la paleta de colores de la herramienta correspondiente, que contiene además las opciones **Más colores**, para crear muestras personalizadas, o **Degradado**, que a su vez abre una ventana con diferentes opciones. Seleccione la muestra **anaranjado énfasis 6**, última de los colores del tema, para aplicarlo al texto seleccionado. **(2)**

6 Como podrá apreciar, ha cambiado el color de la fuente a anaranjado sin necesidad de acceder a la herramienta correspondiente de la ficha **Inicio** de la **Cinta de opciones**. Sin embargo, puede comprobar que los cambios de formato que hemos llevado a cabo desde la **Barra de herramientas mini** se reflejan a su vez en la correspondiente ficha de la **Cinta**. Por último, copiaremos el formato aplicado en el texto **Prueba 1**, también desde la **Barra de herramientas mini**. Haga clic sobre la herramienta **Copiar formato de la Barra de herramientas mini. (3)**

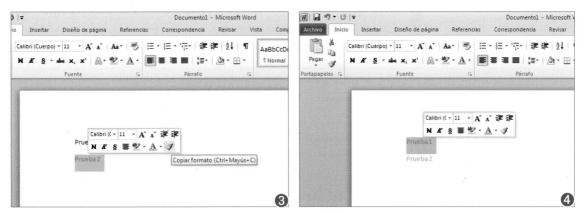

7 A continuación haga un tres clics sobre el texto de la primera línea, **Prueba 1**, para aplicar también el color de fuente anaranjado a esta.

8 Hemos pegado el formato copiado, y la **Barra de herramientas mini** se ha desplazado a la nueva selección. **(4)** Al alejar el puntero del ratón del texto seleccionado, desaparece la **Barra de herramientas mini**, y si vuelve a acercarlo, vuelve a aparecer. Al eliminar la selección, desaparece por completo. En la lección correspondiente a **Personalizar el entorno Word 2010**, veremos cómo deshabilitar la **Barra** para que no se muestre al seleccionar un texto. Por ahora y para terminar este ejercicio, pulse sobre el área de trabajo para eliminar la selección y cerrar la **Barra de herramientas mini**.

Todos los cambios de formato que lleve a cabo desde la **Barra de herramientas mini** se reflejarán a su vez en la correspondiente ficha de la **Cinta de opciones.**

Lección 9. **La barra de estado**

Ya hemos visto que la Barra de estado se encuentra en la parte inferior de la ventana de Word, debajo del área de trabajo, y muestra por defecto, de izquierda a derecha, el número de la página en la que nos encontramos, el número de palabras que incluye el documento, el icono de revisión ortográfica, el idioma seleccionado, los accesos directos a las diferentes vistas disponibles, el porcentaje de zoom aplicado y el control deslizante del zoom. No se trata de una barra meramente informativa, sino que cada uno de estos datos constituyen un acceso directo, bien a una ampliación de la información que contienen, bien a cuadros de configuración vinculados a su contenido. En esta lección conoceremos el contenido de cada uno de estos botones y aprenderemos a personalizar la Barra de estado eliminando o añadiendo comandos para que muestre solo la información que nos interese.

1 En este ejercicio conoceremos la utilidad de la **Barra de estado**, situada en la parte inferior de la interfaz de Word y que muestra diversos datos acerca del documento. **(1)** Para empezar, vamos a comprobar que la mayoría de las secciones informativas que aparecen por defecto en la **Barra de estado** dan acceso a cuadros de diálogo. Haga clic sobre la sección **Página: 1 de 1**.

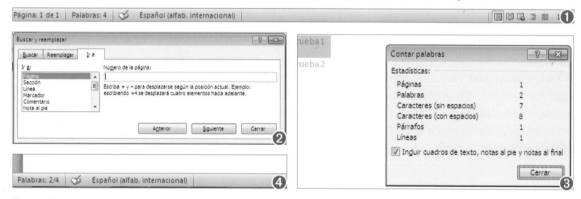

El segundo campo predeterminado de la **Barra de estado** muestra en primer lugar el número de palabras de la selección en caso de haberla, y en segundo lugar el total de palabras del documento

2 Se abre el cuadro **Buscar y reemplazar**. **(2)** Más adelante trabajaremos con esta herramienta que nos permite desplazarnos a una página o a cualquier otro punto concreto del documento y que adquiere importancia en documentos extensos, pero ahora cierre el cuadro pulsando sobre el botón **Cerrar**.

3 Si aún tiene abierto en pantalla el documento de la lección anterior, seleccione con tres clics una de las líneas de prueba escritas. Si no lo tiene, puede escribir unas pocas palabras de prueba nuevamente para la demostración que viene.

4 Veamos ahora la información que sigue en la **Barra**. En nuestro caso, tras hacer la selección, es **Palabras: 2/4**, que nos indica que tenemos seleccionadas dos palabras, pero el texto completo tiene cuatro. **(3)** Esta puede ser una información de gran utilidad en textos más largos, por ejemplo cuando tenemos que ajustarnos a una extensión determinada. Pulse sobre el apartado en cuestión.

5 Verá que se abre el cuadro **Contar palabras**, que nos ofrece información similar pero más detallada sobre el número de páginas, palabras, caracteres, párrafos y líneas del documento abierto en primer plano. **(4)** Una vez ha comprobado los datos, salga del cuadro pulsando el botón **Cerrar**.

6 A continuación tenemos el icono de un libro abierto con un signo de verificación. Se trata del acceso directo a la revisión de ortografía y gramática del documento. Haga un clic sobre este para iniciar la revisión.

7 Si la aplicación no encuentra ningún error en nuestro brevísimo texto, nos informa directamente que esta ha terminado. Pulse entonces sobre el botón **Aceptar** para cerrar el cuadro de diálogo y poder seguir adelante con la lección. **(5)**

8 Haga ahora un clic sobre la sección de **Idioma**, la cuarta de la **Barra de estado**, que muestra el idioma predeterminado que en nuestro caso es **Español (alfabeto internacional)**.

9 Este comando abre el cuadro **Idioma**, en el que podemos escoger el idioma de edición, que es entre otras cosas el utilizado para la revisión ortográfica y gramatical. En este caso no cambiaremos de idioma y cerraremos este cuadro pulsando el botón **Cancelar**. **(6)**

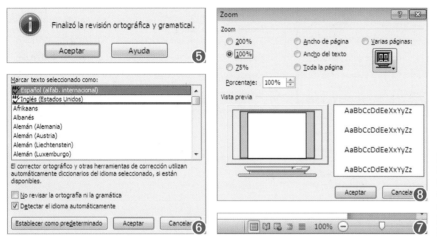

El botón del **zoom aplicado** nos conduce a el cuadro de diálogo **Zoom** donde el usuario puede escoger entre las diferentes opciones propuestas o aplicar un porcentaje personalizado

10 Los cinco botones siguientes son iconos de acceso directo a las diferentes vistas del documento, herramientas que también encontramos en la ficha **Vista** de la **Cinta de opciones** y a las cuales dedicaremos un capítulo entero. Junto a estos botones se halla el botón de zoom que nos permite ampliar o reducir el documento, como ahora vamos a comprobar. Haga clic sobre el botón **Zoom**, que muestra el valor **100%**. **(7)**

11 Aparece así el cuadro de diálogo **Zoom**, que nos ofrece varias opciones de visualización del documento: algunos porcentajes predeterminados (**200%, 100% o 75%**), algunas opciones relativas (**Ancho de página**, **Ancho del texto**, **Toda la página** o **Varias páginas**), o un porcentaje personalizado. Además incluye una vista previa tanto de la proporción del documento dentro de la pantalla, como de la apariencia del texto con el valor seleccionado. **(8)** Para este ejercicio, haga sobre la opción **Toda la página** y pulse el botón **Aceptar** para comprobar como efectivamente ahora se muestra la página entera. **(9)** Sepa que el porcentaje aplicado de forma automática dependerá del tamaño de su pantalla.

12 Nos ocuparemos ahora del último botón de la **Barra de estado** que es el **Botón deslizante del zoom**, con el que podemos acercar o alejar el documento sin necesidad de acceder al cuadro que acabamos de ver. En nuestro caso, tras haber ajustado el zoom a toda la página, está establecido en el 52%. Para modificar el zoom, podemos desplazar el botón deslizante central o pulsar los botones + y − de sus extremos. Haga clic dos veces en el botón con el signo − del control deslizante de zoom para reducir un 20% más la vista.

13 Vea cómo se reduce de 10 en 10 el porcentaje de visualización del documento. Pulse nuevamente el botón **Zoom** para acceder al cuadro de diálogo del mismo nombre.

14 Para restablecer el nivel de zoom del documento, haga clic en la opción que indica 100% y pulse el botón **Aceptar**.

15 Una vez estudiada la utilidad de los botones que aparecen por defecto en la **Barra de estado**, vamos a explorar cómo ocultar aquéllos que no nos son útiles y añadir los que sí necesitamos utilizando su menú contextual. Coloque el puntero del ratón en el centro de la **Barra de estado** y haga un clic el botón derecho.

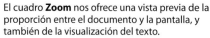

El cuadro **Zoom** nos ofrece una vista previa de la proporción entre el documento y la pantalla, y también de la visualización del texto.

16 El menú desplegado muestra todos los comandos que pueden aparecer en esta **Barra**. El signo de verificación indica cuáles son los que se encuentran visibles en estos momentos. Además, puede ver la información correspondiente a cada elemento en este menú. Para ver su efecto, pulse sobre la opción **Número de página** que ahora está activada. **(10)**

17 Una vez haya visto cómo desaparece esta información de la **Barra de estado**, vuelva a pulsar sobre ella para mostrarla nuevamente.

18 De forma idéntica puede ahora añadir o eliminar aquellos botones que desee para adaptar la **Barra** al uso que le dará habitualmente. Nosotros, para acabar este ejercicio, simplemente cerraremos el menú contextual sin más cambios haciendo un clic en el **Área de trabajo**.

Lección 10. **Personalizar el entorno Word 2010**

Tal como hemos visto en las lecciones anteriores, la interfaz mejorada de Word 2010 está diseñada para facilitar el trabajo con las diferentes herramientas de la aplicación y conseguir con el mínimo esfuerzo documentos de excelente apariencia. Uno de los aspectos de la aplicación que más contribuyen a hacer más fácil es el proceso es su amplia capacidad de personalización, que permite al usuario adaptar la aplicación a su forma de trabajar. Además de la Cinta de opciones, la Barra de herramientas de acceso rápido y la Barra de estado, también es posible modificar otros componentes del entorno de Word para adecuarlo a los gustos y necesidades particulares. En la presente lección nos dedicaremos a explorar esas posibilidades.

1 Para comenzar esta nueva lección abra el cuadro **Opciones de Word**, que se encuentra entre las opciones de la pestaña **Archivo**, pues a partir de aquí podremos acceder a importantes personalizaciones. **(1)**

2 En primer lugar exploraremos el contenido del cuadro **General**, abierto en primer plano, que contiene el cuadro de **Opciones generales para trabajar con Word.** Este cuadro está dividido en dos secciones. En primer lugar están las **Opciones de interfaz de usuario**, desde donde podrá desactivar, eliminando su signo de verificación con un clic, la **Barra de herramientas mini** y las **Vistas previas activas,** a cada una de las cuales ya hemos dedicado una lección entera. La tercera opción, **Combinación de colores,** permite cambiar el color de la interfaz de la aplicación, que muestra por defecto el color pateado. Haga clic en la punta de fecha que apunta hacia debajo en este campo y cambie el color seleccionado. **(2)**

> **RECUERDE**
>
> El cuadro Opciones de Word le permitirá restablecer de forma automática las personalizaciones realizadas en la **Cinta de opciones** y la **Barra de herramientas de acceso rápido,** pero si realiza otros cambios tendrá que restablecer la configuración inicial de cada elemento.

El cuadro de **Opciones de Word** contiene a su vez 10 apartados a los cuales se puede acceder desde las pestañas con sus títulos, presentadas en forma de lista en el panel de la izquierda.

3 Tenga en cuenta que hasta que no acepte los cambios no podrá ver su efecto en la interfaz. El último campo de la sección **Opciones de interfaz de usuario** es **Estilo de información en pantalla.** Haga un clic sobre la punta de flecha de este campo para ver el resto de opciones que contiene.

4 El menú desplegado permite elegir qué tipo de información emergente desea que se muestre sobre los comandos en pantalla, o si no quiere que se muestre ninguna información. La primera opción, **Mostrar descripciones de características en información en pantalla** es la que está predeterminada en la aplicación. La opción **No mostrar descripciones de características en información en pantalla** deshabilita las descripciones, aunque mantiene las etiquetas con el nombre del comando seleccionado. Por el contrario, la opción **No mostrar descripciones**

de características en información en pantalla desactiva la aparición de cualquier etiqueta emergente. Pulse sobre segunda opción **(3)** y en breve aplicaremos los cambios para constatar exactamente cómo afectan la interfaz de la aplicación. Antes de ir a ello, acabemos de mirar el cuadro que tenemos en pantalla.

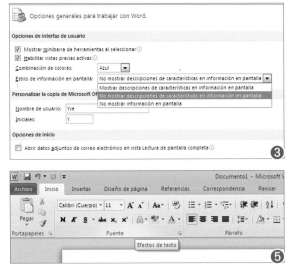

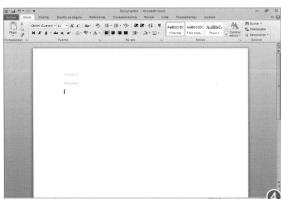

Al cambiar el color de la interfaz desde el cuadro **Opciones de Word,** la apariencia de las ventanas permanece inalterada. Este sólo puede ser cambiado desde el panel de control del equipo pues es una característica propia de Windows y no de Word o de la suite.

5 Nos quedan los datos de usuario registrados en la copia de Microsoft Office, que se refieren entre otras cosas al nombre que aparecerá como autor de los documentos creados o modificados desde la aplicación, y una opción desactivada por defecto que permite establecer que todos los documentos de Word que sean recibidos como archivos adjuntos de correos electrónicos, se abran directamente en la cómoda vista **Lectura en pantalla completa**. Ahora sí, haga clic en **Aceptar** para pasar a comprobar el resultado de los cambios aplicados

6 El primer cambio, que es el color de la interfaz, es evidente. **(4)** Para ver los cambios realizados sobre la información emergente, abra la pestaña **Inicio** de la Cinta y coloque el puntero del ratón sobre la herramienta **Efectos de texto**, que muestra una letra **A** blanca de contorno azul, en el grupo **Fuente**. Podrá comprobar que sólo aparece el nombre de la herramienta pero se mantiene deshabilitada su descripción. **(5)**

7 Una vez hecha esta sencilla demostración, podemos volver a la configuración anterior. Para ello vuelva a abrir el cuadro de **Opciones de Word** desde la pestaña **Archivo**.

8 Seleccione nuevamente el color **Plateado** en el campo de **Combinación de colores**.

9 Despliegue el campo **Estilo de información en pantalla** y seleccione nuevamente la segunda opción, **Mostrar descripciones de características en información en pantalla**.

10 Antes de aplicar los cambios, sigamos comentando las siguientes ventanas del cuadro de **Opciones de Word**: **Mostrar**, que permite personalizar algunos aspectos de visualización en pantalla y de impresión, **Revisión**, donde puede establecer ciertos criterios de corrección y autocorrección y **Guardar**, donde entre otras cosas puede establecer pautas de Autorrecuperación y Autoguardado, y ubicación predeterminada de documentos. También es posible establecer determinadas preferencias en cuanto a los idiomas de la aplicación, y es de lo que nos ocuparemos a continuación, así que pulse sobre la pestaña **Idiomas** para abrir el cuadro correspondiente. **(6)**

11 Se ha desplegado el cuadro de configuración de las preferencias de idioma de Office, que permite en primer lugar cambiar el **Idioma de edición**. Se refiere entre otras cosas al idioma que se usará en el diccionario y la revisión gramatical, es decir, al idioma en el que usted va a trabajar sobre el documento y al que aplicará las herramientas de vocabulario del programa. Puede también cambiar el **Idioma de la ayuda y la interfaz de usuario**, aunque para ello en primer lugar tendrá que conectarse a Internet para bajar otros idiomas. Para obtener información sobre cómo hacer esto sólo tiene que pulsar sobre el vínculo ¿Cómo se pueden obtener más idiomas de ayuda e interfaz de usuario en Office.com? Finalmente, este cuadro de preferencias de idioma de Office le permite también cambiar el idioma de las etiquetas de información emergente que parecen en pantalla al colocar el cursor sobre un comando. Si quiere profundizar sobre el trabajo con idiomas, le recomendamos consultar el manual de Office 2010 de esta misma colección. Una vez analizadas las diferentes opciones de personalización de idiomas, pulse sobre la opción **Avanzadas** del panel de la izquierda. **(7)**

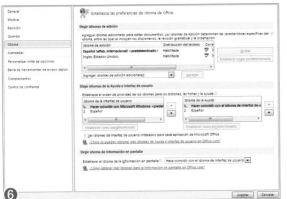

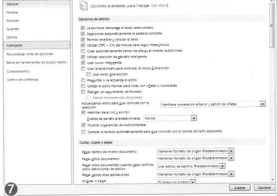

12 El cuadro de opciones **Avanzadas** de la aplicación permite establecer criterios avanzados de edición, diseño, visualización e impresión de documentos. A efectos estrictamente ilustrativos, podemos señalar que permite deshabilitar o deshabilitar las acciones como seleccionar automáticamente palabras enteras, desplazar textos con el cursor o cambiar automáticamente el teclado según el idioma con el que se esté trabajando. Permite además personalizar las opciones de cortar, copiar y pegar, alterar el tamaño y la calidad de la imagen o decidir qué contenidos se mostrarán en pantalla en las diferentes vistas, entre muchas otras cosas. Fíjese que para poder ver la lista de opciones avanzadas en su totalidad hace falta usar Barra de desplazamiento vertical.

13 Las próximas pestañas nos llevan a dos cuadros que ya conocemos: **Personalizar la cinta de opciones**, y la **personalizar la barra de herramientas de acceso rápido**, y por eso las obviaremos en esta lección. Sigue la pestaña **Complementos**, que permite visualizar y administrar los complementos de Microsoft Office tanto activos como inactivos, y el **Centro de confianza**, que contiene información para el usuario sobre los códigos relativos a privacidad y seguridad de Microsoft y permite personalizar estos aspectos en la aplicación.

14 Finalmente, para concluir con esta lección de carácter casi puramente informativo y devolver a la interfaz la configuración anterior, pulse el botón **Aceptar**.

Algunos comandos del cuadro **Opciones de Word** tienen un pequeño icono azul con una **i** encerrada en un círculo que nos indica que contienen una ficha emergente con una descripción sobre el comando en cuestión.

Lección 11. **Exportar e importar personalizaciones**

Es posible que haya realizado muchos cambios en la interfaz de Word y que desee repetir la misma configuración en otro equipo, por ejemplo, porque tiene que trabajar en él o simplemente para que otros usuarios puedan trabajar con sus personalizaciones. Para ello puede intentar repetir en el nuevo equipo los cambios uno a uno, lo que sería realmente tedioso, o puede exportar la configuración con la que ha estado trabajando a un archivo y luego importarla en el equipo al que quiere dar la misma apariencia. En esta lección aprenderemos cómo hacer este proceso que puede permitirle trasladar sus personalizaciones en infinidad de ordenadores con una sencilla operación.

1 Para poder visualizar mejor este ejercicio, lo primero que haremos será primero realizar un par de cambios en la **Barra de herramientas de acceso rápido**. Pulse el botón derecho del ratón sobre la **Barra de herramientas de acceso rápido** para abrir el menú de personalización de la misma.

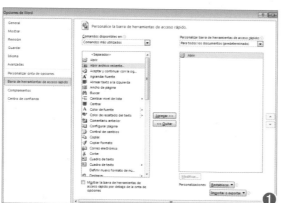

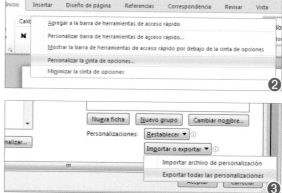

Para nuestro ejemplo hemos realizado unos pocos cambios en la **Barra**, pero la importación y exportación de personalizaciones son interesantes cuando se ha modificado de una forma verdaderamente profunda la apariencia de la interfaz.

2 Un vez desplegado el cuadro de opciones, seleccione el comando **Guardar** en la segunda lista, que muestra los comandos que están en la **Barra**, y presione tres veces el botón **Quitar** para eliminar los tres botones predeterminados.

3 Seleccione ahora el comando **Abrir** de la lista de la derecha, pulse el botón **Agregar**, y acepte los cambios para aplicarlos a la **Barra. (1)**

4 Ahora que ya hemos realizado cambios fáciles de apreciar, haremos el ejercicio de exportar esta personalización, para posteriormente aplicarla. Para realizar esta exportación podemos acceder tanto al cuadro de personalización de la **Cinta de opciones**, como al de la **Barra de herramientas de acceso rápido**. En cualquier caso, serán importadas las de ambos elementos. Para comprobarlo simule una pulsación sobre el botón derecho del ratón con un clic sobre la **Cinta de opciones** de la aplicación (en lugar de la **Barra**) y seleccione la opción **Personalizar Cinta de opciones. (2)**

5 En el cuadro de **Opciones de Word** que se ha abierto, pulse sobre el botón **Importar o exportar**, que está ubicado en la esquina inferior derecha de la pantalla, y seleccione la opción **Exportar todas las personalizaciones. (3)**

6 Se abre el cuadro de diálogo **Guardar archivo**, donde podemos establecer un nombre y una ubicación. El programa asigna por defecto el nombre **Personalizaciones de Word.exportedUI** y la biblioteca **Documentos**. Mantenga los datos que propone la aplicación si le parecen adecuados o cámbielos si así lo prefiere, y pulse sobre el botón **Guardar**. **(4)**

7 Ahora, antes de importar nuevamente esta personalización restauraremos la **Barra**, de manera que al realizar la importación podamos notar la diferencia. En el cuadro de personalización de la **Cinta de opciones** que permanece abierto, pulse sobre el botón **Restablecer** y acepte los cambios. **(5)**

8 En el cuadro de diálogo de confirmación que se ha abierto, haga un clic sobre el botón **Sí** para eliminar todas las personalizaciones. **(6)**

9 Cierre el cuadro de opciones pulsando en el botón de aspa de su **Barra de título**.

10 Ahora que efectivamente la **Barra** ha recuperado su aspecto predeterminado, realizaremos la importación de la configuración anterior a modo de práctica, pero tenga en cuenta que esta es una acción que adquirirá sentido cuando haya realizado una gran cantidad de personalizaciones en la aplicación. Esta vez accederemos al cuadro de personalización de la Barra desde la pestaña **Archivo**, así que despliéguela y pulse sobre el comando **Opciones**. **(7)**

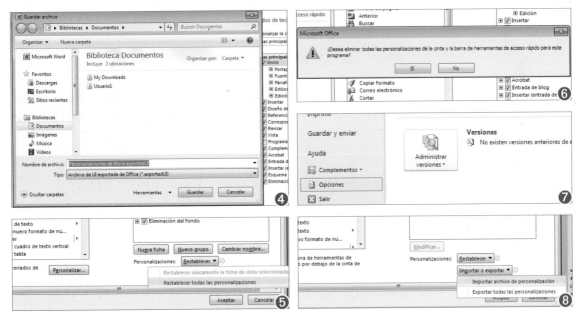

11 Estamos una vez más en el cuadro de **Opciones** donde seleccionará la pestaña **Barra de herramientas de acceso rápido**.

12 Pulse nuevamente sobre el botón **Importar o exportar** y en esta oportunidad seleccione la primera opción, **Importar archivo de personalización**. **(8)**

13 Esta vez se abre el cuadro de diálogo **Abrir archivo**. Como la última carpeta utilizada fue la **Biblioteca Documentos**, vemos directamente el archivo que hemos guardado hace sólo unos pocos minutos. Seleccione con un clic el archivo **Personalizaciones de Word.exportedUI** y pulse el botón **Abrir**. **(9)**

14 Se ha abierto el cuadro de diálogo que pregunta si deseamos reemplazar todas las per-

Al importar personalizaciones, es indiferente si accede al cuadro de opciones de la **Cinta** o de la **Barra de herramientas**, pues obtendrá el mismo resultado con cualquiera de los dos.

sonalizaciones tanto de la **Barra** como de la **Cinta**. Pulse sobre el botón **Sí** para terminar la importación. **(10)**

15 Para salir del cuadro de opciones de Word ahora nos daría igual usar nuevamente el botón de aspa, **Aceptar** o **Cancelar**, pues la acción que queríamos realizar, que era la importación de la personalización, ya la hemos aplicado desde el cuadro de diálogo anterior. Así podrá comprobarlo si se fija en la **Barra**, aún visible en segundo plano. **(11)** Pero hemos dejado esta barra demasiado incompleta, así que aprovecharemos que el cuadro sigue abierto. Pulse sobre el botón **Restablecer** y seleccione la opción **Restablecer todas las personalizaciones** por última vez en esta lección.

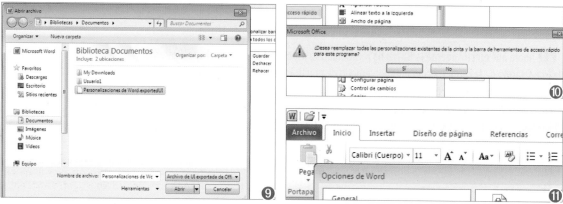

Para importar un archivo de personalización, debe ubicar el mismo en el panel explorador del cuadro de diálogo que se ve arriba y pulsar sobre el botón **Abrir**.

16 Pulse sobre el botón **Sí** del cuadro de diálogo de confirmación y para terminar este ejercicio con el aspecto preestablecido de la interfaz, cierre el cuadro de opciones con un clic sobre el botón de aspa.

Crear y guardar documentos

Introducción

Comenzaremos este segundo apartado trabajando a fondo los comandos de la ficha Archivo. Y comenzaremos desde el principio de un documento: su creación. Si en el primer apartado hablamos de las ventajas de la nueva vista **Backstage** de la pestaña **Archivo**, en este podrá verdaderamente disfrutar de ellas, al conocer las diferentes opciones de su vista **Nuevo**, que le permiten desde crear un documento en blanco hasta partir de una plantilla o un documento anterior, pasando incluso por la creación de un tema para su blog, todo esto con una vista previa del documento que va a crear desde la misma vista.

Cambiar el tipo de archivo desde la **Backstage** hace el proceso mucho más visual y directo, pues muestra de forma clara y organizada los diferentes tipos de archivo de texto más habituales.

Descubra lo cómodo que es crear un nuevo documento, ya sea en blanco, desde una plantilla o a partir de un documento almacenado en su equipo utilizando la **Backstage Nuevo** que, aún más, le permite también crear sus temas de blog.

Luego aprenderá cómo guardar un documento una vez ha acabado una sesión de trabajo y conocerá las diferentes maneras de abrir un documento creado, ya sea para modificarlo o simplemente para visualizarlo, usando los comandos **Abrir** o la vista **Recientes** incorporada también a la **Backstage**.

Al trabajar con plantillas se ahorra tiempo y esfuerzo, ya que proporcionan una base sobre la cual crear sus propios documentos. Así como puede crear un documento nuevo a partir de una plantilla, puede también crear su propia plantilla ya sea partiendo de un documento en blanco, o de una plantilla prediseñada a la cual aplique las modificaciones que considere oportunas. De esta manera, luego podrá volver a usar esta plantilla sin necesidad de repetir sus elementos básicos.

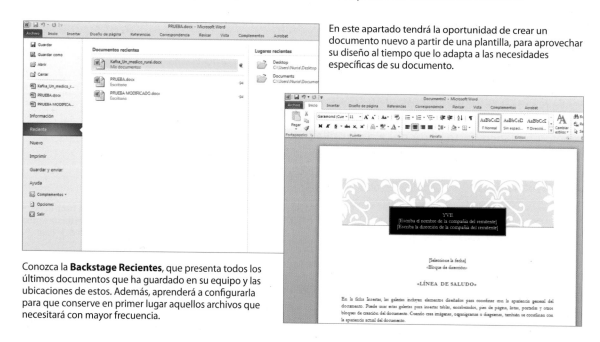

En este apartado tendrá la oportunidad de crear un documento nuevo a partir de una plantilla, para aprovechar su diseño al tiempo que lo adapta a las necesidades específicas de su documento.

Conozca la **Backstage Recientes**, que presenta todos los últimos documentos que ha guardado en su equipo y las ubicaciones de estos. Además, aprenderá a configurarla para que conserve en primer lugar aquellos archivos que necesitará con mayor frecuencia.

Finalmente veremos que según a quién vaya dirigido el documento, podrá guardar en otros formatos distintos al que usa la aplicación por defecto (.docx). Así, verá cómo **guardar un documento como página Web** en el formato **HTML**, cómo **almacenarlo con el formato .doc** propio de los documentos creados con Word 97-2003 para poder distribuirlo entre aquellos usuarios que usan versiones anteriores, y cómo **convertirlo en un documento PDF o en un documento XPS** para aquellos usuarios que no tienen instalado Word en su equipo.

Lección 12. **Crear un documento**

Al iniciar Word 2010 se crea de forma automática un documento en blanco en el cual se puede comenzar a trabajar, pero es posible que el usuario necesite crear nuevos documentos en una sesión o que desee partir de una base prediseñada. Para ello dispone de la opción **Nuevo** de la nueva vista **Backstage**, en la que puede escoger entre un nuevo documento en blanco, una plantilla o un documento ya existente el cual editar.

1 Al arrancar Word, la aplicación crea directamente un documento llamado **Documento1,** con el que puede empezar a trabajar de inmediato, pero es posible que luego le interese crear otros documentos. **(1)** En esta lección aprenderemos a crear documentos adicionales a partir de una hoja en blanco y a partir de otro documento Word que tenga en su equipo. Para empezar, haga clic sobre la nueva pestaña **Archivo** y pulse en la opción **Nuevo**.

2 Aparece de este modo una vista que nos permite escoger el tipo de documento que queremos crear. Como verá, podemos escoger entre documentos en blanco, que es la opción seleccionada por defecto, o bien basados en plantillas o en documentos ya existentes. Esta ficha de la llamada vista **Backstage** facilita enormemente la tarea, pues hace que el proceso sea totalmente visual ya que, como novedad de esta versión, a la derecha se muestra una cómoda vista previa. Vamos entonces a hacer un nuevo **Documento en blanco**. Como la opción ya está seleccionada, sólo necesita pulsar sobre el botón **Crear**. **(2)**

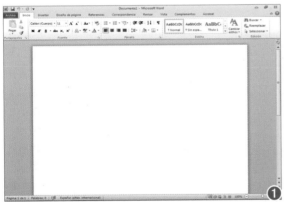

Cada vez que crea o abre un nuevo documento, este se sitúa en primer plano sobre el anterior, de modo que todos permanecen abiertos aunque solo el último esté visible.

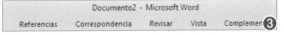

En la vista **Nuevo**, en el recuadro de la derecha se muestra una vista previa de la opción seleccionada.

3 Ya ha creado un nuevo documento en blanco y en la **Barra de título** del programa puede leerse el nombre que ha sido asignado automáticamente por la aplicación: **Documento2**. **(3)** En el caso de nuevos documentos, el programa aplica por defecto el nombre **Documento** seguido del número de orden correspondiente. Vamos ahora a crear otro tipo de documentos, así que nuevamente pulse sobre la pestaña **Archivo** y seleccione la opción **Nuevo**.

4 Ahora le enseñaremos cómo crear un documento nuevo a partir de uno que está guardado en el equipo. Para ello seleccione la opción **Nuevo a partir de existente**. **(4)**

5 Como verá, se ha abierto la ventana **Nuevo a partir de un documento existente**, que muestra los archivos de Microsoft Word almacenados en su equipo. Por defecto se abre en la biblioteca **Documentos**, pero puede hacer uso del explorador para buscar documentos en otras ubicaciones. Seleccione un documento de su equipo, por ejemplo el documento **Kafka_Un_médico_rural. docx** que ya usamos en una lección pasada, y pulse el botón **Crear nuevo**. (5)

6 Inmediatamente se abre el archivo nuevo. Aparentemente, el contenido del archivo coincide con el original pero Word lo considera otro documento tal como se puede apreciar en la **Barra de título** donde aparece el nombre **Documento3**. (6) Este comando, pues, le permite crear un documento nuevo aprovechando la misma estructura y contenido de otro. Como verá, se trata de una excelente forma de crear duplicados de documentos. Además de las dos alternativas que acabamos de explorar, Word ofrece diferentes posibilidades para trabajar con plantillas o la opción de crear una **Entrada de Blog**, pero a estas opciones dedicaremos lecciones aparte, así que antes de terminar, vamos a traer a primer plano el **Documento2** para cerrarlo. Pulse sobre la ficha **Vista** de la **Cinta de opciones**.

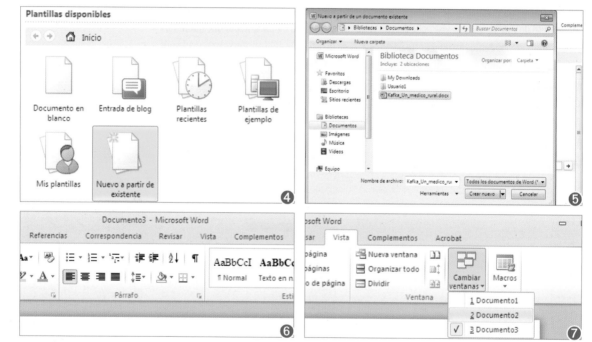

Si tiene varios documentos abiertos a un mismo tiempo, puede moverse de uno a otro tanto por la **Barra de tareas** de Windows, como a través de la herramienta **Cambiar ventanas** de la ficha **Vista** en la **Cinta**.

7 Ahora haga un clic sobre el botón de punta de flecha de la herramienta **Cambiar ventanas** y escoja el **Documento2**. (7)

8 Una vez que ha pasado el **Documento2** a primer plano, procederemos a cerrarlo para continuar con la siguiente lección. Pulse nuevamente en la pestaña **Archivo** y haga clic sobre la opción **Cerrar.**

Lección 13. **Guardar un documento**

En la lección anterior vimos cómo crear un documento nuevo. Ahora aprenderemos otro proceso vital para el uso de Word: cómo guardar un documento en el que estamos trabajando. La primera vez que se guarda un documento debe indicar el nombre que se desea dar al archivo creado y la ubicación o carpeta donde será almacenado. En ocasiones posteriores, cuando ya se han establecido las condiciones de guardado, el programa actúa de diferente modo y almacena directamente el archivo en el mismo lugar donde se hallaba y con el mismo nombre.

1 Para guardar un documento por primera vez disponemos de varios procedimientos, todos ellos válidos. En esta lección los exploraremos de manera que el usuario pueda escoger el que resulte más de su agrado. Para comenzar este ejercicio realice un cambio en un documento nuevo, en nuestro caso **Documento3.docx**, que hemos creado a partir de **Kafka_un_médico_rural. docx** y aún tenemos en pantalla. Escriba en la primera línea el texto **COPIA DE PRUEBA** y pulse la tecla **Retorno. (1)**

2 Guardar un documento es una de las acciones más habituales, así que la aplicación proporciona tres formas básicas de fácil acceso: el botón situado en la **Barra de herramientas de acceso rápido**, los comandos **Guardar** y **Guardar como** de la nueva vista Backstage y la combinación de teclas **Control + G**. La primera vez que vaya a guardar un archivo, cualquiera de estos comandos le conducirá al cuadro de diálogo **Guardar como.** En este caso, pulse sobre el icono **Guardar**, que muestra un disquete en la **Barra de herramientas de acceso rápido. (2)**

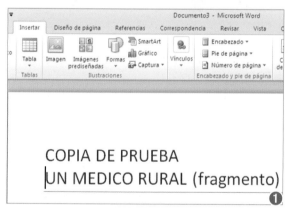

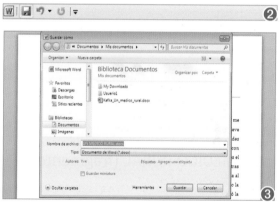

3 Se abre el cuadro correspondiente a la función **Guardar como**, en el que debemos indicar el nombre que vamos a dar al documento y el lugar donde vamos a almacenarlo. Observe que el nombre que asigna por defecto es la primera frase que detecta en la aplicación, en nuestro caso **UN MÉDICO RURAL.docx** y el destino la biblioteca **Documentos. (3)** Si intentara guardar un documento sin contenido, el programa propondría un nombre genérico como **Documento3.docx**. De cualquier modo, en este momento no guardaremos el nuevo documento. Pulse la tecla **Escape** para cerrar este cuadro y probar otra forma de guardar un archivo.

4 Los atajos de teclado resultan realmente útiles cuando el usuario tiene facilidad para escribir en el ordenador. Para hacer uso de este método, pulse la tecla **Control** y sin soltarla, la tecla **G**.

La extensión **.docx** indica que el documento usa tecnología **XML,** un tipo de archivo comprimido y fragmentado que permite que los documentos más reducidos, y en caso ... ... sean más fáci...

5 Como verá, se abre nuevamente el cuadro de diálogo **Guardar como** con la misma información que ya habíamos visto. En esta ocasión sí guardaremos el archivo, pero con un par de variaciones. Como el título por defecto ya está seleccionado, pues el programa prevé que probablemente desee cambiarlo, puede escribir uno nuevo directamente. Sepa que el programa añadirá siempre, salvo se indique lo contrario, la extensión **.docx**. La letra **X** hace referencia a la tecnología **XML** que se usa en estos nuevos formatos. Se trata de formatos de archivos comprimidos y segmentados que reducen notablemente el tamaño del documento y permiten recuperar con facilidad los archivos dañados. Ahora, teclee el texto **PRUEBA** en el campo **Nombre de archivo** para cambiar el nombre del documento. **(4)**

6 Haremos otro cambio. En lugar de guardarlo en la carpeta **Documentos**, que es la que propone por defecto la aplicación, lo haremos en el **Escritorio**. Para ello, seleccione el **Escritorio** en el panel de navegación de la izquierda y pulse el botón **Guardar**. **(5)**

7 El nuevo nombre ya se refleja en la **Barra de título** del documento. Vamos a añadir un nuevo texto y enseguida guardaremos también este cambio. Pulse la tecla **Retorno** para añadir una línea y teclee las palabras **Lección 12**. **(6)**

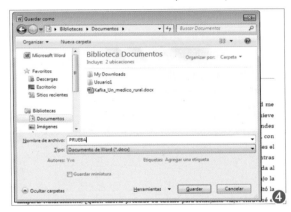 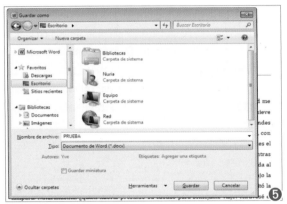

Cada vez que usa el comando **Guardar** sobre un documento que ya ha sido guardado por vez primera, los cambios se sobreescriben directamente sobre el mismo documento sin consultar.

8 Ahora guardaremos el cambio añadido. Como ya hemos guardado este nuevo documento una vez, el comando **Guardar** registrará el cambio automáticamente sin abrir el cuadro de diálogo **Guardar como**, pues simplemente volverá a hacer uso del nombre y la ubicación que ya ha establecido como correcta. Si quisiera volver a acceder al cuadro **Guardar como** debería seleccionarlo directamente en la pestaña **Archivo**. Ahora, para este ejercicio, pulse sobre la pestaña **Archivo** y seleccione la opción **Guardar**, primera de la vista **Backstage**. **(7)**

9 La aplicación ha guardado el archivo modificado directamente. Recuerde que aunque la aplicación ejecuta sistemáticamente la acción de autoguardado, es conveniente ir guardando los cambios a medida que va trabajando. Pero ahora haremos un duplicado de nuestro documento, lo que por ejemplo podría servir para aplicar cambios sin perder el archivo original. Haga clic sobre la pestaña **Archivo** y pulse sobre el comando **Guardar como**. **(8)**

10 Se muestra nuevamente el cuadro de diálogo **Guardar como**. El programa asigna ahora como ubicación predeterminada el **Escritorio**, que es la última utilizada en este equipo y en él vemos el documento **PRUEBA.docx** que hemos guardado hace unos minutos. Si tuviera otros documentos archivados en el **Escritorio** también los verá reflejados aquí. En el campo **Nombre de archivo**, escriba el término **PRUEBA MODIFICADO** y pulse el botón **Guardar** para almacenar la copia creada.

11 Como podrá ver, ahora tiene en pantalla el nuevo archivo, **PRUEBA MODIFICADO.docx**, que ha sustituido al anterior **PRUEBA.docx**. **(9)** Este último continúa guardado en su escritorio con el nombre original y lo puede comprobar fácilmente minimizando por un momento la aplicación. Vamos a hacerlo, y así salimos de dudas. Pulse sobre el botón **Minimizar** de la **Barra de título** y compruebe que en el escritorio se encuentran los iconos de los dos archivos. **(10)**

12 Vamos ahora a maximizar el documento para estudiar un último aspecto de esta lección. Desplace el cursor hacia la base de la pantalla y cuando aparezca la **Barra de tareas**, haga un clic sobre el icono de Word para desplegar los documentos activos y seleccione **PRUEBA MODIFICA-DO.docx. (11)**

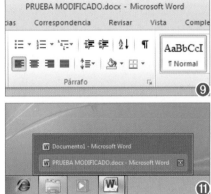

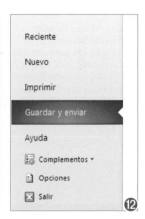

13 Hasta el momento hemos usado sólo el formato por defecto, que es el propio de la aplicación. Sin embargo, Word 2010 proporciona muchas otras opciones de formato para guardar las presentaciones realizadas. Aunque más adelante trabajaremos con algunas de ellas, aprovecharemos para hacer una exploración antes de acabar esta lección. Haga clic sobre la pestaña **Archivo** y pulse en esta ocasión sobre el comando **Guardar y enviar**. **(12)**

En el botón de **Word** de la **Barra de tareas** se oculta un menú desplegable que permite acceder a cada uno de los documentos abiertos.

14 La vista Backstage **Guardar y enviar** muestra todas las opciones para compartir un documento con otros usuarios, guardándolo en una ubicación de red, enviándolo en un mensaje de correo electrónico, guardándolo en **SharePoint** para colaborar con otras personas o como entrada de un blog. Además, permite **crear un documento PDF o XPS** y **Cambiar el tipo de archivo**. **(13)** Seleccione la opción **Cambiar el tipo de archivo.**

15 El panel de la derecha se actualiza según la opción que tenga seleccionada a la izquierda. Puede contener una lista con todas las opciones disponibles o la descripción de la opción seleccionada. Al pie hay también un botón llamado **Guardar como**. Haga clic en él. **(14)**

16 Sí, ya conocemos este cuadro, pero antes de acabar esta lección queremos mostrarle la larga lista de formatos disponibles que incluye. Sepa que si no encuentra el formato que desea en la vista **Backstage**, resumida, visual y muy explicativa, probablemente podrá encontrarlo en este cuadro aunque sin descripción alguna. Pulse sobre el botón de punta de flecha que está al final del campo **Tipo** y dele una mirada a los **formatos disponibles**.

17 Una vez vistos los formatos disponibles, seleccione la opción **Cancelar** para cerrar la ventana. **(15)**

Cambiar el tipo de archivo le permite compartir su documento con personas que usan versiones anteriores de Word u otros procesadores de texto. Lo importante es seleccionar el tipo adecuado.

18 A lo largo de este curso iremos tocando muchos de estos formatos, sin embargo, si desea profundizar más, le recomendamos que consulte el curso **Microsoft Office 2010** de esta misma colección. Ahora terminaremos este ejercicio saliendo de la aplicación desde la opción **Salir** de la vista **Backstage**.

Lección 14. **Abrir un documento**

U na vez que ha cerrado un documento creado en Word, dispone de diferentes vías para ubicarlo nuevamente y abrirlo para continuar trabajando sobre él. Puede usar la función Abrir del menú Archivo, la lista de documentos recientes de este mismo menú en el caso de que haya sido recientemente utilizado, o la combinación de teclas Ctrl.+O. En esta lección ensayaremos estas y otras formas de abrir un documento y aprovecharemos para profundizar un poco más en el uso de la vista Recientes de la Backstage.

1 Para llevar a cabo este ejercicio abriremos en primer lugar uno de los documentos que guardamos en el **Escritorio** en la lección anterior. Lleve el cursor hasta el icono del documento **PRUEBA. docx** y haga un doble clic sobre él para abrirlo.

2 El documento seleccionado se ha abierto a pesar de que la aplicación estaba cerrada. Como verá, un acceso directo en el **Escritorio** puede ser una forma muy cómoda de disponer de un documento, eso sí, tiene que tener en cuenta que un **Escritorio** organizado y despejado es fundamental para trabajar bien, así que mejor reserve este método para casos puntuales. Ahora vamos a abrir el otro archivo de la última lección. Para ello, pulse sobre la pestaña **Archivo** y seleccione la opción **Abrir. (1)**

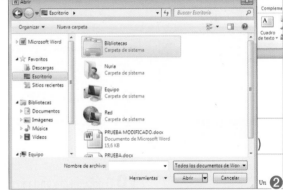

3 Se ha desplegado el cuadro **Abrir** en la biblioteca **Documentos** así que puede ver en pantalla su contenido. Ubique en el panel de exploración de la derecha el **Escritorio**, seleccione luego el documento **PRUEBA MODIFICADO.docx** y pulse sobre el botón **Abrir** para mostrar el documento en pantalla **(2)**.

4 Vamos a aplicar un cambio en este documento. Pulse sobre la tecla **Mayúsculas** y sin soltarla, pulse una vez la tecla de desplazamiento hacia abajo para seleccionar la primera línea del texto. Ahora utilice la tecla **Retroceso** para eliminarla.

5 Dejaremos ahora este documento para seguir conociendo las diversas formas de abrir documentos en Word. Haga clic en el botón de aspa de la esquina superior derecha para cerrarlo.

6 Esto es lo que queríamos aprovechar para mostrarle. Como habíamos introducido un cambio, se ha abierto automáticamente un cuadro de diálogo de confirmación que le avisa de que está a punto de perder los cambios. Si selecciona la opción **Guardar**, los cambios quedarán almacenados automáticamente en el documento original pero en este caso no queremos hacerlo, así que

De manera predeterminada, el cuadro **Abrir** de Word parte de la biblioteca **Documentos**, aunque esto puede cambiarlo desde la ventana **Guardar** del cuadro de **Opciones de Word**. Sin embargo, si en una sesión de trabajo ha abierto un documento en otra ubicación, será en esta la que se mostrará la siguiente vez que acceda a la opción **Abrir**.

confirme que no desea guardar el cambio aplicado. **(3)**

7 Ahora estudiaremos otro modo de mostrar al cuadro de diálogo **Abrir** para acceder a un documento creado anteriormente. Pulse la tecla **Control** y, sin soltarla, la **A**.

8 Efectivamente, también de este modo se abre el cuadro **Abrir**, aunque en esta ocasión lo hace directamente en el **Escritorio**, pues ya hemos accedido a él en esta sesión de trabajo. Utilice el botón **Cancelar** para cerrar el cuadro.

9 Ya casi para terminar, despliegue la pestaña **Archivo** y abra la vista **Recientes** de la **Backstage** para observar cómo ha cambiado su aspecto. Tal vez no haya notado hasta ahora que en el panel de opciones de la ficha **Archivo**, a la izquierda, se ha creado una lista con los tres documentos que hemos utilizado a lo largo de las primeras lecciones del curso. **(4)** Luego, en la vista **Recientes**, tal como habíamos anticipado que sucedería, tenemos en primer lugar la lista de los **Documentos recientes** y en segundo lugar la de sus ubicaciones. **(5)** Aquí, junto a cada nombre de documento y de lugar, se ve el signo en forma de chincheta que permite anclarlo a la lista para tenerlo siempre disponible. Vamos a probarlo. Pulse ahora sobre el icono de chincheta ubicado a la derecha del documento **Kafka_Un_médico_rural.docx** para que se muestre permanentemente en la lista.

Anclar un **Lugar reciente** puede ser una excelente forma de facilitar el acceso a un conjunto de documentos de uso frecuente.

10 El documento anclado pasa al primer lugar de la lista, donde permanecerá sin importar los documentos que abra en adelante, y la chincheta ahora se ve gráficamente clavada en el panel para recordar que ha sido anclado. **(6)** Vamos a mirar ahora otras posibilidades de la lista de **Recientes**. Pulse con el botón derecho del ratón sobre el primer elemento de la lista para desplegar su menú contextual.

11 El menú que tiene en pantalla le permite abrir el documento, hacer una copia de este para aplicar cambios manteniendo el documento original intacto, desanclarlo o eliminarlo de la lista, además de borrar aquellos que no han sido anclados, que es lo que haremos en estos momentos, seleccionando la última opción. **(7)**

12 Se despliega un menú de confirmación que pregunta si está seguro de querer aplicar la acción. Pulse sobre el botón **Sí** para eliminarlos. **(8)**

13 Efectivamente, sólo permanece en la lista el documento **Kafka_Un_medico_rural.docx**. Los otros han desaparecido incluso del panel de opciones de la pestaña **Archivo**. Por otra parte, hemos visto que puede abrir un documento usando su menú contextual en la vista **Recientes**. Recuerde que con sólo hacer un sobre clic sobre el nombre de un documento este se abre al momento. ¿Y qué sucede si hace clic en el nombre de alguno de los lugares donde estos están guardados? Vamos a averiguarlo ahora. Pulse sobre el primer elemento de la lista de **Lugares recientes**, en nuestro caso el **Escritorio**. **(9)**

14 Exactamente. También con este procedimiento puede acceder al cuadro **Abrir**, y lo hace directamente desde la carpeta que el usuario seleccione. Aprovechemos que está abierto para comentar un último aspecto. Pulse sobre el botón con el texto **Todos los documentos de Word. (10)**

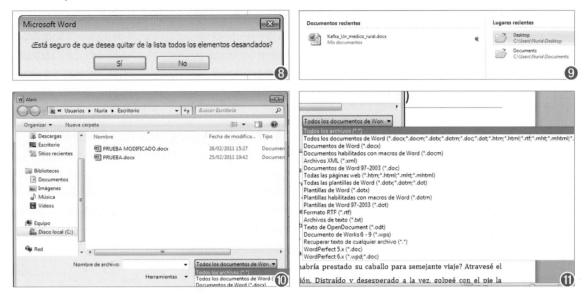

15 Se despliega un menú que le permite seleccionar los tipos de archivo que se mostrarán en pantalla. Como verá, de forma predeterminada se muestran sólo los archivos de Word pero puede cambiarlo desde este comando. **(11)** Pulse ahora sobre el botón **Cancelar**.

16 Después de practicar las diferentes formas de abrir un archivo en Word, podemos dar por terminado este ejercicio. Cierre para ello el documento **PRUEBA.docx** y continúe con la próxima lección.

El menú de tipos de archivo del cuadro **Abrir** actúa como una especie de filtro para los archivos que se muestran en pantalla y evita confusión a la hora de ubicar el documento con el que desea trabajar.

Lección 15. **Crear, usar y guardar plantillas**

En la vista Nuevo que usamos en la lección anterior para crear un documento en blanco, dispone también de una gran diversidad de opciones para la creación de documentos a partir de plantillas prediseñadas Además, Word permite crear plantillas propias y guardarlas para luego utilizarlas en la creación de nuevos documentos. En esta lección le explicaremos cómo.

1 Las plantillas de Word le ayudarán a ahorrar tiempo en la creación de documentos, pues permiten partir de un formato e incluso de contenidos prediseñados y modificarlos para adaptarlos a sus propios objetivos. Para comenzar esta lección, haga clic en la pestaña **Archivo** y pulse sobre la opción **Nuevo**.

2 La vista **Nuevo** le ofrece la posibilidad de usar las plantillas incluidas en la aplicación o de descargar otras a través de la sección **Plantillas de Office.com**, donde están clasificadas por tipo de contenidos. Cada uno de sus iconos (**Actas**, **Agendas**, **Boletines**, etc...) es un vínculo a la web de Microsoft Office que hace que el proceso sea realmente fácil. **(1)** En todo caso, para este ejercicio usaremos una de las plantillas almacenadas por el programa en nuestro equipo así que haga clic sobre la opción **Plantillas de ejemplo** y seleccione la plantilla de su preferencia, que se mostrará ampliada de inmediato en la vista previa de la derecha.

La sección **Plantillas de Office. com** ofrece un gran número de **Plantillas**. No dude en acudir a estos apartados para ahorrar tiempo y esfuerzo al diseñar todo tipo de documentos.

3 Ahora seleccione la opción **Plantilla** para crear una nueva a partir de esta, pero recuerde que también podría crear un **Documento**, y pulse el botón **Crear**. **(2)**

4 Se abre una nueva plantilla en la que puede introducir los contenidos que necesite aprovechando la base proporcionada por la aplicación. Por defecto aparece el nombre **Plantilla1** en la **Barra de título**. Ahora personalizaremos esta plantilla para crear una nueva a partir de su diseño original. Pulse sobre el comando **Cambiar estilos** de la **Cinta**, coloque el cursor sobre la opción **Conjunto de estilos** para desplegar el menú de opciones y seleccione alguno que le agrade. **(3)**

5 Una vez aplicado el cambio puede guardar esta nueva plantilla, creada a partir de una de las proporcionadas por la aplicación, en un nuevo archivo. Para ello, pulse el comando **Guardar.**

6 Como se trata de una nueva plantilla que aún no habíamos guardado por primera vez, se muestra el cuadro **Guardar como**. En este caso el programa ya ha cambiado el tipo de archivo automáticamente a **Plantilla de Word** y la extensión a **.dotx**, que es la correspondiente a las plantillas.

Como nombre asigna como siempre la primera línea que ha detectado. Si así lo prefiere, puede cambiar el nombre del archivo ahora.

7 Al igual que los documentos se guardan por defecto en la carpeta **Mis documentos**, Word ubica las plantillas en una carpeta predeterminada denominada **Plantillas**, pero el usuario puede cambiar su ubicación tal como haría con cualquier otro archivo. Seleccione la biblioteca **Documentos** en el panel de exploración y pulse el botón **Guardar**. **(4)**

8 Ya ha creado una nueva plantilla que podría servirle para la creación de sus propios documentos. Para averiguar cómo, cierre la plantilla que tiene en pantalla.

9 Una vez cerrada la plantilla, abra opción **Plantillas recientes** de la vista **Nuevo** de la **Backstage**. Aquí se ha almacenado un acceso directo a la plantilla que hemos creado hace un momento. Pulse sobre el botón **Crear** para ver su efecto. **(5)**

10 Como podrá ver en la **Barra de título**, en este caso la aplicación ha creado directamente un documento al que ha llamado **Documento2**. **(6)** Ahora podría pulsar sobre los campos entre corchetes para escribir los contenidos que se indican, sustituir los textos falsos y obtener así, en unos pocos pasos guiados, un documento de excelente apariencia y diseño profesional. Cierre ahora el documento en pantalla e indique si desea guardar los cambios.

> **RECUERDE**
>
> Al guardar una plantilla nueva en la carpeta **Plantillas**, predeterminada por la aplicación, se añade esta al directorio **Mis Plantillas**, al cual se accede desde la vista **Nuevo** de la Backstage.
>
> Mis plantillas

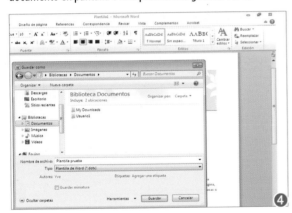

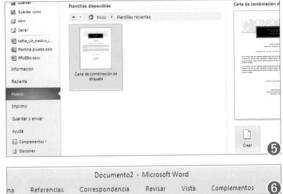

11 A continuación aprovecharemos el documento en blanco que nos queda en pantalla para crear una nueva plantilla. Escriba cualquier texto sobre el documento en pantalla y, si quiere, aplique algún cambio de formato o estilo. Haremos una plantilla muy simple, pero recuerde que una plantilla, para ser de alguna utilidad, debe tener elementos que puedan simplificar la creación de documentos a partir de ella.

Si se encuentra en alguna de las galerías de plantillas de ejemplo de la vista **Nuevo** y desea volver a las opciones anteriores, sólo tiene que pulsar sobre el botón **Inicio**, que muestra un dibujo de una casa, en la parte superior de la ventana.

12 Pulse el comando **Ctrl+G** del teclado para abrir el cuadro **Guardar como**. Ahora debe indicar que desea guardar el documento abierto como una plantilla. Abra la lista de tipos de archivo pulsando en la flecha adjunta al cuadro **Tipo** y seleccione el tipo **Plantilla de Word (*.dotx)**. Compruebe que en la **biblioteca Documentos** se encuentra la plantilla de prueba que creamos hace unos momentos, cambie el nombre si así lo desea y guarde el documento.

13 Como era de esperar, el nombre de la plantilla aparece ahora en la **Barra de título**. Efectivamente ha creado una plantilla a partir de un documento y ahora ya estamos listos para pasar a la siguiente lección de este manual. Haga clic en la pestaña **Archivo** y pulse sobre la opción **Cerrar** para acabar la lección.

Lección 16. **Trabajar con formato Word 97-2003**

Ya hemos visto que de manera predeterminada Word 2010 crea documentos con formato XML. Sin embargo, debe saber que el uso de este formato, que fue introducido en la versión 2007 de la suite Office, no impide que un documento creado en versiones anteriores de Word pueda ser abierto en la versión que nos ocupa y viceversa, ni que un documento creado con Word 2010 pueda ser almacenado con el formato de versiones anteriores para que los usuarios que no disponen de esta última versión del programa puedan abrirlo. ¿Averiguamos cómo hacerlo?

1 En el ejercicio que proponemos a continuación, aprenderá a guardar un documento creado en Word 2010 de manera tal que los usuarios que no disponen de la última versión del procesador de textos puedan igualmente abrirlo, y más adelante aprenderemos también a trabajar sobre un documento guardado en formatos anteriores y a convertirlo al formato XML. Ahora, para empezar, despliegue el contenido de la pestaña **Archivo**, que se abre directamente en la vista **Reciente**, y seleccione el documento **Kafka_Un_médico_rural.docx** con el que hemos trabajado en lecciones anteriores. **(1)**

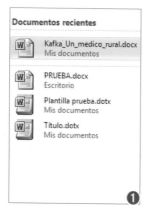

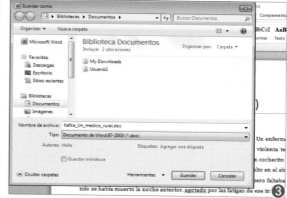

El habitual formato de documentos **.doc** de las versiones anteriores ha sido sustituido por la nueva extensión **.docx**, mientras que el formato de plantillas **.dot** ha pasado a ser **.dotx**.

2 Una vez se muestre el documento en pantalla, dispone de dos formas para hacer la adaptación a otras versiones. Puede usar directamente el cuadro **Guardar como** de la pestaña **Archivo**, o puede acceder a la opción **Guardar y enviar** de la misma pestaña y seleccionar el comando **Cambiar el tipo de archivo**. Vamos con la primera. Haga clic en la pestaña **Archivo** y pulse sobre la opción **Guardar como**. **(2)**

3 Se abre de este modo el cuadro de diálogo **Guardar como**, con el que hemos trabajado ya en ejercicios anteriores. En la lección sobre cómo guardar un documento vimos que el campo **Tipo** permite seleccionar los diferentes formatos en que es posible guardar un archivo. En este ejercicio finalmente haremos uso de uno de los formatos propuestos para cambiar el asignado por defecto, que es **Documento de Word (*.docx)**. Para desplegar las opciones disponibles, haga clic en el botón de punta de flecha del campo **Tipo** y seleccione la opción **Documento de Word 97-2003 (*.doc)** de la lista.

4 Mantenga la ubicación y el nombre del documento y pulse el botón **Guardar** para cerrar el cuadro y crear el nuevo documento. **(3)**

5 El documento se ha almacenado con el formato antiguo de Word y en la **Barra de título** se muestra el nombre del documento, ahora con la extensión **.doc** y, entre paréntesis, el término **Modo de compatibilidad**. **(4)** El documento anterior, con extensión **.docx**, permanece intacto en su carpeta, así que ahora dispone de dos documentos iguales pero guardados en diferentes versiones. Pulse nuevamente sobre la pestaña **Archivo** y seleccione la vista **Información**.

6 Al trabajar en **Modo de compatibilidad**, es decir, con un documento compatible con otras versiones, aparece una nueva opción en la ficha **Información** de la vista **Backstage**. Se trata de la opción **Convertir**. En el **Modo de compatibilidad** muchas de las nuevas características de Word 2010 se mantienen deshabilitadas y el comando **Convertir** permite obtener un documento en formato **.docx** para poder disfrutar de todas las nuevas características. Pulse ahora sobre este comando para volver al formato 2010 a partir del documento con formato 97-2003. **(5)**

7 Se muestra ahora un cuadro de advertencia que informa al usuario de que al convertir el documento a un formato más reciente se reducirá el tamaño del documento, se reemplazará el documento actual y es posible que se cambie el diseño del mismo. Pulse sobre el botón **Aceptar** para terminar la conversión. **(6)**

8 Se ha realizado el cambio de formato de forma automática y el documento ya no está en **Modo de compatibilidad**. Sin embargo, el nombre del documento aún utiliza la extensión .doc. **(7)** Haga clic en el botón **Guardar** de la **Barra de herramientas de acceso rápido** para cambiar la extensión.

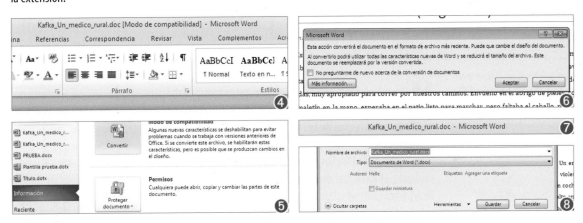

9 Como verá, la aplicación abre el cuadro **Guardar como** y da por sentado que el documento será guardado en el formato correspondiente a la versión actual. **(8)** Como ya disponemos del documento con la extensión **.docx**, no nos hace falta guardar el documento convertido, así que cancele el proceso para cerrar el cuadro.

10 Para volver al documento antes de la conversión realizada, ciérrelo sin almacenar los cambios.

11 Vamos ahora a recuperar el documento desde la lista de **Documentos Recientes**. Despliegue la vista **Reciente** de la pestaña **Archivo**, y seleccione el documento **Kafka_Un_médico_rural.doc**.

12 Una vez haya abierto el documento en el **Modo de compatibilidad**, acceda al cuadro **Guardar como** desde la vista **Archivo**.

13 La última vez que accedió a este cuadro ya había convertido este mismo documento al formato actual. Veamos qué sucede al intentar cambiar el tipo de archivo directamente desde aquí. Pulse en el campo **Tipo** y seleccione la primera opción para efectuar el cambio de formato a la versión 2010.

14 Algo ha cambiado en la ventana que tiene en pantalla. Se ha añadido una opción, seleccionada por defecto, que permite que el documento mantenga la compatibilidad con versiones anteriores de Word a pesar de la conversión al formato 2010. Esto quiere decir, entre otras cosas que, a pesar de la conversión del documento, algunas de las características de Word 2010 se mantendrán deshabilitadas para asegurar que este pueda ser compartido sin pérdidas con usuarios de otras versiones de la aplicación. Cambie el nombre del documento para no perder el anterior y pulse el botón **Guardar**. **(9)**

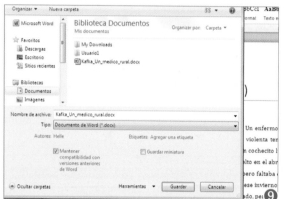

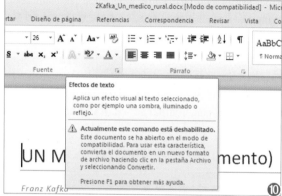

Para convertir un documento .doc en uno de formato XML puede acceder al cuadro **Guardar como**, o seleccionar la opción **Cambiar tipo** del cuadro **Guardar y enviar** de la pestaña **Archivo**.

15 Efectivamente la extensión del documento ha cambiado pero este se mantiene en **Modo de compatibilidad**. Veamos ahora con otro ejemplo exactamente qué quiere decir este modo. Fíjese en el comando **Efectos de texto**, con el icono de una **A** de relleno blanco y borde gris, que aparece casi desdibujada. Si intenta hacer un clic sobre ella, no ejecuta ninguna acción. Coloque el cursor sobre el comando **Efectos de texto** para desplegar su ficha de información emergente. **(10)** Este comando, al igual que otros, ha sido deshabilitado para asegurar que el documento creado no incorporará características que no sean compatibles con otras versiones de Word.

16 Ya ha podido comprobar que Word 2010 permite intercambiar archivos con usuarios de otras versiones sin ninguna dificultad. Recuerde que si desea tener disponibles todas las herramientas de la última versión de la aplicación, siempre tiene la opción de convertir el documento sin olvidar que esta operación podría modificar su aspecto. Para terminar este ejercicio, vamos volver a convertir el documento al formato actual. Haga clic nuevamente sobre el comando **Guardar como** de la pestaña **Archivo.**

17 Como el documento ya está en el formato **.docx**, simplemente pulse sobre la casilla de verificación de la opción **Mantener compatibilidad con versiones anteriores de Word** para eliminar la selección y salir del **Modo de compatibilidad**, y haga clic en **Guardar**.

18 Una vez más se abre el cuadro de advertencia sobre el cambio de formato. Haga clic en la casilla de verificación de la opción **No volver a preguntar** para ahorrarse este cuadro en el futuro, y acepte la conversión para pasar a la siguiente lección.

Lección 17. **Guardar como página Web**

Guardar un documento como página web permite que este adopte la misma interactividad y las mismas propiedades que una página de Internet. Un documento guardado como página web está en formato HTML y puede ser abierto en cualquier explorador, así que permite compartir documentos con usuarios de otras aplicaciones y otros sistemas operativos. Además, evidentemente le permite colgar el documento en la red.

1 En este ejercicio aprenderemos a guardar un documento de Word como página Web para poder visualizarlo con un navegador. Utilizaremos el documento que dejamos abierto en pantalla al acabar la última lección. Haga clic en la pestaña **Archivo** y seleccione la opción **Guardar como**.

2 En la ventana **Guardar como**, haga clic en el botón de punta de flecha del campo **Tipo** y seleccione la opción **Página Web**.

3 Observe que el nombre propuesto por **Word** es el mismo que el del archivo original pero con la extensión **.htm**. Por otra parte, aparece un nuevo campo llamado **Título de la página**, que ha tomado de forma automática el texto de la primera línea del documento, y al que accederemos para cambiarlo. Pulse el botón **Cambiar título**. **(1)**

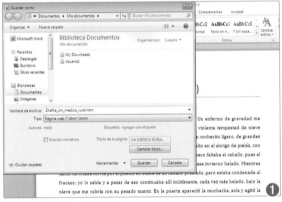

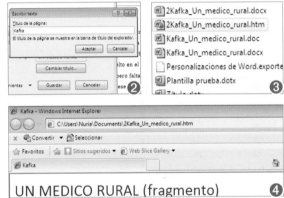

4 En el campo **Título de la página** del cuadro que se ha abierto, escriba un nuevo nombre y pulse el botón **Aceptar**. **(2)** Ahora haga un clic en el botón **Guardar** del cuadro **Guardar como**.

5 El documento ha pasado automáticamente a la vista llamada **Diseño Web**, tal como puede ver en la **Barra de estado**. En la **Barra de título** el documento muestra la extensión **.htm**. Sólo nos queda comprobar el correcto funcionamiento de esta nueva página. Para ello, pulse sobre el **botón de Windows** de la **Barra de tareas** y seleccione la carpeta **Equipo**.

6 Una vez se ha abierto la ventana del explorador, acceda a la librería **Documentos** de su equipo en la que se ha almacenado el nuevo archivo, que se distingue de los otros por su extensión y por el icono, que en su caso incluye un pequeño globo terráqueo que hace referencia a la red. **(3)** Haga doble clic sobre el documento para que se abra en su navegador predeterminado.

7 ¡Correcto! El navegador de Internet se abre mostrando nuestro documento como una pestaña con el título que le hemos asignado. **(4)** Una vez realizada la comprobación, puede cerrar el navegador y la ventana del explorador que ha quedado en primer plano.

El nombre que escriba como título aparecerá en la **Barra de título** del navegador una vez abra el archivo a través de la red.

Lección 18. **Guardar como PDF o XPS**

ncluida en el comando Guardar y enviar del menú Archivo, se encuentra la nueva opción Crear documento PDF/XPS, con la que es posible convertir de manera rápida y sencilla un documento de Word en un documento con alguno de los formatos de intercambio de datos, usar otras aplicaciones para la conversión del documento y gestionar con mayor eficacia los comentarios. Utilizar formatos PDF o XPS es otra de las formas de asegurar que un documento que debe ser compartido por varios usuarios no pierda datos, y mantenga la apariencia y diseño con los cuales ha sido creado, por ejemplo, a la hora de publicarlo electrónicamente o imprimirlo. Además es un formato que permite con gran comodidad que diferentes usuarios, y desde diferentes equipos y aplicaciones, corrijan y añadan comentarios a un documento.

1 En esta lección aprenderá dos métodos para crear documentos en formato PDF o XPS partiendo de un documento, y sin necesidad de salir de Word 2010. Para comenzar, haga clic en la pestaña **Archivo** y pulse sobre el comando **Guardar y enviar**.

2 En el ejercicio anterior comentamos que el tipo de archivo de un documento puede cambiarse desde el cuadro **Guardar como** o desde este cuadro, **Guardar y enviar**, que tiene ahora en pantalla. Ahora veremos cómo desde estas dos opciones también es posible crear un documento portátil, tanto en formato **PDF** como **XPS**. En la sección **Tipos de archivo**, haga clic sobre la opción **Crear documento PDF/XPS**. (1)

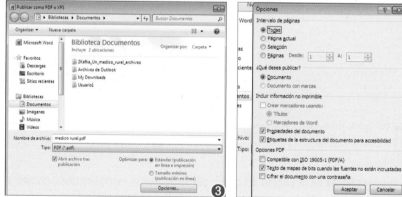

El comando **Crear documento PFD o XPS** lleva a un cuadro casi exacto a **Guardar como**, pero que sólo incluye los dos formatos de portabilidad en cuestión.

3 Al cambiar la opción seleccionada, el panel de la derecha se actualiza para mostrar una descripción de las características de los documentos guardados con estos formatos. Pulse el botón **Crear un PDF/XPS**. (2)

4 Se ha abierto el cuadro de diálogo **Publicar como PDF o XPS** con el tipo formato **PDF** seleccionado por defecto, pero sepa que puede cambiarlo al formato **XPS** desplegando el menú **Tipo**. Además puede cambiar el contenido del campo **Nombre del archivo** o modificar su ubicación en el equipo, tal como lo haría en el cuadro **Guardar como**. Cambie el nombre del documento y pulse el botón **Opciones**. (3)

5 En el cuadro **Opciones** podemos especificar características avanzadas como el intervalo de páginas que queremos convertir, si queremos publicar el documento entero, con marcas u otra información no imprimible, etc. (4) Salga del cuadro **Opciones** pulsando el botón **Cancelar**.

6 El cuadro **Publicar como PDF o XPS** incluye además dos campos más. Uno que está activado por defecto con el texto **Abrir archivo tras publicación**, que es preciso mantener activado para que el documento se abra en la aplicación adecuada una vez convertido en **PDF**. El otro campo, **Optimizar para** permite que el documento tenga tamaño reducido para su publicación en línea, o tamaño normal apto para publicación en línea e impresión. Deje este campo como está y pulse el botón **Publicar**.

7 En pocos segundos se crea el documento PDF y se abre en nuestro caso el programa **Adobe Acrobat** para mostrar el resultado de la operación. **(5)** Tenga en cuenta que también puede utilizar el programa **Adobe Reader** para abrir este tipo de documentos. Cierre la aplicación pulsando el botón de aspa de su **Barra de título**.

8 Disponemos ya de una copia de nuestro documento en formato **PDF** lista para ser enviada o compartida con otros usuarios. Por otra parte, hemos dicho que el cuadro **Guardar como** también le permite crear nuevos documentos en estos dos formatos portátiles. Vamos a verlo. Pulse sobre la pestaña **Archivo** y seleccione el comando **Guardar como**.

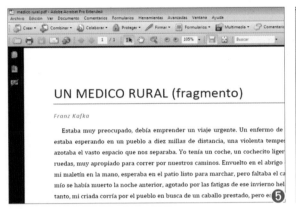

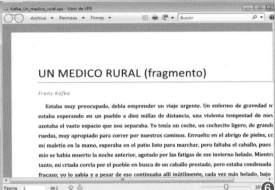

9 Una vez se ha abierto este cuadro, cambie el tipo de **Archivo**. Usemos esta vez el **XPS** para ver cómo funciona. Podrá comprobar que al cambiar de tipo de archivo aparecen nuevamente el campo **Optimizar** y el botón **Opciones**. Seleccione el tipo de archivo **.xps** y pulse el botón **Guardar**.

10 En un momento se ha abierto el **Visor de Windows** con el documento en formato **XPS** en pantalla, y el archivo **.xps** está guardado en su carpeta **Documentos**. **(6)** Pulse el botón de aspa del **Visor de Windows** para cerrar el documento.

11 Dispone ya de dos documentos en formatos seguros, cómodos y de gran portabilidad listos para compartir con otras personas. Para acabar este ejercicio que da por terminado también el segundo apartado de este curso, cierre la aplicación Word 2010 usando la opción correspondiente de la pestaña **Archivo**.

El **PDF** se abre en una aplicación **Adobe Reader** o **Acrobat Adobe** según lo que esté instalado en su equipo, mientras que el **XPS** se abre automáticamente en el **Visor de XPS** de Windows.

Trabajar con textos

Introducción

Probablemente se trate del capítulo fundamental de este manual, ya que la creación de documentos de texto es la principal función de esta aplicación que, de hecho, no es más que un procesador de textos. Bueno, el mejor procesador de textos inventado hasta el momento.

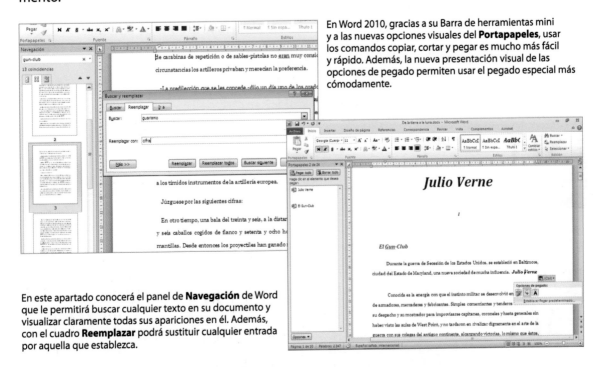

En Word 2010, gracias a su Barra de herramientas mini y a las nuevas opciones visuales del **Portapapeles**, usar los comandos copiar, cortar y pegar es mucho más fácil y rápido. Además, la nueva presentación visual de las opciones de pegado permiten usar el pegado especial más cómodamente.

En este apartado conocerá el panel de **Navegación** de Word que le permitirá buscar cualquier texto en su documento y visualizar claramente todas sus apariciones en él. Además, con el cuadro **Reemplazar** podrá sustituir cualquier entrada por aquella que establezca.

En este apartado aprenderá a realizar de manera óptima las tareas más básicas de inserción, selección, eliminación y sustitución de textos. Aprenderá también a trabajar con dos de los grupos de tareas más utilizados de la aplicación y, probablemente, de cualquier aplicación de ofimática. Nos referimos en primer lugar a los comandos **Deshacer**, **Rehacer** y R**epetir tareas** que permiten que un error no se convierta en una pesadilla, pues deshacen cualquier cambio aplicado en el documento, o que labores repetitivas se resuman en un solo clic. En segundo lugar hablamos de las herramientas del Portapapeles, los clásicos **Copiar**, **Cortar** y **Pegar**, que permiten trasladar contenidos, o duplicarlos y colocarlos en el lugar que necesite, ahora con la comodidad de la Barra de herramientas mini que aparece con solo seleccionar el texto. Aprenderá a **buscar** rápidamente cualquier contenido en su documento y a sustituirlo de forma automática por el contenido que usted establezca.

También con la Barra de herramientas mini y con las herramientas de la ficha Inicio de la Cinta, realizará diferentes ejercicios en los que modificará los diferentes **atributos de texto** para destacar elementos o cambiar la apariencia general del documento. De este modo aplicará negritas o cursivas, cambiará tamaños y fuentes, o aplicará estilos, por dar algunos ejemplos. Del mismo modo modificará los **atributos de pá-rrafo**, como pueden ser el interlineado, la alineación o las tabulaciones y sangrías usando también la Barra mini la Cinta de opciones.

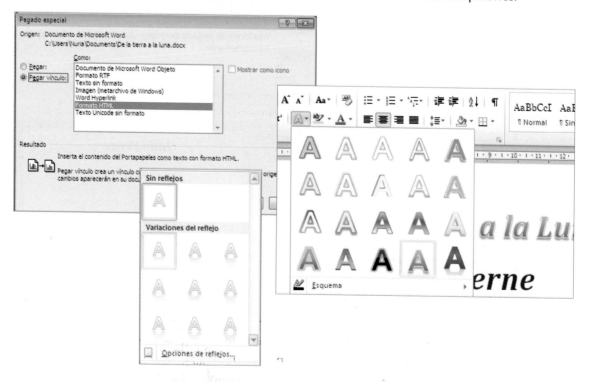

Para terminar, aprenderá a **crear listas** de datos, organizados bien con viñetas o símbolos, bien con números. En las lecciones correspon-dientes aprenderá cómo modificar los símbolos y números utilizados, y podrá establecer diferente niveles de información.

Lección 19. **Insertar texto**

Trabajar con textos es una de las tareas fundamentales de Microsoft Word. No hay que olvidar que hablamos de una aplicación diseñada básicamente para la creación de documentos de texto. En esta lección aprenderemos uno de los pasos básicos en la edición de textos: como insertar textos y espacios en un documento, y cómo eliminarlos o sustituirlos por nuevos textos.

1 En esta lección volveremos a usar el documento **Kafka_Un_médico_rural.docx**, que puede recuperar de la vista **Recientes**. Este documento tiene un error en la primera línea: la palabra **médico** no está acentuada. Vamos a corregirlo. Haga clic entre las letras **e** y **d** de la palabra para situar en ese punto el cursor de edición. **(1)** A continuación pulse la tecla **Suprimir** de su teclado y luego introduzca la **E** acentuada en mayúsculas. **(2)**

2 El siguiente paso será aprender a eliminar espacios entre párrafos. Haga clic al comienzo del segundo párrafo. **(3)** Ahora pulse la tecla **Retroceso** dos veces para eliminar el espacio entre esta línea y la siguiente y la sangría.

3 Como verá, ambas líneas se han unido. **(4)** Vamos ahora con otra tecla muy importante: **Retorno**. Cada vez que se pulsa esta tecla el cursor se sitúa al inicio de la línea siguiente creando un nuevo párrafo. Púlsela ahora dos veces. Se han separado nuevamente los dos párrafos, se ha restablecido la sangría y además hemos añadido una línea en blanco entre ellos. **(5)**

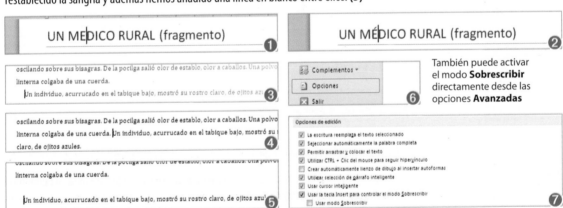

También puede activar el modo **Sobrescribir** directamente desde las opciones **Avanzadas**

4 El modo **Sobrescribir** está desactivado por defecto y la tecla **Insert** no lo activa a menos que así lo especifiquemos en el cuadro de opciones. ¿No sabe de qué estamos hablando? Vamos a averiguarlo. Haga clic en la pestaña **Archivo** y pulse sobre el comando **Opciones**. **(6)**

5 Pulse en la categoría **Avanzadas** del panel de la izquierda y active la opción **Usar la tecla Insert para controlar el modo Sobrescribir** del apartado **Opciones de edición** pulsando en su correspondiente casilla de verificación. **(7)** Finalmente pulse el botón **Aceptar** para aplicar el cambio.

6 Pulse la tecla **Insert** y escriba la palabra **El**.

7 A medida que se introduce el nuevo texto, este sustituye al anterior. Pulse de nuevo la tecla **Insert** para desactivar la función **Sobrescribir** y pase de inmediato a la siguiente lección, donde continuaremos trabajando con este documento.

Lección 20. **Deshacer, rehacer y repetir tareas**

La función Deshacer retrocede en la secuencia de acciones realizadas sobre el documento y anula así la última acción ejecutada. Se trata de una función de enorme utilidad para reparar fácilmente posibles errores cometidos. La función Rehacer, por su parte, ejecuta la acción contraria y sólo puede ser utilizada cuando previamente se ha usado el comando Deshacer. Finalmente la opción Rehacer permite repetir la última acción realizada sobre el documento.

1 En este sencillo ejercicio comprobaremos la enorme utilidad de las herramientas **Deshacer** y **Rehacer** y **Repetir** que se muestran a modo de icono en la **Barra de herramientas de acceso rápido**. Para ello, continuamos trabajando sobre el documento **Kafka_Un_médico_rural. docx**. Haga clic en el botón de punta de flecha que acompaña al comando **Deshacer**.

2 Aparecen las últimas acciones realizadas sobre el texto en la lección anterior. **(1)** A medida que desplaza el cursor sobre la lista, el último campo, **Deshacer las últimas X acciones**, va cambiando. Desde ahí puede deshacer todas las acciones. Pulse sobre la última acción, **Escritura**.

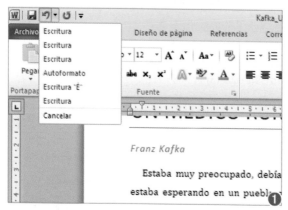

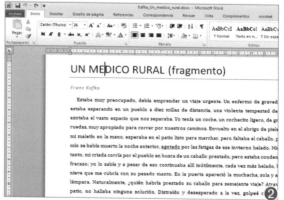

Los accesos a las acciones **Deshacer**, rehacer y repetir están en la **Barra de herramientas de acceso rápido**, aunque según cuáles hayan sido las últimas tareas que haya realizado, pueden estar deshabilitadas algunas de estas. En la imagen **1** aparecen habilitadas las acciones **Hacer** y **Deshacer**, pero en la imagen **2 Deshacer** está deshabilitada y ha aparecido activa **Repetir**.

3 Efectivamente el texto aparece de nuevo tal y como estaba al abrirlo en la pasada lección. **(2)**

4 Sí, hemos eliminado el acento a la palabra **médico** que ciertamente hace falta. Si pulsando el icono **Deshacer** se anula la última acción, pulsando sobre el icono **Rehacer**, ésta vuelve a ejecutarse. Haga clic dos veces en dicho icono de la **Barra de herramientas de acceso rápido**.

5 La corrección vuelve a aplicarse. Veamos una última herramienta. Coloque el cursor al final de la segunda línea del título y añada un punto.

6 La **Barra de herramientas** ha cambiado. La herramienta **Rehacer** sólo está disponible inmediatamente después de haber deshecho una o más acciones, y en su lugar se muestra **Repetir escritura**. Hagamos uso de ella pulsándola tres veces.

7 El punto que hemos introducido hace unos momentos se repite tres veces. Para acabar esta lección, vamos a deshacer esta última acción usando el comando **Control+Z** del teclado tres veces y dejaremos así solo el primer punto después del nombre del autor de la obra.

8 Finalmente, puede guardar los cambios, cerrar el documento actual y pasar a la lección siguiente.

Lección 21. **Buscar y remplazar**

La función Buscar y su complementaria Reemplazar son especialmente útiles en documentos extensos; la función Buscar se encuentra en la ficha Inicio de la Cinta de opciones y es también accesible mediante la combinación de teclas **Control+F**. Aunque el comando Buscar no represente en sí mismo ninguna novedad en el programa, sí lo es el nuevo Panel de navegación aunque este sólo proporciona la función de búsqueda, no la de reemplazo. El comando Reemplazar se encuentra en el grupo de herramientas Edición de la ficha Inicio de la Cinta de opciones y abre el cuadro de diálogo Buscar y reemplazar.

RECUERDE

El **Panel de búsqueda** tiene tres pestañas: La primera realiza la búsqueda e indica bajo qué títulos del documento se ubica el texto localizado, la segunda indica las páginas donde se encuentra y la tercera, seleccionada por defecto, muestra los fragmentos.

1 Supongamos que deseamos localizar todas las veces que aparece una palabra en concreto a lo largo de todo un documento. Para llevar a cabo esta práctica puede utilizar algún documento de varias páginas que tenga en su ordenador, o bajar de la zona de descargas de nuestra web el documento **De la tierra a la luna.docx** y guardarlo en su carpeta de **Documentos**. En todo caso, para comenzar este ejercicio abra el documento con el que vaya a trabajar.

2 Los comandos **Buscar** y **Remplazar**, con las que trabajaremos a continuación, están disponibles en el grupo de herramientas de **Edición** de la pestaña **Inicio** de la **Cinta de opciones**. Pulse sobre la herramienta **Buscar**, al final de la **Cinta**. **(1)**

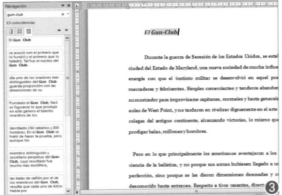

3 Aparece a la izquierda del área de trabajo el **Panel de búsqueda**, desde el cual es posible buscar no sólo textos sino también gráficos, tablas, ecuaciones, notas y comentarios. **(2)** Haga clic en la caja de texto **Buscar en documento**, escriba el texto **gun-club** y pulse a la derecha del campo para efectuar la búsqueda.

Al pulsar sobre alguno de los elementos del **Panel de búsqueda**, se muestra el documento en el fragmento correspondiente en el área de tarea.

4 Es casi emocionante, de lo efectivo que resulta. A medida que va escribiendo, la parte inferior del panel se va actualizando con los fragmentos del documento en los cuales se ha podido localizar el término introducido. Al mismo tiempo, la palabra queda resaltada en color amarillo sobre el documento. **(3)** Pulse sobre la punta de flecha que está al final del campo de texto del panel de búsqueda y seleccione el comando **Opciones** del menú. **(4)**

5 Se abre así el cuadro **Opciones de búsqueda**, en el que se pueden establecer las condiciones necesarias al ejecutar las funciones de búsqueda y reemplazo. La búsqueda que hemos realizado hace un momento ha tenido éxito porque la primera opción, **Coincidir mayúsculas y minúsculas** no está seleccionada, pues hemos escrito el texto en minúsculas mientras que el documento usa mayúsculas. En este cuadro además puede escoger buscar el texto sólo cuando se trata de palabras completas, buscar palabras similares a la que ha introducido, palabras compuestas, omitir espacios en blanco o signos de puntuación, etc. Pulse el botón **Aceptar** para salir y haga clic sobre la segunda pestaña en el panel **Navegación.**

6 Esta pestaña del panel muestra las páginas donde se presenta el texto buscado. Use la barra de desplazamiento vertical para observarlo mejor. Desde ella puede moverse de una a otra directamente. Seleccione la página **3** en este panel para comprobarlo.

7 En un instante se ubica en esta página, mostrando aún resaltada la palabra buscada. **(5)** Ahora imagine que, en el documento en el que estamos trabajando, nos interesa reemplazar una palabra por su sinónimo. Veamos cómo llevar a cabo esta sustitución de forma automática. En el grupo de herramientas **Edición** de la **Cinta de opciones**, haga clic sobre el comando **Reemplazar. (6)**

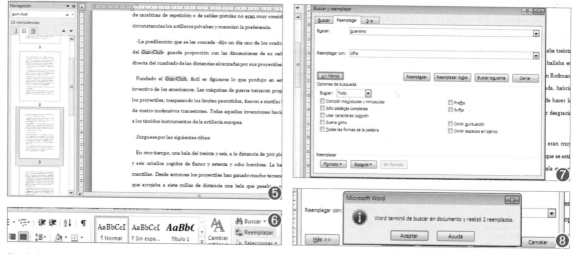

Sin duda alguna, el nuevo **Panel navegación** representa una forma mucho más eficaz y cómoda de encontrar la información que necesita.

8 Se abre el tradicional cuadro de diálogo **Buscar y reemplazar**, presente en todas las versiones de Word, en su ficha **Reemplazar**. La caja de texto **Buscar** muestra, en este caso, la palabra introducida como objeto de búsqueda en pasos anteriores, seleccionada por si desea cambiarla. Escriba la palabra **guarismo** para cambiar el texto a buscar.

9 Sustituiremos esta palabra por un sinónimo de uso más frecuente. Coloque el cursor en el campo **Reemplazar** y escriba la palabra **cifra**.

10 Ahora pulse sobre el botón **Más**. Como puede ver, aparecen las mismas opciones de búsqueda que vimos un momento atrás en el **Panel de navegación** de **Buscar. (7)**

11 Pulse para este ejemplo sobre el botón **Remplazar todos**.

12 El programa nos informa acerca del número de reemplazos efectuados. **(8)** Pulse el botón **Aceptar** del cuadro informativo que aparece.

13 Finalmente, cierre el cuadro de diálogo **Buscar y reemplazar** pulsando el botón **Cerrar** y cierre también el panel de navegación del buscador, que hemos dejado abierto.

14 Para pasar a la siguiente lección, donde veremos las diferentes maneras de seleccionar un texto, guarde los cambios en el documento y déjelo abierto en pantalla.

Lección 22. **Seleccionar texto**

Seleccionar texto es una de las acciones básicas que se llevan a cabo en Microsoft Word y, al mismo tiempo, es también una de las operaciones más importantes y fundamentales. El motivo es que muchas de las tareas y funciones que se realizan en este programa requieren de una previa selección de texto para poder llevarse a cabo. Adquirir destreza en esta acción es algo que puede ahorrarle mucho tiempo a la hora de trabajar con el procesador de textos, por lo tanto, le recomendamos que tome nota de estos métodos para utilizar los más adecuados para cada situación.

1 En este ejercicio aprenderemos a seleccionar texto tanto con el ratón como con el teclado. Continuaremos trabajando con el documento **De la tierra a la luna.docx** que venimos usando en las últimas lecciones. Si ya lo tiene abierto en pantalla en su primera página, haga clic al inicio de la primera línea de la novela y, sin soltar el botón del ratón, arrastre el puntero hasta seleccionar la mitad de la tercera palabra, en este caso **guerra,** para finalmente dejar el botón. **(1)**

2 Como verá, es tan sencillo como marcar el punto de inicio, arrastrar el ratón y soltar en el último caracter que quiere seleccionar. Si quiere seleccionar una palabra completa, puede incluso ser más fácil. Haga doble clic sobre la primera palabra del texto y ya está. **(2)**

3 Existen muchos métodos abreviados de selección que, según qué quiere seleccionar, pueden simplificar mucho la tarea. Veremos en adelante los que hemos considerado más relevantes. Veamos cómo seleccionar una frase entera, desde que empieza hasta que acaba con un punto. Para ello, haga clic delante de una palabra que inicie una frase, pulse la tecla **Control** y, sin soltarla, haga clic sobre la misma palabra. Así de simple.

4 La selección siguiente corresponderá a una línea entera. Para ello lleve el puntero del ratón al margen derecho del texto, a nivel de la línea que quiera seleccionar. Fíjese que si acerca mucho el cursor al texto, aparece el puntero de selección de texto. No queremos eso, queremos usar el puntero de flecha, así que aleje un poco el cursor del texto y haga clic. **(3)**

El sistema de arrastre con el ratón puede utilizarse para seleccionar cualquier cantidad de texto, desde una sola letra hasta el documento entero.

5 Puede también seleccionar varias palabras combinando el uso del ratón y el teclado. Haga clic delante de la primera palabra del texto, pulse la tecla **Mayúsculas** y sin soltarla, haga clic detrás de la palabra **Conocida**, al final de la segunda línea. **(4)**

6 También es posible seleccionar con el ratón, pero sin necesidad de arrastre, el documento entero. Haga clic tres veces seguidas en el margen izquierdo de la primera línea del documento. **(5)**

7 Existe otra técnica muy práctica cuando se necesita por ejemplo, destacar ciertas palabras del documento, pues permite seleccionar al mismo tiempo palabras que no son consecutivas, de manera que podría seleccionar todas las palabras que debe editar y luego aplicar el atributo deseado para destacarlas. Haga un clic sobre la primera palabra del documento, pulse la tecla **Control** y, sin soltarla, haga doble clic sobre la última palabra del primer párrafo. **(6)**

8 Seguidamente, seleccionaremos una palabra utilizando para ello sólo el teclado. Haga clic al inicio de la primera, pulse la tecla **Mayúsculas** y, sin soltarla, pulse la tecla de dirección las veces necesarias para seleccionar letra a letra toda la palabra. Esto también funciona para seleccionar líneas enteras usando las teclas de dirección arriba o abajo. Puede además colocar el cursor en un punto, pulsar la tecla **Mayúsculas** y, sin soltarla usar las teclas **Av. Pág.** o **Re. Pág.** para seleccionar hasta el final o hasta el inicio de la página, **Mayúsculas**+**Inicio** o **Fin** para seleccionar hasta el comienzo o final de la línea, o incluso **Mayúsculas**+**Control**+ **Av. Pág.** o **Re. Pág.** para seleccionar hasta el comienzo o el final del documento.

9 Por último, la **Cinta** también nos ofrece opciones de selección. Tiene un comando para seleccionar todo el documento automáticamente y una herramienta que permite seleccionar áreas con objetos. Veamos el tercer comando. Para poder ver su aplicación, seleccione en primer lugar la primera letra del documento.

10 Ahora en la pestaña **Inicio** pulse sobre el comando **Seleccionar**, que es el último de toda la pestaña, y pulse sobre la tercera opción, **Seleccionar texto similar**.

11 Automáticamente se selecciona completa la primera línea, que usa el mismo estilo que la letra seleccionada. La última opción activa el **Panel de selección**, de mucha utilidad cuando se trabaja con objetos insertados en el texto, que ya estudiaremos más adelante. Por ahora, ya estamos listos para terminar con esta práctica y pasar a la siguiente lección.

Lección 23. **Copiar, cortar y pegar**

En esta lección introduciremos las tres herramientas del Portapapeles de Word. Se trata de un grupo de herramientas fundamentales para el trabajo con textos y otros elementos, que permiten trasladar cualquier selección a otros destinos, o copiarla tantas veces como sea necesario con un simple clic. La herramienta Cortar realmente elimina la selección de su lugar original y la coloca virtualmente el Portapapeles de Office a la espera de ser pegada en una nueva ubicación, mientras que al Copiar un elemento simplemente se crea un duplicado de este que también puede ser pegado en el lugar que disponga el usuario.

1 En Word 2010 las herramientas **Cortar**, **Copiar** y **Pegar** se encuentran en el grupo **Portapapeles** de la pestaña **Inicio** de la **Cinta de opciones** ubicadas en primer lugar, seguramente porque se trata de unas de las herramientas más usadas de la aplicación. Veamos ahora cómo funcionan, usando el documento **De la tierra a la luna.docx** que dejamos en pantalla en la lección pasada. Seleccione en primer lugar el subtítulo **El Gun-Club** y a continuación pulse el botón **Copiar**, representado por dos hojas escritas. **(1)**

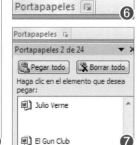
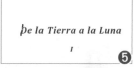

De la Tierra a la Luna

Las herramientas del **Portapapeles** brindan mucha agilidad a la creación y edición de documentos, pues evitan la necesidad de repetir una acción ya realizada.

2 Un duplicado del texto copiado permanece ahora en el **Portapapeles** de Office esperando que lo pegue. Veamos cómo. Coloque el cursor de selección en algún lugar del texto, pulse la tecla **Retorno** para cambiar de línea y haga clic sobre el icono **Pegar**, que ahora se muestra activo en el grupo de herramientas **Portapapeles**. **(2)**

3 Efectivamente ha copiado el texto copiado y al momento aparece por defecto la etiqueta inteligente **Opciones de pegado**, a la cual le dedicaremos la próxima lección de este manual. **(3)** Pulse de nuevo sobre el comando **Pegar**.

4 Eso es, el texto copiado se pega nuevamente, sin necesidad de volverlo a copiar. Para eliminar los cambios, pulse el comando **Deshacer** tres veces y sigamos adelante.

5 Copiemos ahora otro elemento. Utilice la barra de desplazamiento vertical para ir al inicio del documento y seleccione con tres clics el nombre **Julio Verne**.

6 Pulse el botón derecho del ratón sobre el texto seleccionado para desplegar su menú contextual y pulse sobre le opción **Cortar**. **(4)** Tome nota de que también puede acceder a estas opciones desde aquí. El texto ha desaparecido. **(5)** ¿Y dónde se encuentra ahora?. Haga clic en el botón iniciador del grupo de herramientas **Portapapeles** para averiguarlo. **(6)**

7 El panel de tareas **Portapapeles** se abre a la izquierda del área de trabajo mostrando los dos textos que hemos copiado. **(7)** Utilice la tecla de desplazamiento hacia abajo para colocar el cursor de edición al comienzo de la segunda línea y haga clic sobre el texto **Julio Verne** del **Portapapeles**. **(8)**

RECUERDE

La función **Cortar** de Word también puede ser ejecutada con la combinación de teclas es **Control. + X**, y la función **Copiar** con **Control. + C**, mientras que **Control. + V** es la que se utiliza para pegar los elementos, ya sean copiados o cortados.

8 Ha pegado nuevamente el texto y tal como lo ha hecho ahora, puede hacerlo con el texto copiado anteriormente, tantas veces como quiera, mientras mantenga abierta alguna aplicación de Office o no los elimine manualmente. Y puede añadir al Portapapeles, ya sea con la herramienta **Pegar** o con Copiar, hasta 24 elementos. Si usa solo el comando **Pegar** de la cinta, pegará automáticamente el último elemento con el que haya trabajado desde el portapapeles, es decir, lo último que haya pegado, copiado o cortado. Sepa que también podemos pegar estos textos en otro documento y es lo que nos disponemos a hacer ahora. Desde la vista **Nuevo** de la pestaña **Archivo**, cree un nuevo documento en blanco.

9 Observe que el **Portapapeles** se mantiene intacto junto al nuevo documento. Pulse el botón **Pegar todo** del Portapapeles.

10 Efectivamente, se han pegado el texto copiado y el texto cortado del documento anterior allí donde figuraba el cursor. **(9)** Veamos ahora un par de cosas más antes de pasar a la siguiente lección. Pulse sobre el botón **Opciones** al pie del **Panel de Portapapeles**.

11 En el menú desplegado puede definir que el **Portapapeles** se muestre automáticamente al usar sus herramientas, o que se active desde el teclado, que no se muestre del todo o que se muestre su icono y su estado en la **Barra de tareas**. **(10)** Pulse ahora con el botón derecho del ratón sobre el texto **El Gun-Club** en el panel para ver su brevísimo menú contextual.

12 Como puede ver, permite borrar el elemento del **Portapapeles** o pegarlo en el documento. Cierre el nuevo documento que ha creado sin guardar los cambios. **(11)**

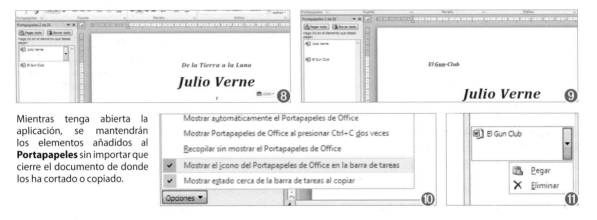

Mientras tenga abierta la aplicación, se mantendrán los elementos añadidos al **Portapapeles** sin importar que cierre el documento de donde los ha cortado o copiado.

13 Guarde a continuación el documento **De la tierra a la luna.docx** y déjelo abierto y con el Portapapeles intacto para pasar a la siguiente lección donde continuaremos trabajando con él. Recuerde que si cierra la aplicación ahora perderá el contenido del Portapapeles.

Lección 24. **Opciones de pegado y pegados especiales**

La etiqueta inteligente que aparece al pegar un contenido en un documento incluye una serie de opciones que permiten al usuario escoger la manera en que desea realizar el pegado. Es posible pegar únicamente el contenido, pegar la información cortada o copiada manteniendo el formato original, hacerlo de manera que ésta se adapte al formato de la ubicación de destino, etc. Aunque éstas suelen ser las opciones más comunes de esta etiqueta, debe saber que no siempre son las mismas ya que pueden variar dependiendo del elemento con el que esté trabajando.

1 En esta lección continuaremos trabajando en el documento **De la tierra a la luna.docx** con los elementos que dejamos en el portapapeles en la lección anterior. En caso de que no los conserve, copie los textos **Julio Verne** y **El Gun-Club** nuevamente para poder comenzar a trabajar. Y vamos a ello. Coloque el cursor al final del primer punto y seguido e introduzca un espacio. A continuación vaya al portapapeles y pulse sobre el texto **Julio Verne** para pegarlo.

2 Se pega el texto **Julio Verne**, el texto se divide en dos líneas y, como siempre que hemos utilizado la función **Pegar**, ha aparecido una etiqueta inteligente llamada **Opciones de pegado**. Muestre estas opciones pulsando sobre la etiqueta o pulsando la tecla **Control. (1)**

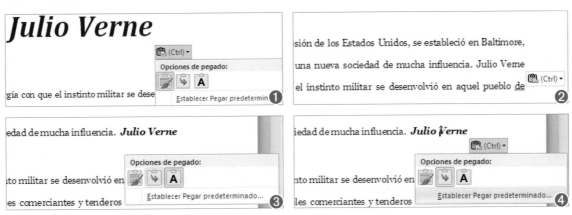

3 La primera opción, que se usa por defecto al pegar un texto (y la que hemos venido usando de forma automática hasta ahora) es la segunda, **Mantener formato de origen**, que pega tanto el formato original de la información cortada como su contenido, es decir, el texto en sí. **(2)** Seleccione ahora el comando **Mantener sólo texto**, que muestra una letra **A**.

Lo novedoso en esta versión 2010 de Word no es el contenido de la etiqueta del **Portapapeles** sino su presentación en forma de iconos.

4 La acción afecta al texto que hemos pegado anteriormente que ahora nuestra solo el texto, sin su formato original. **(3)** Pulse de nuevo sobre la etiqueta inteligente **Opciones de pegado** y haga clic sobre el icono correspondiente a la opción **Combinar formato**. **(4)**

5 De este modo el fragmento pegado se adapta al formato aplicado al lugar donde se pega. Conserva la cursiva pero adapta el tamaño y el color al resto del párrafo. Haga clic de nuevo sobre la etiqueta inteligente **Opciones de pegado** y pulse esta vez sobre la opción **Establecer Pegar predeterminado. (5)**

6 El programa abre el cuadro **Opciones de Word** en la ficha **Avanzadas**, mostrando las opciones correspondientes a las operaciones de copia, corte y pegado. **(6)** Fíjese que aquí puede cambiar el primer lugar las opciones predeterminadas de pegado según diversas situaciones. Haga clic en la parte inferior de la **Barra de desplazamiento vertical**.

7 Observe además que la opción **Mostrar el botón Opciones de pegado al pegar contenido** se encuentra marcada por defecto, por lo que al pegar el fragmento de texto cortado o copiado hemos podido ver la mencionada etiqueta. Mantenga estas opciones tal y como aparecen por defecto y cierre el cuadro **Opciones de Word** pulsando el botón **Aceptar**.

8 Ahora veremos otra forma de acceder a las opciones de pegado. Pulse el botón que muestra el texto **Pegar** en el grupo de herramientas **Portapapeles**.

9 Efectivamente, los iconos de opciones de pegado se muestran también en este menú, junto a la opción **Establecer pegar predeterminado** y **Pegado especial**, que conoceremos a continuación así que haga clic sobre ella. **(7)**

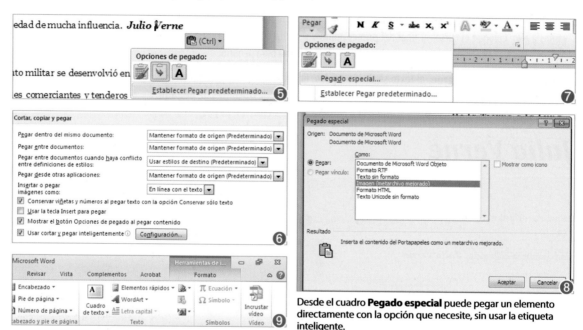

Desde el cuadro **Pegado especial** puede pegar un elemento directamente con la opción que necesite, sin usar la etiqueta inteligente.

10 Se abre el cuadro de diálogo **Pegado especial**, donde podemos seleccionar el formato en que vamos a pegar el fragmento copiado. Mantenga seleccionada la opción **Pegar** y haga clic sobre el formato **Imagen (metarchivo de Windows)** y pulse el botón **Aceptar**. **(8)**

11 Para comprobar que el fragmento pegado actúa como una imagen, haga clic sobre él. Efectivamente ya no puede seleccionar el texto sino todo el bloque. Observe que en la **Cinta de opciones** aparece la ficha contextual **Herramientas de imagen**, lo que certifica que el elemento seleccionado es una imagen. **(9)** Pulse la tecla **Suprimir** para eliminar el texto copiado como imagen.

12 Aprovechemos para borrar el texto **Julio Verne** que ya habíamos pegado anteriormente, y volver a unir los dos párrafos que creamos varios pasos atrás. Pulse la combinación **Control+Mayúsculas** y sin soltarlas, la tecla de desplazamiento hacia la izquierda tres veces, para seleccionar el salto y el texto a borrar. Luego pulse la tecla **Suprimir**.

13 Para acabar, practicaremos con la herramienta **Pegar vínculo**. Para ello, y con el fin de comprobar mejor el funcionamiento de esta opción, copiaremos la primera frase del texto para pegarla al final del mismo. Haga clic en el margen izquierdo de la primera línea del texto de la novela para seleccionarla entera y pulse el icono **Copiar** del grupo de herramientas **Portapapeles**. **(10)**

14 Use la barra de desplazamiento vertical para ir al final del documento y haga un clic al final del texto. **(11)**

15 Seguidamente, haga clic en el botón de punta de flecha del comando **Pegar** y seleccione de nuevo la opción **Pegado especial**.

16 Se abre así una vez más el cuadro de diálogo **Pegado especial**. Haga clic sobre el botón de opción **Pegar vínculo**, mantenga como formato la opción **Formato HTML** y pulse el botón **Aceptar**. **(12)**

17 El fragmento de texto se pega en el punto en que se encuentra el cursor a modo de vínculo en formato HTML. Vamos a comprobarlo. Haga clic sobre el texto copiado para seleccionarlo.

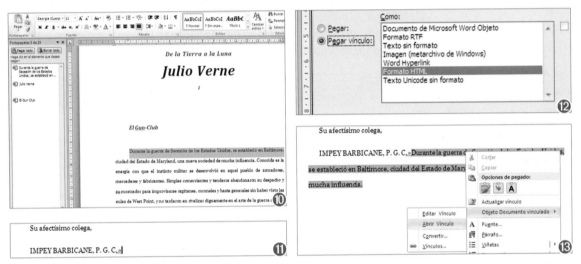

Al pulsar sobre la opción **Abrir vínculo**, la aplicación se dirige directamente al punto copiado.

18 Para simular la pulsación con el botón derecho del ratón y desplegar así su menú contextual, haga clic sobre la frase.

19 En el menú contextual que aparece, haga clic en la opción **Objeto Documento vinculado** y pulse sobre el comando **Abrir vínculo**.

20 Automáticamente el programa nos sitúa en el punto del documento donde se encuentra el fragmento de texto original que hemos copiado y lo muestra seleccionado. **(13)** Pulse ahora sobre el botón **Deshacer** para eliminar el vínculo copiado.

21 Cierre el portapapeles pulsando en el botón de aspa y mantenga el documento en pantalla para la siguiente lección.

Lección 25. **Atributos de texto**

Los atributos de texto se utilizan con el fin de destacar ciertas partes de un documento como títulos, subtítulos, palabras importantes, encabezados, etc. El objetivo es mejorar el aspecto y la presentación de los documentos. Cabe destacar que la mayoría de los atributos de texto pueden combinarse entre ellos, así como aplicarse a través de combinaciones de teclas, desde el menú contextual del texto seleccionado o desde la Barra de herramientas mini.

1 En este ejercicio aprenderemos a cambiar algunos atributos de un fragmento de texto. Para empezar, hay que seleccionar el texto a editar. Utilice la **Barra de desplazamiento vertical** del documento **De la tierra a la luna.docx** para llegar al final del tercer párrafo de la segunda página y seleccione la palabra **Gun-Club**.

2 Al seleccionar un texto con el ratón, aparece la **Barra de herramientas mini**, que nos permite modificar sus principales atributos y que se muestra al mantener el puntero cerca del texto. En esta ocasión, sin embargo, usaremos la **Cinta de opciones**. Pulse en el iniciador de cuadro de diálogo del grupo de herramientas **Fuente** de la ficha **Inicio** de la **Cinta**.

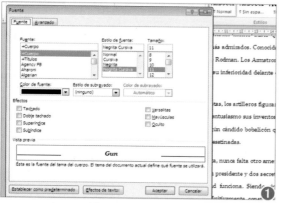

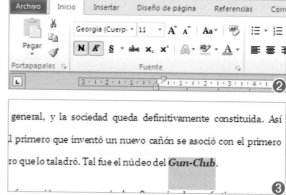

El cuadro **Fuente** permite cambiar atributos como tipo de fuente, estilo, tamaño, color, o subrayado del texto seleccionado. Además tiene una lista de atributos que pueden ser combinados como tachado, superíndice o subíndice, versalitas, mayúsculas u oculto.

3 Seleccione el estilo **Negrita Cursiva** en el cuadro **Fuente** que se ha abierto en la pestaña **Fuente** y pulse ahora sobre el botón **Aceptar**. **(1)**

4 El cambio se aplica al texto. **(2)** Además, en el grupo de herramientas **Fuente** se reflejan los nuevos atributos pues aparecen seleccionadas las opciones **Negrita** y **Cursiva**, representadas por una **N** y una **K** respectivamente. **(3)** Pulse ahora el botón de flecha del campo **Fuente**, donde se muestra la fuente **Georgia**, y escriba el texto **Bookm**.

5 La lista se actualiza automáticamente y se muestra la fuente **Bookman Old Style**. Tenga en cuenta que esta lista muestra las fuentes que usted tiene instaladas en su PC. Seleccione esta fuente u otra de su preferencia y pulse la tecla **Retorno** para aplicarla.

6 Ahora iremos al final del documento. Pulse el primer campo de la **Barra de estado**, **Página**, que abre el cuadro **Buscar y reemplazar** mostrando la ficha **Ir a**. Como ve, desde aquí podemos dirigirnos a cualquier página, sección, línea, nota, etc., del documento. Escriba el número **9** y una vez esté en esta página, cierre el cuadro **Buscar y reemplazar** pulsando el botón **Cerrar**. **(4)**

7 Pulse sobre el botón de la barra de desplazamiento vertical hasta llegar al final de la página y haga un clic justo antes de la última línea. Luego, pulse las teclas **Mayúsculas+Control** y sin soltarlas, la tecla **Fin** para seleccionar hasta el final del documento.

8 Modificaremos ahora el espaciado entre caracteres de este fragmento de texto, que corresponde a una carta. Haga clic en el **iniciador de cuadro de diálogo** del apartado **Fuente**.

9 En el cuadro de diálogo **Fuente**, haga clic en la pestaña **Avanzado**, que permite modificar la escala, el espaciado y la posición de los caracteres, además de establecer las características de las fuentes **OpenType**. Haga clic en el botón de punta de flecha del campo **Espaciado** y seleccione la opción **Expandido**.

10 Pulse un par de veces en la flecha que apunta hacia arriba del campo **En** de **Espaciado**, para cambiarlo a **1,2** y haga clic en el botón **Aceptar**. **(5)**

11 Seleccione ahora la última línea del documento, con el texto, **IMPEY BARBICANE, P. G. D.**" y en el grupo de herramientas **Fuente**, haga clic en el comando **Cambiar mayúsculas y minúsculas**, cuyo icono muestra una **A** en mayúsculas y una en minúsculas, y de la lista de opciones que aparece seleccione la opción **Poner en mayúsculas cada palabra**. **(6)**

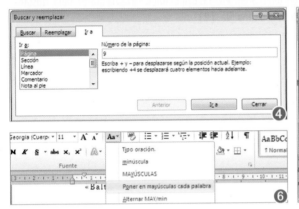

12 El cambio realizado es ideal para un nombre propio, pero también podría haber pasado toda la selección por ejemplo, a **Minúsculas** o **Tipo oración**, es decir, sólo la primera letra de la frase en mayúsculas.

13 Conozcamos ahora otra opción para cambiar los atributos, esta vez desde las herramientas del portapapeles. Vaya hasta la primera página del documento y seleccione el texto **Julio Verne**.

14 Haga clic en el botón **Copiar** formato de las herramientas del **Portapapeles,** representado por una brocha.

15 La herramienta permanece seleccionada. Coloque ahora el puntero del ratón sobre la primera línea y cuando este se transforme en una brocha, seleccione el texto **De la tierra a la luna**.

16 Ha pegado sobre la selección todo el conjunto de atributos de texto del fragmento anterior. Se trata de una herramienta muy práctica para repetir atributos sobre diferentes textos en un momento. Ahora para terminar esta lección, pulse el icono **Guardar** de la **Barra de herramientas de acceso rápido** para almacenar los cambios realizados en el documento y seguir adelante.

Puede hacerse una idea del efecto que conseguirá al aplicar un formato de fuente con la vista previa del cuadro de diálogo **Fuente**.

Lección 26. **Efectos de texto**

Una de las novedades más interesantes de Word 2010 consiste en la posibilidad de aplicar efectos visuales propios de imágenes, como sombras, biseles, iluminación o reflejos, sobre un texto. El comando Efectos de texto, incluido en el grupo de herramientas Fuente de la ficha Inicio contiene, organizados por categorías, todos los efectos visuales disponibles además de una galería de diseños predeterminados.

1 En este ejercicio editaremos el título de nuestro documento **De la tierra a la luna.docx** con los nuevos efectos visuales de Word 2010. Para empezar, seleccione el título del texto, **De la tierra a la Luna**.

2 A continuación, pulse sobre el botón **Efectos de texto** en el grupo **Fuente** de la pestaña **Inicio** de la **Cinta**.

3 Se despliega una galería de opciones prediseñadas disponibles. Escoja la que prefiera. Nosotros hemos aplicado el cuarto diseño de la última fila. **(1)**

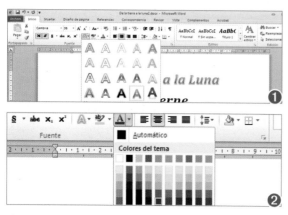

Al colocar el puntero sobre cada uno de los comandos de **Efectos especiales** se despliega una nueva galería de opciones. Cada uno incluye en primer lugar la opción para eliminar el efecto en cuestión.

4 Estos diseños que presenta en primera opción el comando **Efectos de texto**, pueden ser editados en aspectos específicos y es lo que haremos a continuación. Cambiemos en primer lugar de color, para adaptarlo a los usados en el documento. Pulse en el botón **Color de fuente**, la **A** sobre una barra de color negro, y al desplegarse la galería de muestras, seleccione un color. En nuestro ejemplo hemos aplicado el **Rojo, énfasis 1 al 50%**, quinta opción de la última fila de los **Colores de tema. (2)**

5 El comando **Efectos de texto** permite editar aún muchos otros aspectos. Pulse una vez más sobre este para mirarlo. Fíjese que debajo de la galería de efectos tiene 4 comandos, cada uno correspondiente a un efecto: **Esquema**, **Reflexión**, **Sombra** e **Iluminado**. Seleccione **Reflexión**, ahora **Sin reflejos**, y pulse sobre la primera variación. **(3)**

6 Como verá, parece que el texto estuviera colocado sobre un espejo. A continuación accederemos al cuadro de opciones del efecto para comprobar si podemos modificar el texto en algún otro. Pulse nuevamente el comando **Efecto de texto**, haga clic sobre la opción **Sombra** y elija en este caso **Opciones de sombra. (4)**

7 Se abre el cuadro de diálogo **Formato de efectos de texto**, mostrando las opciones del efecto aplicado en estos momentos, **Sombra**. Observe que puede cambiar el color de la sombra, su porcentaje de transparencia, el tamaño, el desenfoque, entre otras características. Ahora, para que la sombra sea menos transparente y, por tanto se vea más, haga doble clic en el campo numérico del parámetro **Transparencia**, escriba el valor **20. (5)**

8 Las pestañas de la izquierda brindan acceso a los cuadros de edición de otros de los efectos especiales. En esta oportunidad editaremos el **Reflejo** aplicado. Para ello seleccione la pestaña correspondiente y defina el tamaño al **25%**.

9 Para terminar, aplicaremos un estilo similar al nombre del autor del texto, **Julio Verne**. Seleccione el comando **Copiar formato** de las herramientas del **Portapapeles**.

10 Haga tres clic sobre la segunda línea para pegar el formato.

11 Pulse sobre el comando **Color de fuente** y escoja la penúltima opción de **Colores estándar**, **Azul oscuro. (6)**

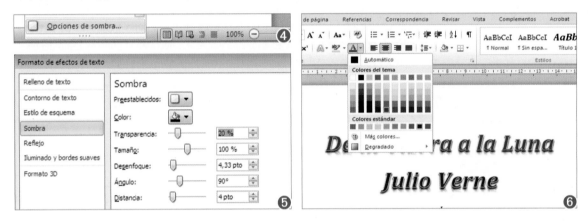

12 Colóquese en el campo **Tamaño de fuente**, cámbielo a **25** y pulse la tecla **Retorno**.

13 Para acabar este ejercicio, guarde los cambios pulsando el icono **Guardar** de la **Barra de herramientas de acceso rápido**.

Lección 27. **Alineación de texto y sangrías**

La alineación se refiere a forma en que se coloca el texto respecto a los márgenes del documento y puede ser de cuatro tipos: izquierda, que es la alineación predeterminada en Word para todos los párrafos, centrada, derecha y justificada. La sangría de un párrafo, por su parte, es la distancia establecida entre el texto y los márgenes dispuestos en el documento, tanto el derecho como el izquierdo. Generalmente se aplica a un párrafo, aunque puede aplicarse también sólo a una línea. Ambos atributos forman parte de la configuración de los párrafos y, como tales, se definen desde el apartado **Párrafo** de la ficha **Inicio** de la **Cinta de opciones** o bien desde el cuadro de diálogo **Párrafo**, al que se accede mediante el iniciador de cuadro de diálogo del mencionado apartado y mediante el menú contextual del texto.

1 En el sencillo ejercicio que proponemos a continuación, trabajaremos con las diferentes opciones de alineación y sangrado de texto que ofrece Word 2010 en mismo documento **De la tierra a la luna.docx** que aún tenemos abierto. Para empezar, seleccione el primer párrafo del texto pulsando dos veces en su margen izquierdo. **(1)**

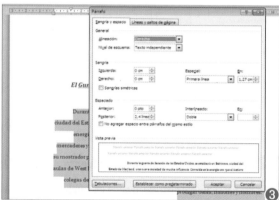

2 En la **Cinta de opciones** puede comprobar que la alineación aplicada al texto es **Justificada**, que quiere decir que el texto está alineado de manera idéntica y homogénea a los márgenes derecho e izquierdo, aumentando los espacios entre caracteres cuando sea necesario. Haga clic en el **iniciador de cuadro de diálogo** del grupo de herramientas **Párrafo**. **(2)**

3 Aparece el cuadro de diálogo **Párrafo** mostrando activa la ficha **Sangría y espacio**. La vista previa de este cuadro muestra el aspecto que tendrá el párrafo seleccionado al cambiar su alineación. Además, permite determinar una sangría, cosa que haremos en breve, determinar el espaciado entre líneas, establecer tabulaciones o cambiar los valores predeterminados. Haga clic en el botón de flecha del campo **Alineación** y elija la opción **Centrada**.

4 Pulse nuevamente el botón de flecha del campo **Alineación** y elija la opción **Derecha**.

5 Puede ver la diferencia entre estos dos tipos de alineación en el apartado **Vista previa**. Pulse el botón **Aceptar** para aplicar los cambios. **(3)**

6 Efectivamente, se ha alineado todo el texto del párrafo al margen derecho. Pulse sobre el icono **Justificar**, que muestra un grupo de líneas de la misma longitud en el grupo de herramientas **Párrafo** de la **Cinta**.

7 El texto ha regresado a su alineación anterior. Sepa que también puede activar la alineación justificada pulsando la combinación de teclas **Control.+J**. Veamos ahora cómo aplicar sangrías al texto. Haga clic dos veces sobre el comando **Aumentar sangría**, quinto icono del grupo de herramientas **Párrafo**. **(4)**

8 El texto de todo el primer párrafo se ha desplazado hacia la derecha, conservando la diferencia en la primera línea. Pulse dos veces el comando **Control+Z** para deshacer el cambio.

9 Haga un clic ahora en la primera línea del documento para colocar el cursor de edición en ella y compruebe en la **Cinta de opciones** que la alineación aplicada a este texto, muy habitual en títulos, es la centrada. **(5)** Sin necesidad de seleccionar el resto de la línea pulse sobre el comando de alineación a la izquierda.

10 Todo el título, que la aplicación entiende como un párrafo, se alinea a la izquierda, que es la alineación establecida por defecto en nuevos documentos en blanco de Word. **(6)** Pulse sobre el comando **Deshacer** de la **Barra de herramientas de acceso rápido**.

11 Desplácese ahora hasta el final del documento y seleccione todo el texto de la carta del final, todo marcado entre comillas.

12 Fíjese en la regla horizontal ubicada en lo alto del **Área de trabajo**. El color azul de la regla indica los márgenes, mientras que la situación de los marcadores triangulares señaliza la posición de las sangrías. El de arriba se refiere a la **Sangría de la primera línea** y el de abajo a la **Sangría izquierda** de todo el resto del párrafo. Haga clic sobre el marcador **Sangría derecha** y, sin soltar el botón del ratón, arrástrelo hasta alcanzar el número **3** de la regla horizontal, momento en que podrá liberar el botón del ratón. **(7)**

13 Observe que la **Sangría** de la primera línea se ha desplazado conservando su relación con la del resto del párrafo. **(8)** Veamos a continuación cómo modificar una sangría de primera línea. Pulse el botón derecho del ratón sobre el texto seleccionado y en el menú contextual escoja la opción **Párrafo...** **(9)**

14 Se ha abierto de nuevo el cuadro **Párrafo** que cuenta con un apartado llamado **Sangría**. En este caso practicaremos con las sangrías especiales. Haga clic en el botón de punta de flecha del campo **Especial** y seleccione la opción **Sangría francesa**. **(10)**

15 El campo **En** le permite modificar la distancia de la sangría francesa. Cambie el valor a **1,30**. Luego elimine la **Sangría izquierda** escribiendo el valor **0** y pulse el botón **Aceptar**. **(11)**

La regla puede activarse y desactivarse desde el grupo de herramientas **Mostrar** de la pestaña **Vista**.

16 El resultado es claro: Las primeras líneas de cada párrafo se mantienen sin sangría, mientras que esta es aplicada a las del resto del párrafo. **(12)** Como este tipo de sangría suele utilizarse en listas con viñetas o numeradas y no es el caso, deshágala con el comando **Control+Z.**

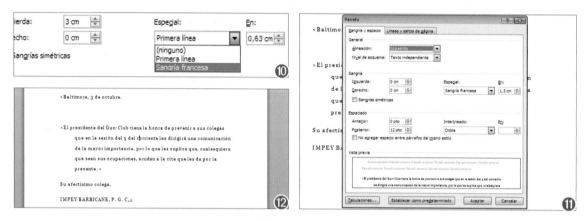

17 Pulse el icono **Guardar** de la **Barra de herramientas de acceso rápido** para almacenar los cambios y cierre el documento para dar así por acabado el ejercicio.

Lección 28. **El interlineado**

El interlineado es el espacio que existe entre las líneas de un párrafo. De forma predeterminada, el interlineado aplicado por Word es el sencillo, aunque existen otros tipos: 1,5 líneas, doble, mínimo, exacto, múltiple, etc. En función de la finalidad del documento, se aplicará un tipo u otro de interlineado. Por ejemplo, en un documento que se vaya a utilizar como borrador o en el que se vayan a introducir comentarios o anotaciones, puede resultar conveniente aplicar un interlineado mayor con el fin de visualizar mejor estos elementos.

1 En este ejercicio conoceremos las diferentes opciones de interlineado que ofrece Word 2010. Cambiaremos en este caso el interlineado del primer párrafo de nuestro documento de ejemplo. Haga clic sobre algún punto del primer párrafo para situar en él el cursor de edición.

2 El interlineado de un párrafo se puede determinar usando el icono **Interlineado** del grupo de herramientas **Párrafo** o bien accediendo al cuadro **Párrafo**. Para este ejercicio, haga clic en el **iniciador de cuadro de diálogo** del grupo de herramientas **Párrafo** de la ficha **Inicio**.

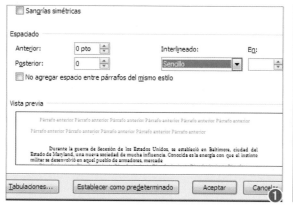

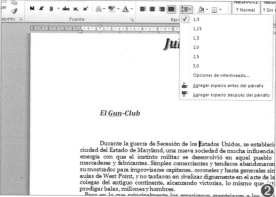

3 Dentro del apartado **Espaciado** del cuadro **Párrafo** se encuentra la opción **Interlineado** que en este documento está **Doble**, con **Espaciado posterior** de **2,4 líneas**. Haga clic en el botón de punta de flecha del campo **Interlineado** y seleccione la opción **Sencillo**.

4 Puede comprobar el efecto de la modificación en el apartado **Vista previa** de este cuadro. La opción **Doble** que tiene aplicado el texto equivale al doble del interlineado sencillo que acabamos de seleccionar. Cambie además el **Espaciado posterior** a **0** y pulse el botón **Aceptar**. **(1)**

Al igual que ocurre con la aplicación de sangrías o la modificación de la alineación de párrafos, para el cambio del interlineado de un párrafo basta con situar el cursor sobre cualquier punto de éste.

5 El espacio entre las líneas de este párrafo del documento ha disminuido considerablemente, y así ha sucedido con el espacio que separa el primer párrafo del segundo. Comprobaremos ahora cuál es el valor correspondiente a dicho espacio entre líneas. Haga clic en el icono **Espaciado entre líneas y párrafos**, situado a la derecha del comando **Justificado** en el grupo de herramientas **Párrafo**.

6 El valor preestablecido del tipo de interlineado **Sencillo** es **1** punto. **(2)** Desde este icono también podemos acceder a las opciones de interlineado así como agregar espacios antes o después del párrafo. Coloque el cursor sobre el valor **3,0** para mostrar la vista previa activa y observe el cambio.

7 El interlineado ha aumentado todavía más. Se trata del denominado interlineado **múltiple**, que también puede escoger por ese nombre en el cuadro **Párrafo**. Modificaremos nuevamente el espacio entre párrafos pulsando en la opción **Agregar espacio después del párrafo**. **(3)**

8 El párrafo mantiene el interlineado **Sencillo** pero aumenta la separación entre el párrafo editado y el siguiente. Pulse nuevamente en el comando **Espaciado entre líneas y párrafos.** Se ha habilitado la opción **Quitar espacio antes del párrafo**, pero ahora usará el comando **Opciones de interlineado** para acceder nuevamente al cuadro **Párrafo**.

Puede modificar un párrafo desde las herramientas correspondientes en la **Cinta de opciones**, o desde su menú contextual o desde al cuadro de diálogo **Párrafo**.

9 Como verá, el espaciado posterior aplicado por defecto es de **12 puntos**. Para volver al aspecto anterior del documento, cámbielo nuevamente **a 2,4 líneas**, fije el **Interlineado** en **2** y pulse sobre el botón **Aceptar. (4)**

10 Para acabar este sencillo ejercicio, guarde los cambios realizados en el documento pulsando el icono **Guardar** de la **Barra de herramientas de acceso rápido**.

Lección 29. **Los estilos**

E l estilo es un conjunto de atributos de formato de fuente y párrafo que recibe un nombre y se almacena como un único elemento. Al aplicar un estilo sobre un texto, todos los atributos que conforman dicho estilo se aplican sobre el texto en cuestión. Al acceder a Word cuenta con una serie de estilos predeterminados que el usuario puede editar. Además, también es posible crear estilos totalmente nuevos que se adecuen a sus necesidades.

1 En este ejercicio aprenderemos a aplicar estilos a un texto y a modificar los aplicados. Para ello abriremos nuevamente el documento **Un médico Rural.docx** con el que trabajamos en lecciones anteriores. Si no lo conserva, recuerde que puede conseguirlo en la zona de descargas de nuestra Web. Para empezar, seleccione todo el texto usando la combinación **Control+A** y pulse sobre el comando **Borrar formato** del grupo de herramientas **Fuente** de la pestaña **Inicio**, que muestra un borrador junto a una **A** mayúscula y otra minúscula. **(1)**

2 El texto pierde todo tipo de atributo de formato y adquiere la fuente predeterminada, **Times New Roman 12**. **(2)** Pulse ahora en el margen derecho a nivel del título del texto, en la primera línea, para seleccionarla.

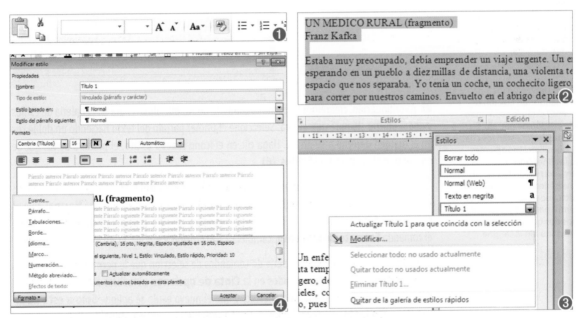

3 Pulse sobre el iniciador de cuadro de diálogo situado junto al título del grupo **Estilos** para abrir el panel **Estilos** donde se muestra seleccionado el estilo **Normal**, que es el estilo por defecto. Vamos a aplicar a la selección uno de los estilos que aparecen en la lista, pero antes modificaremos uno de sus atributos principales. Sitúe el puntero del ratón sobre el estilo **Título 1**, pulse sobre el botón de punta de flecha que aparece y haga clic sobre la opción **Modificar**. **(3)**

4 Se abre el cuadro **Modificar estilo** donde vamos a cambiar la fuente. Para ello, haga clic en el botón **Formato**, ubicado en la esquina inferior izquierda y seleccione la opción **Fuente**. **(4)**

5 Como verá, se ha abierto el cuadro **Fuente** que ya conocemos. Seleccione la fuente **Arial Na-**

Si mantiene unos segundos el puntero del ratón sobre el nombre de alguno de los estilos, aparecerá una etiqueta emergente con sus características.

rrow, cambie el tamaño a **20**, y pulse el botón **Aceptar** del cuadro de diálogo **Fuente** para aplicar el cambio y volver al cuadro de diálogo **Modificar estilo**.

6 Cambie el interlineado a **1,5** líneas pulsando en el botón del medio de este grupo y pulse el botón **Aceptar** para cerrar el cuadro **Modificar estilo**. **(5)**

7 Una vez modificado el estilo **Título 1**, lo aplicaremos al fragmento de texto seleccionado. Pulse sobre él en el panel **Estilos** y observe cómo cambia el aspecto de la línea seleccionada. El panel de estilo puede mostrar no solo los nombres de los estilos sino también su vista previa. Para ello, haga clic en la casilla de verificación **Mostrar vista previa**.

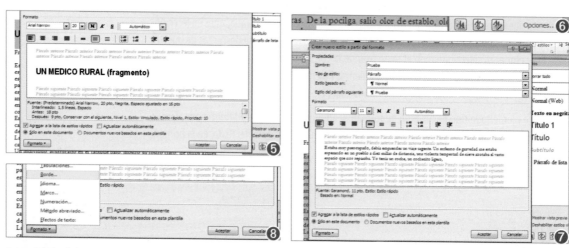

Justo debajo de los comandos de edición de fuente están los comandos de edición de párrafo. En primer lugar están los cuatro iconos correspondientes a la alineación, luego los tres correspondientes al interlineado, enseguida los dos que se refieren al espacio entre párrafos y finalmente los dos que aumentan o disminuyen la sangría.

8 A continuación, crearemos un estilo totalmente nuevo que almacenará en la galería de estilos y podrá utilizar siempre que quiera. Seleccione el primer párrafo del texto haciendo un doble clic en el margen derecho a su altura. Haga clic en el icono **Nuevo estilo**, el primero de los que se encuentran al pie del panel **Estilos**. **(6)**

9 Se abre así el cuadro de diálogo **Crear nuevo estilo a partir del formato**, donde definiremos los atributos de nuestro nuevo estilo. Como verá, parte de los atributos del estilo **Normal**, que es el aplicado al texto seleccionado. En el campo **Nombre**, escriba la palabra **Prueba**; pulse sobre el comando **Formato de la fuente**, cámbiela a **Garamond** y escriba **11** en el campo **Tamaño**.

10 Al pie del cuadro tiene una serie de comandos de selección que le permiten añadir nuevos comandos a la lista de estilos rápidos en la **Cinta de opciones**, actualizar automáticamente al editar un texto que tiene aplicado el estilo, y que el nuevo estilo se aplique **Solo a este documento** o a **todos los nuevos documentos basados en la misma plantilla**. Dejaremos estas opciones tal como están. Fije la alineación **Justificada**, última del primer grupo de herramientas de párrafo, y el interlineado del medio, que es a **1,5** puntos. **(7)**

11 Pulse sobre el botón **Formato** y seleccione la opción **Borde**. **(8)** Se abre en pantalla el cuadro **Bordes y sombreado** desde donde puede establecer un marco para el texto, seleccionar el estilo del borde o cambiar el color entre otros atributos. Pulse sobre la pestaña **Sombreado**. Tome nota de que la pestaña **Borde de página** está deshabilitada ahora, pues no puede vincularse a un estilo. Ahora estableceremos un sombreado de relleno. Despliegue el campo **Relleno** y seleccione la muestra **Canela, Fondo 2, Oscuro 10%** que es la tercera opción de la segunda fila. Automáticamente se selecciona la **Trama** de **Estilo Claro**, pero también podría cambiar el porcentaje de trama y cambiar su color. **(9)** Pulse sobre el botón **Aceptar** en este cuadro y en el cuadro **Crear estilo a partir de formato**.

12 El estilo **prueba** se ha aplicado a todo el párrafo a la vez que se ha añadido a la lista de estilos del panel y a la galería que aparece en el grupo de herramientas **Estilo** de la ficha **Inicio**. **(10)**

13 Pero no estamos muy contentos con el resultado, así que pulse sobre el comando **Inspector de estilos**, segundo de los iconos ubicados al pie del **Panel de estilos**. **(11)**

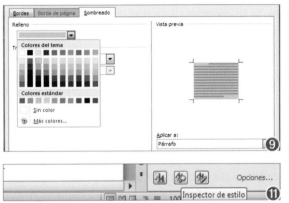

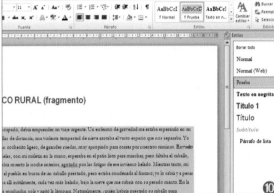

14 Se abre el **Inspector de estilos**, que permite ver el estilo aplicado. Pulse sobre el botón **Restablecer estilo de párrafo anterior**, que muestra un borrador y una letra **A** junto al estilo **Prueba** para borrarlo y cierre el cuadro pulsando en su botón de aspa. **(12)**

Si en el apartado **Aplicar a** del cuadro **Bordes y sombreado** se encuentra seleccionada la opción **Párrafo**, el nuevo estilo se aplicará a todo el párrafo en el que se encuentra el cursor.

15 En la **Cinta**, pulse en el comando **Cambiar estilos**, seleccione la opción **Conjunto de estilos** y de la lista que se despliega, escoja el que sea más de su agrado, haciendo uso de la **Vista previa activa**. Nosotros aplicamos el estilo **Moderno**. **(13)**

16 Como verá, con el comando **Cambiar estilos**, que agrupa un conjunto de estilos, hemos logrado darle una apariencia realmente excelente a nuestro documento. **(14)** Pulse ahora sobre el botón **Guardar** y cierre el archivo desde su **Barra de título**.

Lección 30. **Las tabulaciones**

Las tabulaciones son unas posiciones en la regla horizontal que se utilizan para ubicar y alinear el texto en una posición determinada de la página. Ayudan, por ejemplo, a organizar cierto tipo de datos en columnas sin necesidad de crear tablas. Existen cuatro tipos de tabulaciones que alinean el texto de diferente forma: izquierda, derecha, centrada y decimal.

1 En este ejercicio practicaremos con las diferentes tabulaciones que pueden establecerse en un documento. Para ello, cree un nuevo documento en blanco y empecemos con la tabulación izquierda. Haga clic en la parte inferior del número **2** de la regla horizontal.

2 Observe que ha aparecido una pequeña marca en forma de **L** en el punto donde hemos pulsado. **(1)** En él se sitúa la tabulación izquierda. Pulse sobre el iniciador de cuadro de diálogo del grupo de herramientas **Párrafo**.

3 En el cuadro **Párrafo**, pulse sobre el botón **Tabulaciones**. **(2)**

4 En este cuadro figura el tabulador izquierdo especificado anteriormente. Insertemos ahora la tabulación centrada. En el apartado **Alineación**, haga clic en el botón de opción correspondiente a **Centrada** e introduzca el número **7** en el campo **Posición**, pulse sobre el botón de opción **4** del apartado **Relleno** y, por último, pulse el botón **Establecer**.

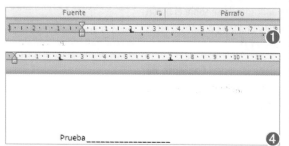

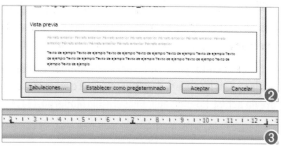

5 Sigamos ahora con el último tipo de tabulación con el que practicaremos en este ejercicio: la derecha. Pulse ahora sobre el botón de opción correspondiente a **Derecha** en el apartado **Alineación**.

6 En el campo **Posición**, inserte el número **12,5**, pulse sobre el botón de opción **3** en el apartado **Relleno** y luego pulse el botón **Establecer**.

7 Ya hemos insertado todas las tabulaciones que nos interesaban. Pulse el botón **Aceptar** y vamos a ver cómo trabajan estas tabulaciones y qué utilidad tienen.

8 Observe que en la regla horizontal aparecen las marcas de las tabulaciones establecidas. La centrada está ahora representada por una **T** invertida, y la derecha por una **L** también girada pero verticalmente. **(3)** Comprobemos ahora cuál es la función de las mismas. Pulse la tecla **Tabulador**.

9 El inicio de este párrafo se sitúa en el punto de la regla horizontal donde hemos establecido la tabulación izquierda. A continuación, escriba la palabra **Prueba** y observe que el texto se coloca alineado a partir de la tabulación izquierda, hacia la derecha de esta.

10 Pulse una vez más la tecla **Tabulador**. En este caso, el cursor se desplaza hasta la siguiente tabulación, la centrada, que hemos fijado en **8 cm** y el espacio se rellena con guiones tal como lo habíamos establecido. **(4)**

11 Escriba la palabra **Prueba** nuevamente. Ahora, como lo hemos ubicado a la altura del tabulador central, el texto se centra sobre la marca creada.

12 Use la tecla **Tabulador** una vez más. El cursor se ubica en la tabulación derecha que hemos establecido y coloca un relleno de guiones bajos.

13 Escriba nuevamente la palabra **Prueba**, que se alineará a la izquierda de esta para acabar justo bajo el tabulador.

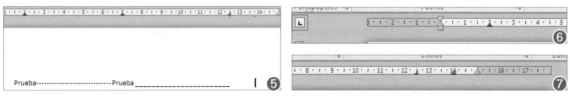

14 Finalmente, pulse la tecla **Tabulador** dos veces. Por defecto, la tecla **Tabulador** mueve el cursor 1,25 cm a lo largo del ancho de la página y es lo que acaba de hacer al no encontrarse con ningún otro tabulador establecido. **(5)**

15 En el extremo izquierdo de la regla horizontal se encuentra un recuadro de color gris con un pequeño símbolo que corresponde a una tabulación. **(6)** Haga clic varias veces sobre el icono. Sucesivamente van apareciendo los iconos de las diferentes tabulaciones y sangrías. Si hace un clic sobre cualquier lugar de la regla, se establecerá el comando cuyo icono aparezca en este recuadro. Vamos a probarlo. Pulse en este botón hasta hacer aparecer la tabulación **Centrada**, y haga un clic en el número **14** de la regla.

16 Al momento se establece en este punto una tabulación centrada. **(7)**

17 Una vez estudiado el método para establecer tabulaciones, podemos pasar a la siguiente lección. Pulse sobre el botón **Archivo** y cierre el presente documento sin guardar los cambios.

Al mostrar en el recuadro ubicado en el extremo izquierdo de la regla cualquier tabulador, solo hace falta hacer clic en el lugar deseado de la regla para fijarlo.

Lección 31. **Las viñetas**

Las viñetas son unas herramientas de formato muy útiles a la hora de presentar y configurar listas de datos en los documentos. Se trata de símbolos que se insertan delante de cada entrada y que suelen utilizarse cuando los distintos elementos de la lista no siguen ningún orden establecido, es decir, cuando se trata de una simple relación. Las viñetas se crean desde el grupo de herramientas Párrafo y pueden personalizarse desde sus respectivos cuadros de diálogo.

1 En este ejercicio aprenderemos a crear listas con viñetas y listas numeradas. Para comenzar, pulse el botón de punta de flecha situado junto al icono **Viñetas** para ver las opciones que ofrece.

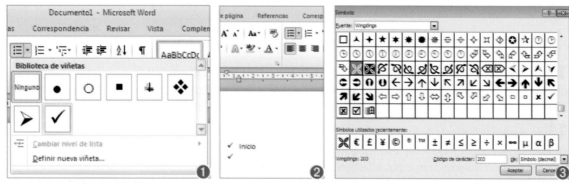

El comando **Viñetas** se encuentra en el grupo de herramientas **Párrafo** y su icono muestra tres líneas encabezadas por tres puntos.

2 Aparece así una galería que muestra la biblioteca de viñetas. Tenga en cuenta que si el documento con el que trabaja tiene ya creadas listas con viñetas propias, esta galería mostrará también las utilizadas en el documento. Por defecto, los símbolos que utiliza Word para sus viñetas son unas bolas negras con unas sangrías predeterminadas. Sitúe el puntero del ratón sobre la viñeta que muestra un signo de verificación y aplíquela pulsando sobre ella. **(1)**

3 La viñeta aparece en el documento y el icono **Viñetas** permanece sombreado en la cinta. Haga clic a la derecha de la viñeta, escriba la palabra **Inicio** y pulse la tecla **Retorno**.

4 Como ve, mientras el icono de viñeta esté activado, cada vez que pulse la tecla **Retorno** se creará un nuevo elemento para la lista. **(2)** Escriba la palabra **Insertar** y pulse **Retorno** dos veces.

5 Al pulsar dos veces la tecla **Retorno**, se ha desactivado el icono de viñetas del grupo de herramientas **Párrafo**. Ahora crearemos una nueva viñeta. Haga clic en el botón de punta de flecha del icono **Viñetas** y pulse sobre la opción **Definir nueva viñeta**.

6 El cuadro de diálogo **Definir nueva viñeta** nos permite crear una viñeta personalizada utilizando un símbolo, una fuente o una imagen, así como determinar su alineación. Ahora haga clic sobre el botón **Símbolo**.

7 Este cuadro le permite escoger símbolos de diferentes tipos de fuentes para crear una nueva viñeta. Seleccione la flor, que es la segunda opción de la tercera línea de **Windings** (la fuente seleccionada por defecto). En el campo de carácter aparece el número **203**, que es el que la identifica. Pulse el botón **Aceptar**. **(3)**

8 Mantendremos la alineación izquierda seleccionada por defecto, teniendo en cuenta que puede ser a la derecha o centrada. Pulse el botón **Aceptar** del cuadro **Definir nueva viñeta**. **(4)**

9 Se inicia una nueva línea de la viñeta con la imagen seleccionada. Seleccione todo el texto del documento ahora. Pulse nuevamente sobre la flecha de **Viñetas** y seleccione la viñeta en que acaba de crear para aplicarla al resto del documento. **(5)**

10 Así de fácil es cambiar las viñetas aplicadas a un texto. Para acabar con las viñetas, veremos cómo cambiar de nivel en una lista. Supongamos que queremos que el margen izquierdo para el nuevo elemento de la lista sea mayor que para el resto de elementos, dando a entender que los elementos que se enumerarán a continuación son parte del elemento anterior. Coloque el cursor junto a la tercera viñeta del documento, pulse el botón de flecha del icono **Viñetas**, haga clic en la opción **Cambiar nivel de lista** y, en el submenú que aparece, seleccione la segunda opción. **(6)**

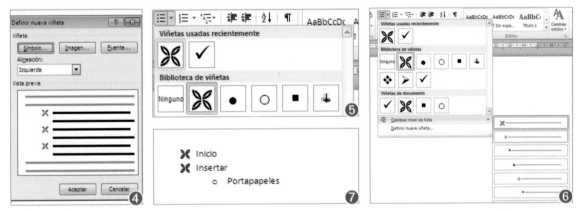

11 La nueva línea de la lista con viñetas tiene una sangría mayor y su símbolo también es diferente. En este nuevo nivel, para nuestro ejemplo, podría enumerar a continuación los grupos de la ficha **Insertar**, es decir, **Páginas**, **Tablas**, etc., dando a entender de esta forma que están contenidos dentro del nivel superior. Escriba la palabra **Portapapeles** y pulse tres veces sobre la tecla **Retorno** para desactivar las viñetas y acabar la lista. **(7)**

12 Para continuar con la siguiente lección, donde ahora pasaremos a crear listas numeradas y profundizaremos en las multinivel, deje el documento en pantalla.

Al cambiar de nivel en una lista, aumenta la sangría, se cambia la viñeta y muchas veces se disminuye el tamaño de la fuente para dar a entender que los elementos del nuevo nivel están contenidos dentro del anterior.

Lección 32. **Las listas numeradas y las multinivel**

El comando Numeración se usa para crear listas de información en las que los distintos elementos siguen un orden establecido, para enumerar elementos, etc. Al igual que las viñetas, las listas numeradas se crean desde el grupo de herramientas Párrafo y pueden personalizarse desde sus respectivos cuadros de diálogo. Por otra parte, todas las listas pueden tener diferentes niveles de contenidos diferenciados visualmente.

1 En la siguiente lección aprenderemos a crear una lista numerada. Para comenzar, pulse sobre el icono **Numeración**, que se encuentra junto al comando **Viñetas**, en el grupo de herramientas **Párrafo**.

2 Como ve, la línea en la que se encuentra el cursor de edición ha adoptado una sangría distinta y ahora aparece el número **1**. **(1)** Haga clic en la línea numerada, escriba la palabra **Lunes**, y pulse la tecla **Retorno** para mostrar el número **2**.

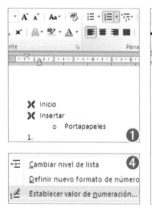

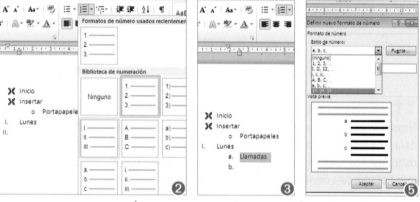

El menú del comando **Numeración** permite escoger una numeración predeterminada, cambiar el nivel de la lista, crear un nuevo formato de numeración o establecer un nuevo valor en el que se iniciará la numeración.

3 Crearemos ahora una nueva lista numerada usando otro de los estilos de numeración que ofrece Word. Haga clic en el botón de flecha del icono **Numeración** para ver la biblioteca de numeración, sitúe el puntero del ratón sobre el cuarto elemento de la biblioteca, que usa números romanos, y tras comprobar el efecto en el documento, aplíquelo pulsando sobre él. **(2)**

4 El cambio se ha aplicado a los dos elementos de la lista. Una vez aplicada una numeración, podemos cambiar el nivel de la lista. Pulse la tecla Tabulador y escriba la palabra **Llamadas**.

5 El nuevo elemento se ha ubicado a un nuevo nivel y está ahora precedido por la letra **A**. Se inicia de esta forma una nueva lista clasificada con letras. **(3)**

6 Pulse nuevamente en la flecha del icono **Numeración** y haga clic en la opción **Establecer valor de numeración**. **(4)** En el cuadro **Establecer el valor de numeración**, seleccione el campo **Ajustar valor (omitir números)**, pulse un par de veces sobre la punta de flecha ascendente de la letra **A** en el campo **Establecer valor en** para seleccionar la letra **C** y haga clic en el botón **Aceptar**.

7 Vemos que el segundo nivel de la lista comienza directamente por la letra **C** tal como hemos asignado. La reorganización automática es una de las grandes ventajas de las listas numeradas. Gracias a ella, cuando se añaden o se eliminan elementos de la lista, Word mantiene siempre el orden correlativo de forma correcta. Ahora cambiaremos el formato de número de este listado. Despliegue el comando **Numeración** y haga clic en la opción **Definir nuevo formato de número**.

8 Aparece el cuadro **Definir nuevo formato de número**. Pulse el botón de flecha del campo **Estilo de número** y seleccione la opción **1º, 2º, 3º...(5)**

9 Si pulsa el botón **Fuente** accederá al cuadro de configuración de la fuente de los números desde el que podrá modificar todos los atributos de la fuente, aunque ahora dejaremos la fuente establecida. Pulse el botón **Aceptar** para aplicar el nuevo estilo de numeración.

10 El cambio se ha aplicado en el segundo nivel, que es en el que teníamos el cursor, y se ha sustituido la letra **C** por la que comenzaba, por ordinal **1º. (6)** Una vez creada una lista también puede cambiar su aspecto a todos los niveles desde el botón **Lista multinivel**. Vamos a ver cómo. Pulse sobre este botón para desplegar la galería de estilos disponibles.

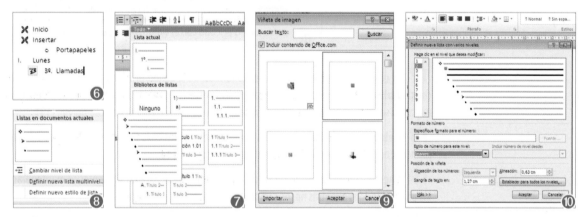

11 Seleccione la primera opción de la segunda fila de la biblioteca de listas, que es la única que usa viñetas. Ya ha sustituido la numeración por viñetas. Ahora pasaremos a aplicar un cambio de estilo a toda la lista. **(7)** Veamos cómo hacerlo.

12 Despliegue el comando **Lista multinivel** y pulse sobre la opción **Definir nueva lista multinivel**. **(8)** Se abre el cuadro **Definir nueva lista con varios niveles**, donde podemos modificar el formato y el estilo de cada uno de los niveles de la lista. Vamos a hacer que el nivel **2**, seleccionado en estos momentos, muestre una imagen en vez de la viñeta preestablecida. Despliegue el campo **Estilo de número para este nivel**, use la barra de desplazamiento y pulse sobre la opción **Nueva imagen**.

13 En el cuadro **Viñeta de imagen**, seleccione la segunda imagen de la primera fila de la galería, pulse el botón **Aceptar. (9)**

14 La nueva viñeta ya se ve en el cuadro en pantalla, así que sólo queda pulsar el botón **Aceptar** para aplicarlo a la lista multinivel ya creada. **(10)**

15 Para terminar, crearemos un nuevo estilo de lista personalizado que se guardará en la biblioteca para que pueda utilizarlo cuando lo necesite. Pulse tres veces la tecla **Retorno** para finalizar la lista, despliegue una vez más el comando **Lista multinivel** y pulse sobre la opción **Definir nuevo estilo de lista**.

16 En el cuadro **Definir nuevo estilo de lista** editaremos primero la numeración de primer nivel, que cambiaremos de números a letras. Para ello despliegue el campo que muestra la numeración **1, 2, 3**, seleccione la quinta opción de la lista que se despliega, la correspondiente a letras

La aplicación permite crear una lista multinivel totalmente personalizada que utilice para cada nivel el elemento que desee en usuario, con las características y atributos de su preferencia.

95

en mayúsculas y escoja el color rojo que se muestra de primero en los colores estándar para que sea el color aplicado. **(11)**

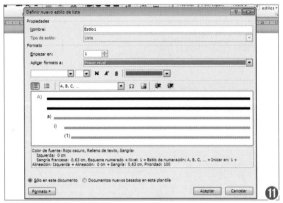

En una **Lista multinivel,** es posible establecer números, letras o símbolos (viñetas) para alguno o todos los niveles, según las preferencias del usuario y las características del contenido. Para asignar viñetas es preciso acceder al cuadro correspondiente pulsando en el icono con el símbolo Omega de la imagen superior.

17 Seguidamente, aplicaremos un nuevo formato al segundo nivel de la lista. Despliegue el campo **Aplicar formato a**, seleccione la opción **Segundo nivel (12)** y active la opción **Viñetas** pulsando sobre el icono que muestra el símbolo omega sobre el cuadro de vista previa. (**13**)

18 Se abre el cuadro **Símbolo** con las opciones disponibles en la fuente **Symbol**. Seleccione la primera opción, de código **168** y pulse el botón **Aceptar. (14)**

19 Ya hemos creado los estilos de los dos primeros niveles y para los siguientes se mantendrán los preestablecidos mientras no los cambiemos. Pulse el botón **Aceptar.**

20 El primer elemento de la lista que acabamos de crear aparece ya en el documento. Escriba la palabra **Martes**, pulse **Retorno** y use la tecla **Tabulador** para cambiar el nivel de la lista y comprobar que también se aplica el estilo personalizado para este segundo nivel. **(15)**

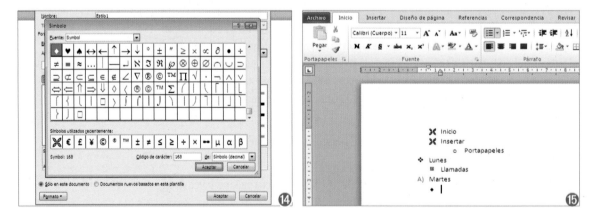

21 Para dar por concluido el ejercicio y con él este apartado sobre el trabajo con textos, cierre el documento sin guardar los cambios.

Las vistas y el diseño del documento

Introducción

El apartado cuarto del Manual Word 2010 está dedicado a diversos aspectos vinculados con la visualización y el diseño general de documentos. Las dos primeras lecciones le permitirán aprender a visualizar su documento de diferentes formas dependiendo de cuál sea la tarea que sea realizar. Verá que la aplicación tiene una vista para cada situación. Así, aprenderá por ejemplo a pasar de la vista **Diseño de impresión**, que le permite trabajar con una idea del aspecto final de los elementos del documento, a la vista de **Lectura de pantalla completa,** que resulta mucho más cómoda para leer un texto, o la vista **Esquema**, que le permite visualizar la estructura del documento y desplazarse cómodamente por él, por dar algunos ejemplos. Además, aprenderá a usar las diferentes herramientas disponibles en cada vista y a mostrar una cuadrícula personalizada que le ayude a diseñar la página.

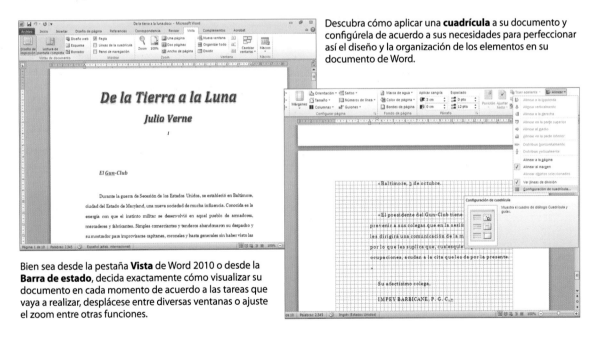

Descubra cómo aplicar una **cuadrícula** a su documento y configúrela de acuerdo a sus necesidades para perfeccionar así el diseño y la organización de los elementos en su documento de Word.

Bien sea desde la pestaña **Vista** de Word 2010 o desde la **Barra de estado**, decida exactamente cómo visualizar su documento en cada momento de acuerdo a las tareas que vaya a realizar, desplácese entre diversas ventanas o ajuste el zoom entre otras funciones.

Luego, entrando lo que a diseño del documento se refiere, verá que Word 2010 permite aplicar **temas prediseñados** de una amplia galería disponible que, como todos los elementos de la aplicación, pueden ser personalizados en todos sus aspectos para que sus trabajos parezcan creados por un artista. También realizará ejercicios en los que podrá usar los estilos de textos, formas y otros elementos de la aplicación, y luego los modificará de acuerdo a sus necesidades.

Ya casi para terminar con este apartado trabajará con **páginas de marcos**, que permiten que un mismo documento esté dividido en diferentes partes independientes pero vinculadas entre sí, mejorando la visualización de cierto tipo de informaciones.

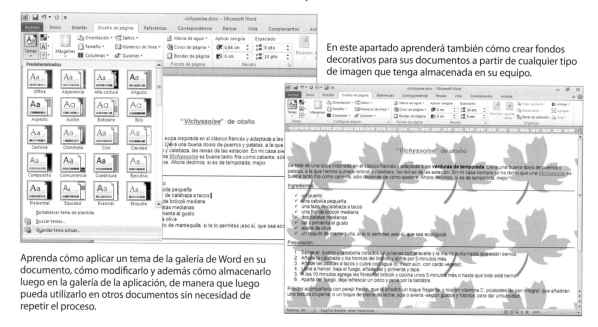

En este apartado aprenderá también cómo crear fondos decorativos para sus documentos a partir de cualquier tipo de imagen que tenga almacenada en su equipo.

Aprenda cómo aplicar un tema de la galería de Word en su documento, cómo modificarlo y además cómo almacenarlo luego en la galería de la aplicación, de manera que luego pueda utilizarlo en otros documentos sin necesidad de repetir el proceso.

Finalmente, antes de acabar el capítulo, insertará **marcas de agua** que pueden ser usadas con fines informativos o simplemente decorativos.

Lección 33. **Cambiar las vistas de un documento**

Todo documento de Microsoft Word puede visualizarse de distintas formas dependiendo de cuál sea la tarea a realizar en cada momento. Para ello dispone de la pestaña Vista de la Cinta de opciones, que ya hemos usado en alguna ocasión para cambiar de una vista a la otra. Para cambiar de vista, dispone también de los iconos de la Barra de estado, a veces más directos que las opciones de la Cinta.

1 Para realizar este ejercicio necesitará un documento de varias páginas. Por eso volveremos a trabajar con el documento **De la tierra a la luna.docx**. Recuerde que si no lo tiene, puede bajarlo de la zona de descarga de nuestra web y guardarlo en su carpeta **Documentos**. Así que para comenzar, abra el documento con el que haya decidido trabajar.

2 De manera predeterminada, el programa muestra los documentos en la vista **Diseño de impresión**, que es con la que hemos venido trabajando hasta ahora en este manual. **(1)** En esta lección veremos que es posible modificar esta vista tanto desde la **Cinta de opciones** como desde la **Barra de estado**. Seleccione entonces la pestaña **Vista** de la **Cinta**.

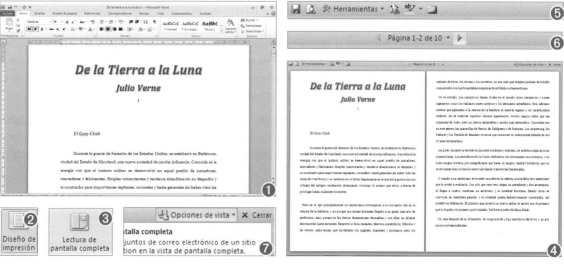

3 Son cinco las vistas de documento que nos ofrece Word 2010 y que ahora veremos una a una. La primera es **Diseño de impresión**, usada normalmente para la preparación de documentos. **(2)** La siguiente opción, **Lectura de pantalla completa,** ha sido diseñada para leer documentos en la pantalla del ordenador de manera óptima. **(3)** Además tiene la opción de mostrar el documento tal como luciría impreso. Haga clic en esta la opción y observe su apariencia. **(4)**

4 Se oculta la **Cinta de opciones** y sólo se muestra una barra con comandos que nos permiten guardar e imprimir el documento, desplazarnos por él, cambiar aspectos de visión y algunas herramientas para la lectura como buscar referencias o realizar comentarios. **(5)** Haga clic en el botón de punta de flecha de la **Barra de título que señala** hacia la derecha para ver las páginas siguientes. **(6)**

5 El documento pasa automáticamente a las páginas 3 y 4. Ahora pulse sobre el botón **Opciones de vista,** ubicado junto al botón **Cerrar,** para mostrar su menú. **(7)**

La vista **Lectura de pantalla completa** se muestra en una nueva ventana, mientras que las otras vistas se ven en el área de trabajo habitual.

6 El menú desplegado contiene una serie de opciones de visualización. Por ejemplo contiene comandos para desactivar este modo de visualización en documentos recibidos como datos adjuntos, cambiar el tamaño del texto, mostrar una o dos páginas, permitir escritura, controlar cambios, entre otros. Haga un clic sobre la opción **Aumentar el tamaño del texto. (8)**

7 Como podrá ver, efectivamente el texto pasa a verse más grande para facilitar la lectura. Tenga en cuenta que no se trata de un cambio real, sino solamente a nivel de visualización, es decir, no altera realmente al documento. Vuelva a desplegar el menú de **Opciones de vista** y seleccione ahora la opción **Mostrar página impresa. (9)** Ahora el tamaño de la fuente no corresponde al que veíamos hace un momento sino al real, por lo tanto la distribución del texto en la página es diferente. Tenga en cuenta que este es el aspecto que tendrá el documento al imprimirlo.

8 Pulse ahora sobre el texto **Página 1-2 de 10,** y seleccione la opción **Ir a la última página** del menú desplegado. **(10)** Al momento se muestra la última página del documento, aún como página impresa. Salga de la vista **Lectura de pantalla completa** pulsando el botón **Cerrar** de la esquina superior derecha.

Si aumenta el tamaño del texto en la vista **Lectura en Pantalla,** sepa que el documento se mantiene inalterado, pues es un cambio a nivel de visión y no de diseño

9 Ahora pasaremos a otra vista que pudimos conocer en el apartado anterior. Active la vista **Diseño Web** pulsando en el botón correspondiente del grupo **Vistas de documento**.

10 El texto se ha ajustado a la pantalla y se ha activado el icono correspondiente a esta vista en la **Barra de estado. (11)** Esta vista le permite hacerse una idea de cómo aparecerá el documento en una página web, pero recuerde que no es exacta mientras el documento no esté en formato

HTML. Ahora cambiaremos nuevamente de vista, pero usaremos esta vez los accesos de la Barra de tarea. Haga clic sobre el icono **Esquema**, el cuarto de los accesos directos a vistas de la **Barra de estado**.

11 Este modo de visualización cuenta con su propia ficha en la **Cinta de opciones**, que permite navegar por las páginas, mostrar diferentes niveles del esquema, cambiar los niveles o cambiar el orden de los textos arrastrándolos con mucha facilidad. **(12)** Por último comprobaremos la función de la vista **Borrador**. Para ello haga clic sobre el último icono de acceso a vistas de la **Barra de estado**.

En el caso de la vista **Esquema** aparece una nueva pestaña en la **Cinta de opciones**.

12 Esta vista, muy parecida a la de diseño de impresión, muestra el documento como un borrador para que el texto pueda ser editado rápida y fácilmente. Omite las separaciones entre páginas, encabezados pies de páginas además de algunos elementos gráficos. **(13)** Para acabar este ejercicio, active nuevamente la vista **Diseño de impresión** pulsando sobre el primer icono de los accesos directos a vistas de la **Barra de estado**.

Lección 34. **Configurar la cuadrícula**

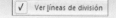
La cuadrícula es un fino tramado de líneas que se puede mostrar en la vista Diseño de impresión para utilizarlas como guía al escribir o al insertar objetos en un documento. Estas líneas de referencia se usan solo a la hora de preparar el documento para facilitar el trabajo de diseño pero no aparecen al imprimirlo.

1 En este ejercicio aprenderemos a mostrar y ocultar la cuadrícula de un documento y a modificar sus propiedades. Para empezar, sitúese al inicio del documento **De la tierra a la luna.docx**.

2 Vamos mostrar las líneas de cuadrícula de dos maneras diferentes. Active la ficha **Vista** y haga clic en la opción **Líneas de la cuadrícula** en el grupo de herramientas **Mostrar**. **(1)**

3 Aparece así en el fondo de la página la cuadrícula con sus características predeterminadas. Tenga en cuenta que la cuadrícula solo se muestra en la vista **Diseño de impresión**.

Al pie del cuadro **Cuadrícula de dibujo** dispone de un botón para establecer como determinada la cuadrícula con las características que aplique.

4 También desde la ficha **Diseño de página** podemos mostrar y ocultar la cuadrícula, y además, modificar sus propiedades. Active la mencionada ficha y, en el grupo de herramientas **Organizar**, despliegue el comando **Alinear** y haga clic en la opción **Configuración de la cuadrícula. (2)**

5 Se abre de este modo el cuadro **Cuadrícula de dibujo**. Escriba el valor **1** en los campos **Espaciado horizontal** y **Espaciado vertical**.

6 Para que las líneas de la cuadrícula se muestren en toda la extensión de la página y no sólo dentro de los márgenes, desactive la opción **Utilizar márgenes**.

7 Al hacerlo se activan las opciones **Origen horizontal** y **Origen vertical** para que podamos establecer manualmente el origen de la cuadrícula. Escriba **1,5** en ambos orígenes.

8 La opción **Objetos a la cuadrícula cuando no se muestren las líneas de la cuadrícula**, hace que al colocar un objeto, este se ajuste a la línea de la cuadrícula más próxima. En el campo **Vertical cada**, escriba el valor **2** y pulse el botón **Aceptar** para aplicar los cambios. **(3)**

9 Puede ver que el aspecto de la cuadrícula se ha modificado sensiblemente. **(4)** Para volver a la cuadrícula anterior, use el comando **Deshacer**.

10 Hemos eliminado los cambios en la cuadrícula y esta además se ha ocultado automáticamente. Una vez acabado este breve ejercicio, podemos seguir con la lección que viene.

Lección 35. **Aplicar temas**

U n tema es un conjunto de elementos de diseño, imágenes de fondo, combinaciones de colores, etcétera, que se aplican a los documentos con el objetivo de embellecerlos, unificar su aspecto y conferirles una apariencia más profesional. En esta lección aprenderemos a aplicar temas y a crear temas personalizados que nos permitan repetir un conjunto de elementos de diseño en diferentes documentos. Tenga en cuenta que todo el contenido de un documento (texto, tablas, gráficos SmartArt...) está vinculado al tema, por lo que al cambiarlo, se modificará la apariencia de dicho contenido.

1 En esta ocasión, vamos a trabajar con el documento **vichyssoise.docx** que puede encontrar en la zona de descarga de nuestra web. Abra el documento en pantalla y active la ficha **Diseño de página** pulsando en su pestaña.

2 Haga clic en el botón **Temas** del grupo de herramientas del mismo nombre y pasee el cursor sobre los temas predeterminados de la galería para ver su efecto y escoja el que prefiera para aplicarlo al documento. **(1)**

3 Utilice la barra de desplazamiento vertical para observar los cambios en el documento. Además de los estilos de las fuentes, en este caso ha cambiado el color del título, del hipervínculo de la cuarta línea y del borde de la imagen que está al pie. **(2)** Si el documento tuviera gráficos o tablas, también estos hubieran cambiado al cambiar el tema aplicado. Ahora modificaremos los estilos de la página y guardaremos en la galería el tema resultante de la modificación para poder utilizarlo en otras ocasiones. Haga clic en la pestaña **Inicio** y pulse sobre el botón **Cambiar estilos** del grupo de herramientas **Estilos**.

4 Haga clic en el comando **Colores** para ver las diferentes combinaciones. Aquí nuevamente puede mostrar las vistas previas de cada una antes de aplicarlas. Escoja la combinación de colores que más le gusta. Nosotros hemos aplicado la combinación llamada **Aspecto**. **(3)**

5 A continuación, pulse de nuevo en el botón **Cambiar estilos** y haga clic sobre el comando **Fuentes**.

6 Utilice el botón de la barra de desplazamiento vertical para ver la lista de fuentes predeterminadas que se muestra y nuevamente haga su selección. La que hemos usado en nuestro ejemplo es la denominada **Claridad**, que aplica tanto a los títulos como al texto normal la fuente **Arial**. **(4)**

El tema que Word utiliza por defecto al crear un documento en blanco es el llamado **tema de Office,** que muestra un fondo en blanco y colores y efectos sutiles.

7 Una vez modificado el tema actual, active la ficha **Diseño de página** y haga clic en el botón **Temas**.

8 Ahora podría eliminar todos los cambios aplicados pulsando sobre el botón **Restablecer tema de plantilla**, pero queremos hacer otra cosa, así que pulse sobre la opción **Guardar tema actual**. **(5)**

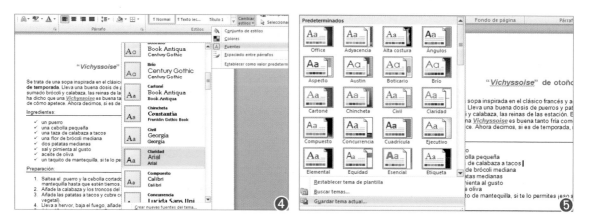

9 Se abre el cuadro **Guardar tema actual**, mostrando las tres carpetas de documentos de tema que incluye **Office** por defecto. El tipo de archivo es **Tema de Office** y la extensión es **.thmx**. En el campo **Nombre de archivo**, escriba el término **Prueba** y pulse el botón **Guardar**.

10 Para acabar, comprobaremos que el tema **Prueba** que acabamos de crear se encuentra ya disponible en la galería de temas y puede aplicarse a cualquier otro documento. Para ello, cree ante todo un nuevo documento en blanco.

11 Active la ficha **Diseño de página** y pulse sobre el botón **Temas**.

12 El tema **Prueba** se ha colocado en un primer apartado de la galería llamado **Personalizados**. Ahora podría aplicarlo al nuevo documento y comenzar a trabajar con él para usar los conjuntos de colores, fuentes y efectos de tema que hemos seleccionado a lo largo de esta lección. Sin embargo, ya hemos acabado con esta lección. Pulse el botón **Guardar** de la **Barra de herramientas de acceso rápido** y pase a la lección siguiente.

Lección 36. **Las páginas de marcos**

Los marcos son un recurso de Word que permite organizar la información y facilitar el acceso a ella. Son de gran utilidad en textos extensos o muy fragmentados. Al crear una página de marcos, que no es más que una página compuesta por varios marcos, se activa la vista de Diseño Web. Trabajar con marcos permite por ejemplo crear un encabezado que permanezca en la lo alto del documento cuando el usuario se desplaza por él, o para crear una tabla de contenidos con hipervínculos que permanece siempre visible y brinda acceso directo a las diferentes partes en las que está dividido un texto.

1 En este ejercicio convertiremos el documento **vichyssoise.docx**, aún en pantalla en una página web con su tabla de contenidos. Haga clic en el botón de punta de flecha situado a la derecha de la **Barra de herramientas de acceso rápido** y pulse sobre la opción **Más comandos** del menú que se despliega para abrir el cuadro de personalización.

2 Despliegue el campo **Comandos disponibles en**, seleccione la opción **Todos los comandos**, localice y seleccione los comandos **Marcos** y **Marco nuevo arriba** y pulse los botones **Agregar** y **Aceptar** para agregar el comando a la **Barra de herramientas de acceso rápido**.

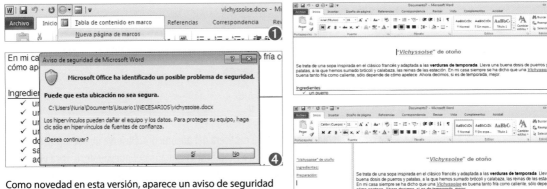

Como novedad en esta versión, aparece un aviso de seguridad que informa sobre los peligros del uso de hipervínculos.

3 Ahora, despliegue el comando **Marcos** de la **Barra de acceso rápido** y pulse sobre la opción **Nueva página de marcos**. **(1)**

4 Se abre en pantalla una nueva página de marcos con el contenido del documento en modo de visualización **Diseño Web** (observe en la **Barra de título** que se trata de un nuevo documento). **(2)** Haga clic de nuevo en la herramienta **Marcos** y pulse sobre la opción **Tabla de contenido en marco** y crear así un nuevo marco con una tabla de contenidos.

5 Aparece a la izquierda de la página el marco creado, donde se muestran los elementos del documento a los que se les ha aplicado un estilo de título. **(3)** Pulse sobre el texto **"Vichyssoise" de otoño**, que igual que el resto del contenido del marco es un vínculo, manteniendo a la vez pulsada la tecla **Control**.

6 Como sabemos que este hipervínculo es de confianza, pulse en el botón **Sí** en el aviso de seguridad que se ha desplegado. **(4)**

7 Gracias al vínculo, se muestra seleccionado el texto de origen. **(5)** Este evidentemente es un recurso de utilidad mucho mayor cuando se trata de textos largos, pero este ejemplo nos permite

105

ver claramente su funcionamiento. Veamos ahora las propiedades predeterminadas de un marco. Haga clic con el botón derecho del ratón en una zona libre del interior del marco que contiene la tabla de contenido y pulse sobre la opción **Propiedades del marco**. (6)

8 Se abre el cuadro de diálogo **Propiedades del marco**. En la pestaña **Marco**, que es la que se muestra por defecto, aparece el nombre que le ha concedido el programa de forma predeterminada y su tamaño. Pulse en la pestaña **Bordes** y cambie el ancho de borde a **3 puntos**, pulse sobre el campo **Color del borde** para elegir la segunda opción de las muestras, despliegue el campo **Mostrar en el explorador las barras**, seleccione la opción **Siempre** y pulse el botón **Aceptar**. (7)

9 Se ha añadido al **Marco** una barra de desplazamiento vertical y un borde del color que hemos escogido. Ahora insertaremos un marco horizontal en la cabecera del documento. Haga un clic en el documento, en el marco central, y pulse en comando **Marco nuevo arriba**, que hemos añadido a la **Barra de herramientas de acceso rápido**. (8)

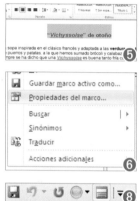

Una página de marcos puede contener varios marcos en su interior, y vincularlos entre sí.

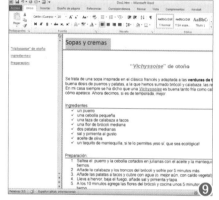

10 Se ha creado un nuevo marco en la cabecera del documento. Observe que se repite el borde asignado al marco anterior. Vamos ahora a modificar el tamaño del nuevo marco. Para ello, despliegue su menú contextual con el botón derecho del ratón y seleccione nuevamente la opción **Propiedades del marco**.

11 La altura del marco creado es del **45%** de la página. Cambie el campo **Alto** al **10%** para reducirlo y pulse el botón **Aceptar**.

12 Este marco que ha creado sirve para crear un título que se mantenga siempre a la vista. Haga un clic en el marco superior y escriba el texto **Sopas y cremas** a modo de título general. (9)

13 Seleccione el texto que acaba de escribir con tres clics y cambie el tamaño de la fuente a **20** puntos desde la **Cinta de opciones**. Ahora tiene más apariencia de título.

14 Finalmente, pulse cuatro de veces en a flecha que apunta hacia abajo de la Barra de desplazamiento vertical del cuadro central. Como podrá ver, se desplaza el contenido de este marco pero el contenido del marco superior, que en este caso sirve de título, no se desplaza.

15 Una vez hemos terminado nuestra página de marcos, podemos dar por terminada esta lección guardando el documento activo como una página web. ¿Recuerda cómo hacerlo? Haga clic en la pestaña **Archivo**, pulse sobre el comando **Guardar como**, asigne un nombre al archivo, elija como tipo la opción **Página web** y pulse el botón **Guardar**.

Lección 37. **Insertar columnas**

Las columnas son un tipo de formato que suele aplicarse a documentos de tipo periodístico, a folletos, a boletines, etc. Para crear columnas es necesario situar el cursor allí donde se desea que empiece este tipo de formato y utilizar el comando Columnas del grupo de herramientas Configurar página de la ficha Diseño de página.

1 Para llevar a cabo este ejercicio en el que aprenderemos a distribuir un texto en columnas volveremos a utilizar el documento de ejemplo **De la tierra a la luna.docx**, que hemos usado en algún ejercicio anterior y que puede abrir desde la vista **Recientes**.

2 Vamos a dividir en dos columnas todo el texto de este documento. Coloque el cursor en el primer párrafo del texto, antes de la palabra **Durante**, y pulse la combinación de teclas **Control+Mayúsculas+Fin** para seleccionar hasta el final.

3 Pulse ahora pestaña **Diseño de página** y en el grupo de herramientas **Configurar página**, pulse el comando **Columnas** y elija la opción **Dos**. **(1)**

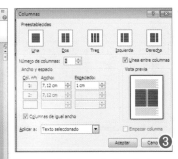

El cuadro **Columnas** indica el número de columnas, la distancia entre ellas, a partir de dónde se formarán y si estarán separadas por una línea.

4 Sencillo, ¿verdad? El texto se ha distribuido en dos columnas con unas características predeterminadas que podemos modificar según sean nuestras necesidades. **(2)** Pulse nuevamente el comando **Columnas** y haga clic en la opción **Más columnas**.

5 Se abre el cuadro **Columnas**. Como puede ver, se encuentra activada la opción **Dos** y se muestran la anchura de las columnas y el espacio existente entre ellas. Haga doble clic en el campo **Espaciado** y escriba el valor **1**.

6 Puesto que la opción **Columnas de igual ancho** está activada, ambas columnas tendrán el mismo tamaño cuando apliquemos los cambios. Active la opción **Línea entre columnas** pulsando en su casilla de verificación.

7 En el campo **Aplicar A** puede decidir si la configuración se aplicará solo al texto seleccionado o bien a todo el documento. En esta ocasión lo mantendremos como está. La vista previa que ofrece este cuadro permite hacerse una idea del aspecto de las columnas antes de crearlas definitivamente. Pulse el botón **Aceptar** del cuadro **Columnas** para aplicar los cambios. **(3)**

8 Ahora las dos columnas muestran la anchura especificada y ha aparecido una línea vertical que las separa, pero no nos gusta el efecto que tiene en el final del texto, que acaba con una carta a la que hemos aplicado anteriormente una sangría izquierda. Vamos a cambiarlo. Para ello, ante todo seleccione el texto de la carta, que comienza en la palabra **"Baltimore** y acaba al final del texto, donde se cierran las comillas.

9 Haga un clic nuevamente en el comando **Columnas** y esta vez seleccione la opción **Una**. El texto seleccionado vuelve a estar a una columna, sin alterar el resto. **(4)**

10 Ahora haga un clic sobre el texto de la segunda columna. **(5)** Fíjese en la regla horizontal. Se muestran los marcadores de los márgenes de esta y las sangrías, y si así lo desea puede moverlos y modificarlos manualmente tal como hemos hecho en pasadas lecciones.

11 Vuelva ahora al inicio del documento usando la tecla **Inicio** para comprobar que los títulos del documento, que no estaban seleccionados a la hora de crear las columnas, también permanecen a una columna. **(6)**

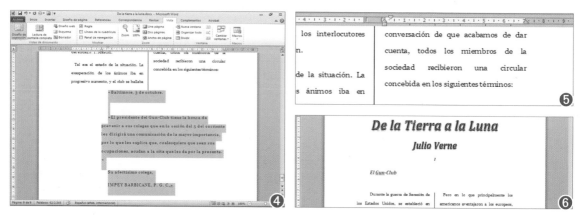

12 Para acabar este sencillo ejercicio, guarde los cambios pulsando el icono **Guardar** de la **Barra de herramientas de acceso rápido**.

Lección 38. **Partir palabras**

Cuando una palabra no cabe en una línea, Word la sitúa por defecto entera en la línea siguiente. Sin embargo, hay ocasiones en las que la separación de palabras con guiones puede beneficiar el aspecto del documento. Normalmente, la separación con guiones se utiliza en los textos con alineación justificada ya que en ellos siempre hay muchos espacios en blanco que dan un aspecto un tanto desigual.

1 Empezaremos este ejercicio realizando una partición de palabras manual en todo el documento. El documento **De a tierra a la luna.docx**, ahora a dos columnas justificadas, es ideal para este ejercicio, pues a dos columnas se notan más las desigualdades en los espacios entre palabras. Sitúese en la ficha **Diseño de página**, despliegue el comando **Guiones** del grupo de herramientas **Configurar página** y, en el menú que aparece, haga clic sobre la opción **Manual. (1)**

2 Aparece un cuadro en el que figura el texto **Bal-ti-mo-re**, con el segundo guión seleccionado, que es la opción preseleccionada, aunque podría cambiarla pulsando en otro punto de la palabra o seleccionándolo con las teclas de dirección. Pulse el botón **No** para que no se parta esta palabra.

3 La aplicación muestra una nueva palabra para ser dividida: **Maryland**. En este caso sí aceptaremos la división propuesta por el programa. Pulse el botón **Sí. (2)**

4 La división se ha aplicado y podríamos así seguir, de palabra en palabra. Pulse sobre el botón **Cancelar** y despliegue de nuevo el comando **Guiones** y pulse sobre la opción **Automático**.

5 Puede ver en el texto en pantalla que automáticamente se han aplicado nuevas divisiones al texto. **(3)** Seguidamente, accederemos al cuadro de opciones de los guiones. Despliegue una vez más el comando **Guiones** y seleccione la opción **Opciones de guiones**.

6 La **Zona de división** predeterminada es de **0,75**. Mientras mayor sea esta zona, menos guiones se añadirán pero mayores serán los espacios en blanco. Por otra parte, este cuadro le permite limitar el número de guiones que pueden ir seguidos en el documento, aunque ahora no están limitados. Inserte el valor **0,1** en el campo **Zona de división**, pulse dos veces hacia arriba en la flecha del campo **Limitar guiones consecutivos a**, y haga clic en el botón **Aceptar. (4)**

7 Desplácese por el documento para comprobar cómo se han partido palabras en todo el texto, disminuyendo los espacios en blanco entre palabras, sin repetirse nunca más de dos guiones seguidos. Finalmente, guarde los cambios para pasar a la lección siguiente.

Si quiere realizar la división de las palabras de un solo párrafo de texto, debe seleccionarlo previamente. En libros y revistas, la partición en sílabas de palabras al final de una línea permite obtener un espaciado más uniforme y confiere un aspecto más profesional al documento.

Lección 39. **Aplicar bordes y sombreados**

Word permite aplicar filetes, enmarcar un texto u otro elemento, personalizar el marco aplicado o colocar un color o trama de relleno. El comando Bordes y sombreado es el que permite configurar estos elementos, que pueden adaptarse a las necesidades de cada documento.

1 En este ejercicio, vamos a practicar la aplicación de bordes y sombreados en el documento **De la tierra a la luna.docx** que venimos usando. Para empezar, seleccione el texto de la carta que está al final del documento entre comillas, desde el texto **"Baltimore** hasta el final.

2 Despliegue el comando **Bordes**, cuyo icono muestra un cuadro dividido en cuatro partes en el grupo de herramientas **Párrafo**.

3 Como podrá ver, este comando le permite insertar bordes y líneas en diferentes ubicaciones, además de mostrar cuadrículas. Al pie tiene una última opción llamada **Bordes y sombreado**. Haga clic en ella. **(1)**

4 Aparece el cuadro de diálogo **Bordes y sombreado** mostrando la ficha **Bordes** activa. En el panel **Valor**, pulse sobre la opción **Cuadro** para seleccionarla.

5 Ahora modificaremos el estilo. Utilice la barra de desplazamiento vertical ver las opciones disponibles y haga su propia selección. Nosotros hemos aplicado la **Línea doble**.

El comando **Bordes** le permite insertar bordes y líneas en diferentes ubicaciones, mostrar cuadrículas, dibujar una tabla o establecer un borde y un sombreado personalizados

6 Despliegue las muestras de color del campo siguiente y escoja uno que l vaya bien. En nuestro ejemplo hemos aplicado el **Verde, Énfasis 5** que es el penúltimo de la primera línea de **Colores de tema**. **(2)**

7 Mantenga los campos **Ancho** y **Aplicar a:** como están. El botón **Opciones**, ubicado abajo y a la derecha, permite el acceso al cuadro **Opciones de borde y sombreado** donde es posible ajustar la distancia entre el borde y el texto, que tampoco alteraremos para este ejercicio. Pulse en la pestaña **Sombreado**.

8 Seleccione el campo **Relleno** y haga un clic en el color que refiera. Nosotros usamos el **Amarillo oscuro, Énfasis 2**, que es el sexto del apartado de **Colores de tema**, y mantuvimos la **Trama** en el estilo **Claro**. **(3)** Finalmente pulse sobre el botón **Aceptar**.

9 Ha creado un marco ajustado al texto de la carta que habíamos seleccionado. **(4)** A continuación, vamos a agregar al documento una línea horizontal a modo de filete ornamental. Diríjase a la primera página del documento y coloque el cursor de edición al final de la palabra **Verne**, en la segunda línea.

10 Haga clic en el botón **Bordes de página** del grupo de herramientas **Fondo de página**. **(5)**

11 En el cuadro **Bordes y sombreado**, pulse sobre el botón **Línea horizontal**. **(6)**

El cuadro **Línea horizontal** contiene una galería de diseños que pueden ayudarle a mejorar el aspecto de su documento e incluso, facilitar la lectura.

12 Se abre el cuadro de diálogo **Línea horizontal** que muestra distintos modelos de líneas horizontales. También le brinda la oportunidad de importar archivos de líneas pero, para este ejercicio, seleccione el cuarto modelo y pulse el botón **Aceptar**. **(7)**

13 Ha añadido una línea que en este caso sirve para separar visualmente el título y el autor de la novela, del texto de esta. **(8)** Puede dar por acabada esta lección pulsando sobre el botón **Guardar**.

Lección 40. **Los fondos de página**

Puede aplicar a su documento un fondo de color desde el comando Color de página. También puede aplicarle un efecto a este fondo, como por ejemplo un degradado, una textura, o incluso una imagen de su archivo personal. Todos los efectos son editables en Word. El comando Color de página se usa para brindar un aspecto más atractivo a los documentos y es muy usado en aquellos que se van a visualizar en un explorador Web.

1 En este documento trabajaremos con la imagen **otoño.jpg**, que puede bajar ahora de nuestra zona de descargas en la web y guardar en la biblioteca **Imágenes** para utilizar en breve, y con el documento **vichyssoise.docx** que ya hemos usado en ejercicios anteriores. Una vez tenga el documento en pantalla, pulse en la pestaña **Vista** y cámbielo a la vista de **Diseño Web. (1)**

2 En esta vista podremos visualizar de mejor manera los fondos. Haga clic en la pestaña **Diseño de página** de la **Cinta de opciones** y pulse sobre la herramienta **Color de página** del grupo de herramientas **Fondo de página.**

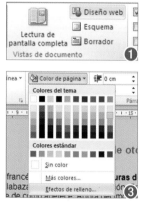

Los fondos de página pueden verse en todas las vistas excepto en las denominadas **Borrador** y **Esquema**.

3 Como podrá ver, se despliega una paleta de muestras desde la cual puede directamente aplicar un color a la página. Seleccione una muestra que sea de su agrado. Si le agrada nuestro ejemplo, sepa que hemos usado la última muestra de la tercera fila, llamada **Canela Énfasis 6, claro**, que es suficientemente clara como para permitir leer el texto con comodidad.

4 El color se aplica al momento a la página. **(2)** Como verá, es extremadamente sencillo el proceso. Para ver qué más opciones puede aplicar, despliegue nuevamente el comando **Color de página** y pulse sobre la opción **Efectos de relleno. (3)**

5 Se abre el cuadro **Efectos de relleno**, que nos permite aplicar una textura, una trama, una imagen o un degradado como relleno de la página. Para cada una de estas opciones hay una ficha a la que se accede desde las pestañas respectivas. En la ficha **Degradado** en la que se encuentra por defecto, puede cambiar los colores, la transparencia y el estilo del degradado. Haga clic en el botón de opción **Un color** y al momento aparece el campo **Color 1**, con el color aplicado ya seleccionado. Manténgalo y use el botón de flecha ubicado debajo de la palabra **Claro** para bajar la intensidad del color, seleccione el botón de opción que prefiera del grupo **Estilos de sombreado** y pulse sobre el botón **Aceptar. (4)**

6 El efecto ha sido aplicado y resulta bastante sutil. **(5)** Para terminar, aplicaremos como fondo de página la imagen **otoño.jpg**, que ha guardado en su biblioteca **Imágenes**. Tenga en cuenta que también puede utilizar cualquier otra imagen propia en este formato. Haga clic nuevamente en el botón **Color de página** y pulse en la opción **Efectos de relleno**.

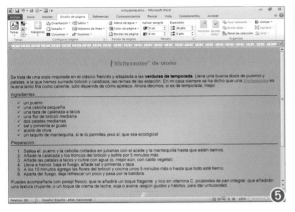

7 Esta vez pulse sobre la pestaña **Imagen** y haga clic sobre el botón **Seleccionar imagen**. **(6)**

8 En el cuadro **Seleccionar imagen**, que se abre por defecto directamente en la carpeta **Imágenes**, seleccione el archivo **otoño.jpg** y pulse el botón **Insertar. (7)**

9 Finalmente, haga clic sobre el botón **Aceptar** del cuadro **Efectos de relleno** para aplicar esta imagen como fondo de página.

10 Como puede ver, al aplicar una imagen como fondo de página, ésta se muestra a modo de mosaico para rellenarla por completo. **(8)**

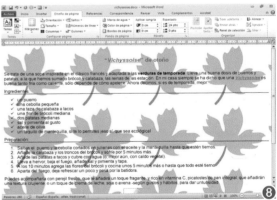

11 Para acabar el ejercicio, pulse por última vez el botón **Color de página**, seleccione la opción **Sin color** y guarde los cambios pulsando el icono **Guardar** de la **Barra de herramientas de acceso rápido**.

Es posible aplicar como fondo tanto degradados, tramas y texturas, como imágenes almacenadas en el equipo y colores sólidos. Las tramas, imágenes y texturas se disponen en mosaico o se repiten para rellenar completamente la página

Lección 41. **Las marcas de agua**

Una marca de agua es una imagen o un texto que se muestra "debajo" del texto y otros contenidos principales de un documento. Se usan para decorar el papel, para identificar el estado o situación de un documento o para crear marcas que eviten la falsificación o copia indebida. Puede usar las de la galería de Word o crear marcas propias con contenidos propios.

1 En el sencillo ejercicio que proponemos a continuación seguiremos trabajando en el documento **Vichyssoise.docx** que tiene en pantalla. Para comenzar, regrese a la vista **Diseño de impresión** pues las marcas de agua solo pueden ser visualizadas en esta y en la vista de **Pantalla completa**.

2 Una vez haya cambiado la vista, haga clic en el comando **Marca de agua** del grupo de herramientas **Fondo de página**, en la ficha **Diseño de página**.

3 Aparece así la galería de marcas de agua. **(1)** Escoja alguna y aplíquela al documento con un clic. **(2)** Tenga en cuenta que será aplicada automáticamente a todas las páginas del documento.

4 Una vez comprobado su efecto, quítela seleccionando la opción **Quitar marca de agua** del comando **Marca de agua**.

Al pulsar el comando **Marca de agua** se despliega una galería de marcas y un menú de opciones que permiten crear nuevas marcas de agua, quitarlas del documento y guardar una selección personal en la galería de marcas de agua

5 A continuación crearemos una marca de agua con la imagen que hemos utilizado anteriormente como fondo de página, **otoño.jpg**. Despliegue nuevamente el comando **Marca de agua** y haga clic en la opción **Marcas de agua personalizadas**.

6 En el cuadro de diálogo **Marca de agua impresa**, haga clic en el botón de **opción Marca de agua de imagen** y pulse el botón **Seleccionar imagen**.

7 En el cuadro **Insertar imagen**, seleccione con un clic la imagen **otoño.jpg** y pulse el botón **Insertar**.

8 En función del tamaño original de la imagen que utilicemos para crear la marca de agua deberemos modificar la escala con la que se aplicará. En este caso mantendremos la opción **Automático** para que la imagen se ajuste a la página. La opción **Decolorar** hace que la imagen se muestre difuminada y en este caso la deshabilitaremos con un clic. Pulse en el botón **Aceptar**. **(3)**

9 La marca de agua ha sido aplicada al documento. **(4)** Puede ahora guardar los cambios y, una vez acabada la última lección de este apartado, cerrar el documento en pantalla.

Insertar elementos en el documento

Introducción

En este apartado que ahora comienza, aprenderá a insertar en su documento todo tipo de elementos y también, evidentemente, a modificarlos para adecuarlos a las necesidades del documento en el que esté trabajando.

Comenzará insertando una **portada** en un documento, utilizando las plantillas que nos ofrece la versión 2010 de la aplicación, que permiten crear una página digna de un diseñador experimentado en unas pocas acciones.

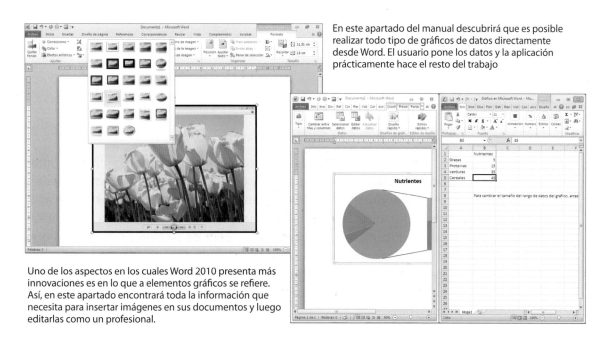

En este apartado del manual descubrirá que es posible realizar todo tipo de gráficos de datos directamente desde Word. El usuario pone los datos y la aplicación prácticamente hace el resto del trabajo

Uno de los aspectos en los cuales Word 2010 presenta más innovaciones es en lo que a elementos gráficos se refiere. Así, en este apartado encontrará toda la información que necesita para insertar imágenes en sus documentos y luego editarlas como un profesional.

Aprenderá también a crear y modificar tablas y gráficos en Word, ya sea desde cero o partiendo de la información incluida en su documento. Con la herramienta **SmarArt** podrá hacer visual todo tipo de información usando la galería que ofrece la versión 2010 de la aplicación, mejorada con atractivos gráficos prediseñados y espectaculares efectos.

Luego, tres lecciones de este apartado están dedicadas por entero al trabajo con **imágenes**, uno de los temas en los que la versión 2010 de la aplicación ha introducido varias novedades. Aprenderá a insertar una imagen y a editarla con los novedosos efectos del programa. Además, verá lo fácil que es realizar una captura de pantalla, insertarla en su documento e incluso modificarla sin necesidad de usar ninguna otra aplicación.

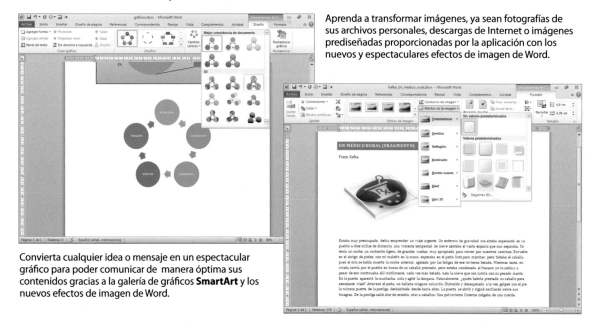

Aprenda a transformar imágenes, ya sean fotografías de sus archivos personales, descargas de Internet o imágenes prediseñadas proporcionadas por la aplicación con los nuevos y espectaculares efectos de imagen de Word.

Convierta cualquier idea o mensaje en un espectacular gráfico para poder comunicar de manera óptima sus contenidos gracias a la galería de gráficos **SmartArt** y los nuevos efectos de imagen de Word.

Insertará además toda clase de elementos que le permitirán comunicar exactamente lo que desea y de la forma que quiere, como pueden ser **hipervínculos** a elementos internos o externos, **saltos** que le ayuden a organizar la información, **marcadores** que faciliten la navegación por el documento, **encabezados** y **pies de página** prediseñados que incluyan los datos que su documento requiera, **cuadros de texto** con los diseños de la nueva galería de Word, **letras capitales** para destacar las entradas o **títulos llamativos** para mejorar la presentación del documento.

Lección 42. **Insertar una portada**

El comando Portada, ubicado en la pestaña Insertar de la Cinta de opciones, permite añadir una portada a cualquier documento de Word, que se crea como si de una nueva página se tratara y adopta el diseño que seleccionemos en la Galería de portadas que aparece al hacer clic sobre el comando en cuestión. Ademas, permite editar cualquiera de los diseños de programa o crear nuevas portadas y añadirlas a esta galería.

1 En este ejercicio aprenderemos a insertar una portada en el documento **De la tierra a la luna. docx**. Para empezar, abra este documento que probablemente esté en su vista **Recientes** y active la ficha **Insertar** de la **Cinta de opciones**.

2 En el grupo de herramientas **Páginas**, pulse sobre el comando **Portada** para desplegar su galería, utilice la barra de desplazamiento vertical y seleccione para este ejercicio la portada **Línea Lateral. (1)**

3 Así de fácil ha sido crear una portada a partir de la muestra seleccionada, que ahora aparece como primera página del documento. **(2)** Como verá, esta portada tiene una serie de campos en los que hace falta introducir la información correspondiente. Pulse en el campo **Escriba el subtítulo del documento** e introduzca el texto **De la tierra a la luna**.

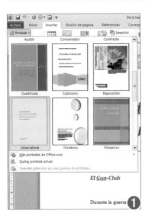

4 Vaya al final de la página de portada con la tecla **Re Pág**. En el campo **Autor** se muestra automáticamente el mismo nombre que está registrado como autor del documento, probablemente el usuario por defecto de Word. Como el autor del documento no es en este caso el autor del texto, pulse sobre el campo correspondiente para poder editar el campo y escriba directamente el nombre **Julio Verne. (3)**

5 A continuación pulse en el campo **Seleccione la fecha** y haga clic en el botón de punta de flecha que ha aparecido. Se despliega un pequeño calendario con cuyas puntas de flecha puede desplazarse hasta el año adecuado y seleccionar la fecha correcta. En este caso, pulse el botón **Hoy** para que se inserte el día actual. **(4)**

6 Se muestra ahora la fecha en el recuadro seleccionado. Tenga en cuenta que si está trabajando en modo de compatibilidad encontrará algunas diferencias al añadir una portada: por ejemplo, el calendario que acabamos de ver no aparece pues se trata de una novedad de esta versión. A continuación, personalizaremos el diseño de esta portada añadiendo un sombreado. Al estar el cursor de edición sobre cualquiera de los campos de esta portada, se activa la pestaña **Diseño** de la ficha contextual **Herramientas de dibujo**. Pulse sobre la respectiva pestaña.

7 La portada que hemos insertado trabaja en base a tablas a las cuales puede cambiar el estilo, aplicar bordes y sombreados, dibujar bordes, reorganizar los elementos e incluso cambiar su tamaño. También puede editarlas usando la opción adecuada de su menú contextual. Pulse sobre la opción **Sombreado**, del grupo de herramientas **Estilo de tabla**, para desplegar su paleta de muestras y seleccione la tercera muestra de derecha a izquierda de los **Colores estándar. (5)**

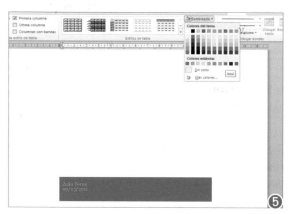 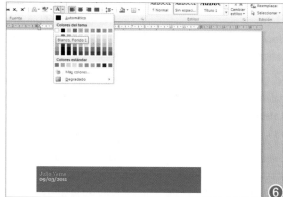

8 Para destacar el texto de la fecha, selecciónelo con un doble clic y pulse en el campo **Color de fuente** para desplegar su paleta. Seleccione en este caso el color blanco para aplicarlo. **(6)**

9 Si quisiera eliminar la portada insertada, tendría que seleccionar nuevamente la pestaña **Insertar**, pulsar en el comando **Páginas**, hacer clic en la opción **Portada** y elegir **Quitar portada actual**. De momento, deje la portada en el documento y guarde los cambios para pasar a la siguiente lección.

Lección 43. **Insertar saltos de página y saltos de columna**

Al insertar un salto de página se comienza una página en blanco en el punto donde se encuentra el cursor. De lo contrario, el programa no considera que pasa de una página a otra hasta que el cursor se sitúa en la última línea de la misma y pasa a la siguiente. Existen diferentes maneras de insertar saltos de página en Word; es posible utilizar la función adecuada del grupo de herramientas Páginas de la ficha Insertar o del grupo de herramientas Saltos de la ficha Diseño de página así como usar la combinación de teclas apropiada, en este caso Control+Retorno.

1 En este ejercicio continuaremos trabajando en nuestro documento ejemplo, **De la tierra a la luna.docx** y aprovecharemos su actual configuración a dos columnas para practicar con los saltos de página y de columna. Utilice el comando **Control+Fin** para ir al final del documento.

2 Ahora coloque el cursor con un clic justo al comienzo de la penúltima línea, que es el punto donde queremos pasar a la nueva página. **(1)** A continuación pulse en el comando **Salto de página** del grupo **Páginas** de la pestaña **Insertar**. **(2)**

3 En el punto donde estaba el cursor se ha cortado el contenido y el fragmento restante ha pasado a la página siguiente. **(3)** El cursor de edición aparece colocado al comienzo de la primera línea de la nueva página, donde podría insertar ahora cualquier texto. Para eliminar el salto de página creado, pulse la tecla **Retroceso**.

4 Utilice la tecla **Re Pág**. para ir al inicio de la página actual y coloque el cursor de edición al final del primer párrafo de la primera columna, para insertar el nuevo salto.

5 Insertaremos en esta ocasión un salto de columna y lo haremos desde otro grupo de herramientas. Haga clic en la pestaña **Diseño de página** de la **Cinta de opciones** y pulse sobre el botón **Saltos** del grupo **Configurar página**, que muestra todas las opciones disponibles de saltos de página y saltos de sección, que estudiaremos más adelante. **(4)** Como verá, desde aquí también es posible insertar un salto de página simple, igual al que hemos añadido desde la pestaña **Insertar** hace un momento. De la lista de opciones que aparece, elija **Columna**.

6 Efectivamente, la aplicación ha cortado el texto en el punto que hemos indicado, para continuarlo en la columna siguiente. **(5)** Word nos permite configurar algunas opciones para controlar dónde se deben insertar los saltos de página automáticos. Estas opciones se encuentran en el cuadro de diálogo **Párrafo** al cual puede acceder desde el grupo con el mismo nombre tanto de la pestaña **Inicio** como de la actual, **Diseño de página**. Haga clic en el **iniciador de cuadro de diálogo** del grupo de herramientas **Párrafo. (6)**

7 El cuadro de diálogo **Párrafo** se compone de dos fichas, **Sangría y espaciado**, con la que ya hemos trabajado, y **Líneas y saltos de página** que es la que nos interesa en estos momentos, y aparece ahora automáticamente seleccionada.

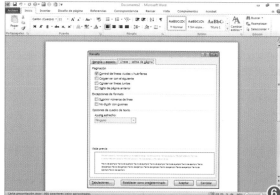

8 Las opciones de este cuadro afectan a la forma en que se colocan los saltos de página automáticos, es decir, donde corta automáticamente la aplicación un documento para pasar a la página siguiente. En algunas ocasiones es posible que interese añadir ciertos criterios de estilo y para eso está este cuadro. La opción **Control de líneas viudas y huérfanas**, activada por defecto, hace que, al escribir, una página nunca acabe en la primera línea de un párrafo, ni empiece con la última línea de un párrafo anterior (las llamadas líneas huérfanas y viudas). La opción **Conservar con el siguiente**, por su parte, evita que se inserten saltos de página entre párrafos y la opción **Conservar líneas juntas** impide que se inserte un salto de página en medio de una línea. Por último, la opción **Salto de página anterior** permite especificar un salto de página al comienzo del párrafo seleccionado. Mantenga las opciones de línea y salto de línea tal y como aparecen en este cuadro y pulse el botón **Aceptar**.

9 Para acabar este ejercicio, cierre el documento sin guardar los cambios.

Lección 44. **Insertar y editar tablas**

L as tablas de Word son un excelente recurso para obtener una mejor y más comprensible presentación de ciertos contenidos y facilitar la organización de la información. Se componen de columnas y filas que, al cruzarse, crean las denominadas celdas. Una tabla puede contener tanto texto como gráficos e incluso otras tablas, en cuyo caso se denominan tablas anidadas. Todas las tablas se pueden modificar con las herramientas que se incluyen en las subfichas Diseño y Presentación de la ficha contextual Herramientas de tabla, que aparece siempre que una tabla se encuentra seleccionada.

1 En este ejercicio aprenderemos a insertar tablas de diferentes maneras en un documento y a cambiar después su formato. Para ello, cree ante todo un nuevo documento en blanco.

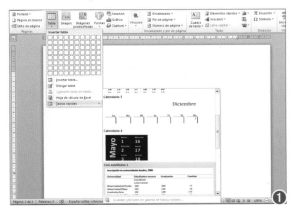

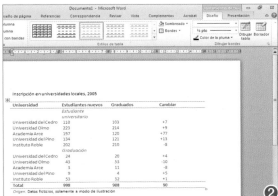

La opción **Dibujar tabla**, incluida también en el comando **Tabla**, permite trazar manualmente una tabla, que en un principio constará de una sola celda pero que después podremos dividir, dibujando líneas a mano, en diferentes celdas.

2 En primer lugar, insertaremos una de las tablas predeterminadas. En la pestaña **Insertar** de la **Cinta de opciones**, pulse el botón del grupo de herramientas **Tablas** y elija la opción **Tablas rápidas**.

3 Aparece así la galería de tablas rápidas que, como verá, le permite entre otras cosas crear un calendario con un simple clic. Haga clic dos veces en la parte inferior de la galería y seleccione la tabla denominada **Con subtítulo 1. (1)**

4 Automáticamente la tabla seleccionada se inserta en el punto en que se encontraba el cursor de edición y con el formato preestablecido. Esta tabla contiene un texto de ejemplo que ahora puede seleccionar y sustituir con sus propios contenidos. Por otra parte, automáticamente se ha abierto la ficha contextual **Herramientas de tabla**, en su subficha **Diseño**, que junto a la subficha **Presentación** nos permite modificar el aspecto de las mismas. **(2)** Ahora crearemos otra tabla especificando su número de filas y columnas. Haga clic debajo de la tabla para colocar ahí el cursor de edición y pulse la tecla **Retorno** para añadir una línea en blanco al documento.

5 Vuelva a mostrar la ficha **Insertar** de la **Cinta de opciones** y pulse nuevamente en el botón del grupo de herramientas **Tablas** y elija esta vez la opción **Insertar tabla. (3)**

6 Se abre de este modo el cuadro **Insertar tabla**, en el que debemos especificar el número de filas y columnas que tendrá la tabla así como determinar las opciones de autoajuste. Inserte el número **3** en el campo **Número de columnas**, haga doble clic en el campo **Número de filas**, para escribir nuevamente el número **3** y, manteniendo las opciones de autoajuste tal y como se

121

muestran por defecto, pulse el botón **Aceptar**. **(4)**

7 La nueva tabla aparece ya en el documento con las dimensiones que hemos establecido. **(5)** Ahora borraremos esta tabla y crearemos otra usando el casillero que incluye el comando **Tabla**. Haga clic en la pestaña **Presentación** de la ficha contextual **Herramientas de tabla**.

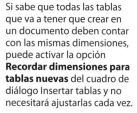

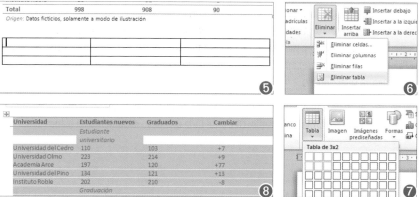

Si sabe que todas las tablas que va a tener que crear en un documento deben contar con las mismas dimensiones, puede activar la opción **Recordar dimensiones para tablas nuevas** del cuadro de diálogo Insertar tablas y no necesitará ajustarlas cada vez.

8 Pulse en el comando **Eliminar** del grupo de herramientas **Filas y columnas** y elija la opción **Eliminar tabla**. **(6)**

9 Active nuevamente la ficha **Insertar** de la **Cinta de opciones** pulsando sobre su pestaña, pulse una vez más en el botón **Tabla** y haga clic en la tercera casilla de la segunda fila para crear una tabla de dos filas y tres columnas. **(7)**

10 Utilizaremos ahora las herramientas de tabla para modificar el aspecto de estas dos tablas. Lleve el cursor hacia la esquina superior izquierda de la tabla rápida y haga un clic en el icono cuadrado que ahí aparece para seleccionarla. **(8)**

11 Active la subficha contextual **Diseño** y haga clic en el botón **Más** que muestra una punta de flecha en la galería de estilos de tabla. Esta galería, que funciona con la **Vista previa activa**, permite aplicar un formato predeterminado a una tabla con un solo clic. Pulse sobre el último estilo de la segunda fila del apartado **Integrado** para aplicarlo a la tabla seleccionada. **(9)**

12 Inmediatamente ha cambiado la configuración de la tabla. **(10)** En el grupo de herramientas **Opciones de estilo de tabla** podemos activar o desactivar las opciones que queramos para seguir modificando el estilo. Para añadir líneas de separación horizontal haga clic en la casilla de verificación de la opción **Filas con bandas**.

13 Vamos ahora a aplicar un formato especial a la primera columna. Para ello haga clic en la casilla de verificación de la opción **Primera columna**.

14 Haga clic en la pestaña **Presentación** de la ficha **Herramientas de tabla** y en el grupo de herramientas **Datos**, pulse sobre el comando **Ordenar**.

15 Se abre el cuadro **Ordenar**, desde el que es posible ordenar en sentido ascendente o descendente el contenido de una tabla. En el cuadro **Ordenar**, mantenga la configuración por defecto, según la cual se ordenará alfabéticamente la columna **Universidad**, y pulse el botón **Aceptar**.

16 Una vez modificado el aspecto de esta tabla rápida, cambiaremos también el de la tabla de dos filas que hemos insertado manualmente. Haga clic dentro de la primera celda de esta para seleccionarla, active la subficha **Diseño** de la ficha **Herramientas de tabla**, pulse en el botón de flecha del comando **Bordes** y seleccione en la opción **Bordes y sombreado**.

17 Desde el cuadro de diálogo **Bordes y sombreado** podemos cambiar el estilo, el color y la anchura de los bordes de una tabla. Pulse el botón de flecha del campo **Color**, elija la muestra que prefiera para aplicarla **(11)** y pulse el botón **Aceptar** para aplicar el nuevo estilo de línea.

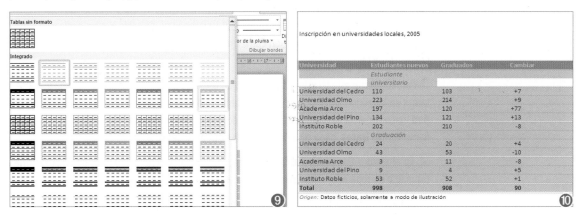

18 Veremos por último el modo de eliminar de una tabla filas y columnas. Seleccione la pestaña **Presentación** por última vez y haga clic en el comando **Eliminar** del grupo **Filas y columnas,** pulse sobre la opción **Eliminar columnas (12)** y vea cómo la tabla pasa a tener dos columnas. **(13)**

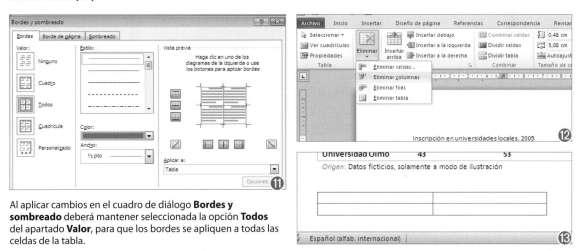

Al aplicar cambios en el cuadro de diálogo **Bordes y sombreado** deberá mantener seleccionada la opción **Todos** del apartado **Valor**, para que los bordes se apliquen a todas las celdas de la tabla.

19 Para acabar el ejercicio, pulse el icono **Guardar** de la **Barra de herramientas de acceso rápido**, asigne al documento el nombre **Tabla** en el cuadro **Guardar como** y pulse el botón **Guardar**.

Lección 45. **Convertir tabla en texto y viceversa**

Word permite convertir una tabla en texto y un texto en una tabla en un solo paso. Para la primera acción, hay que utilizar el comando Convertir texto a de la subficha Presen-tación, dentro de la ficha contextual Herramientas de tabla y para realizar la acción contraria, debemos utilizar la opción Convertir texto en tabla incluida en el comando Tabla de la pestaña Insertar.

1 Para comenzar esta lección convertiremos en texto los contenidos de la tabla rápida que insertamos en la lección anterior. Seleccione la tabla simplemente pulsando sobre el texto **Universidad**, haga clic en la pestaña **Presentación** de la ficha **Herramientas de tabla** y en el grupo de herramientas **Datos**, haga clic en el comando **Convertir texto a**. **(1)**

2 En el cuadro **Convertir tabla en texto**, mantenga seleccionada la opción **Tabulaciones** como tipo de separador entre columnas y pulse el botón **Aceptar**. **(2)**

3 Automáticamente, la tabla se convierte en texto, donde las columnas están separadas por tabulaciones y las filas, por marcas de párrafo. **(3)**

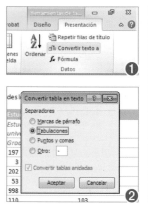

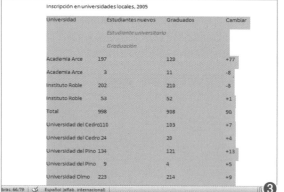

Si desea tabular un texto, recuerde que siempre tiene que seleccionarlo antes para poder habilitar el comando.

4 Ahora realizaremos la acción contraria, esto es, convertiremos este texto de nuevo en una tabla. Active la ficha **Insertar** de la **Cinta de opciones** pulsando sobre su pestaña, haga clic en la herramienta **Tabla** y pulse en la opción **Convertir texto en tabla**. **(4)**

5 En el cuadro de diálogo **Convertir texto en tabla** debemos definir el número de columnas que tendrá la tabla, el autoajuste de la misma y el modo en que se separará el texto. Mantenga todas las opciones tal y como aparecen en este cuadro y pulse el botón **Aceptar**.

6 El texto se convierte así en una sencilla tabla, cuyo formato podemos modificar con las herramientas propias de este elemento. Haga clic en la segunda muestra del grupo de herramientas **Estilos de tabla** para aplicarlo a la tabla.

7 Antes de acabar, ajustaremos el tamaño de las celdas a su contenido. Active la subficha **Presentación** de la ficha **Herramientas de tabla**, despliegue el comando **Autoajustar** del grupo **Tamaño de celda** y pulse sobre la opción **Autoajustar** al contenido.

8 Una vez convertido el texto en una tabla y modificado su formato, puede guardar y cerrar el documento para pasar a la lección siguiente.

Lección 46. **Insertar y editar gráficos**

Los gráficos son un extraordinario recurso para representar de forma visual, atractiva y clara todo tipo de series datos. En Word, los datos de origen del gráfico pueden estar presentes en el documento, en cuyo caso sirven para reforzar ciertos aspectos de la información. También es posible que el gráfico usado se haya incluido para mostrar una serie de datos que no figure en ninguna otra parte del documento ya que el gráfico por si solo es capaz de transmitir la información de relevancia.

1 En este ejercicio aprenderá a insertar un gráfico en un documento de Word. En esta ocasión trabajaremos en un nuevo documento en blanco, así que si no tiene uno en pantalla, créelo ahora para empezar a trabajar. En todo caso, como siempre que desee insertar un objeto de cualquier clase en el documento, cerciórese de que el cursor de edición se encuentra en el punto donde se ubicará el gráfico.

2 A continuación active la ficha **Insertar** de la **Cinta de opciones** pulsando en su pestaña y haga clic en el comando **Gráfico** del grupo de herramientas **Ilustraciones**.

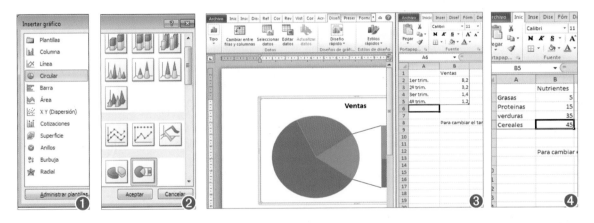

3 Se abre de este modo el cuadro de diálogo **Insertar gráfico**, donde debe escoger el tipo de gráfico que le interesa crear. Muestre el contenido de la sección **Circular** para realizar este ejercicio, **(1)** haga clic sobre el estilo de gráfico que más le guste para seleccionarlo **(2)** y pulse el botón **Aceptar**.

4 Un gráfico provisional se inserta en el punto indicado, al tiempo que se abre una hoja de cálculo de Excel donde aparecen unos datos de muestra que el usuario puede modificar según sus necesidades. **(3)** Imaginemos que deseamos representar las proporciones de nutrientes en una comida balanceada. En la celda **B1** sustituya la palabra **Ventas** por **Nutrientes**. Este será el título del cuadro. En la celda **A2**, escriba la palabra **Grasas** e introduzca en las celdas **A3, A4** y **A5** las palabras **Proteínas**, **Verduras** y **Cereales** sucesivamente.

5 Luego, de la celda **B2** a la **B5** introduzca las siguientes cifras: **5, 15, 30** y **50. (3)** Una vez ingresados los datos que desea representar sobre el gráfico, cierre la hoja de cálculo. **(4)**

6 El gráfico insertado en el documento muestra los datos que ha introducido en forma de gráfica circular. Ahora vamos a editar un poco el diseño de este gráfico. Diríjase a la pestaña **Diseño**

de la ficha contextual **Herramientas de gráficos**, pulse en el botón **Más** en el grupo de **Diseño de gráfico** y seleccione el primer diseño disponible para aplicarlo. **(5)**

7 El gráfico muestra ahora en cada porción una etiqueta con el nombre de cada uno de los grupos nutricionales y su porcentaje correspondiente. **(6)**

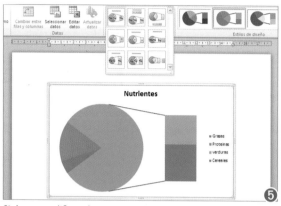

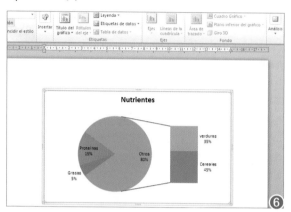

Si desea modificar el texto, puede seleccionar el gráfico o alguno de sus elementos (título, leyendas, etc.) y situarse en la pestaña **Inicio** de la **Cinta de opciones** para acceder al grupo de herramientas **Fuente**, que le permitirá realizar todos los cambios que necesite.

8 Imagine que también desea cambiar el fondo del gráfico. Para ello, haga clic en la pestaña **Presentación**. Desde esta ficha puede cambiar la configuración del título y de las etiquetas que contienen los datos del gráfico, e incluso añadir gráficos de análisis. Además, en otro tipo de gráficos, como los de columnas o curvas, por ejemplo, es posible añadir ejes y cuadrículas para facilitar su lectura. Para este ejercicio mantenga el elemento **Área de trazado** seleccionado en el grupo de herramientas **Selección actual** y pulse sobre el botón **Aplicar formato a la selección**.

9 Se abre así el cuadro de diálogo **Formato del área del gráfico** que nos permite modificar todas las características de este elemento. Seleccione el botón **Relleno sólido** para este ejercicio, pulse en el botón de opción **Color de relleno** para seleccionar el color que desee como fondo y pulse el botón **Cerrar** para observar el resultado en el gráfico. **(7)**

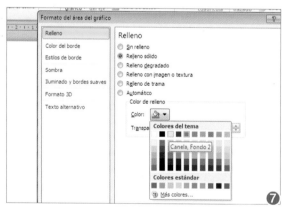

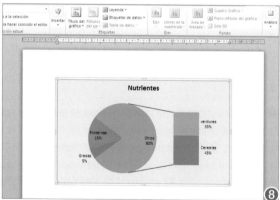

10 Efectivamente se ha aplicado un color de fondo al gráfico, que en nuestro ejemplo es un color canela. **(8)** Finalmente, supongamos que no estamos complacidos con el resultado obtenido y queremos intentar algo diferente, y con un método aún más sencillo. Seleccione la pestaña **Formato** de la ficha contextual **Herramientas de gráficos**.

11 Los comandos de esta pestaña permiten entre otras cosas editar el área del gráfico, su posición, la forma en que se acopla al texto del documento, además permiten editar textos de forma automática con los estilos de WordArt. Pulse para este ejercicio sobre el botón de la galería de **Estilos de forma**, que muestra una serie de estilos creados a partir de los colores del tema Office, aplicado en estos momentos a nuestro documento. Seleccione la opción que prefiera y aplíquela haciendo un clic sobre ella para ver su efecto. **(9)**

12 Los estilos de forma afectan al borde del gráfico, el fondo y en algunos casos, el color de los textos que contiene. Nosotros hemos escogido un estilo con un fondo similar al anterior, más gris que canela en este caso, y borde negro. **(10)**

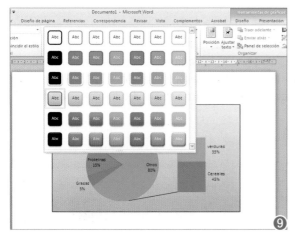

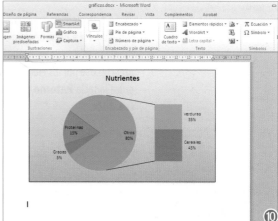

13 Una vez haya visto el efecto del estilo de forma aplicado al gráfico, puede guardar el documento, al que llamaremos **gráficos**, y dejarlo abierto en pantalla para la lección siguiente.

Lección 47. **Insertar y editar gráficos SmartArt**

En la lección pasada aprendimos la forma de insertar un gráfico y posteriormente editar sus características gráficas básicas. Ahora aprenderemos a trabajar con la herramienta SmartArt, introducida en la versión 2007 de Microsoft Office y mejorada en la 2010, que proporciona una completa galería de gráficos prediseñados que facilitan la representación gráfica de una gran diversidad de contenidos y en muchos casos refuerzan el mensaje que se quiere comunicar haciéndolo más claro y directo.

1 En este ejercicio crearemos un gráfico sobre el ciclo del agua haciendo uso de la herramienta **SmartArt**. En breve se dará cuenta de lo fácil que resulta con esta herramienta expresar gráficamente todo tipo de mensajes y contenidos, obteniendo un resultado profesional sin necesidad de preocuparse por los elementos de diseño, pues esto va por cuenta de la aplicación. Para empezar, pulse la tecla **Retorno** para añadir una línea en blanco a nuestro documento de ejemplo **gráficos.docx**.

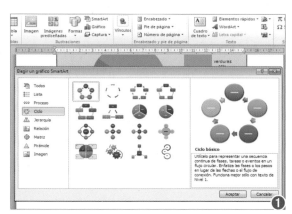
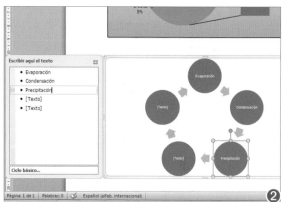

Si ha cerrado el panel y quiere volver a abrirlo, sólo tiene que pulsar el botón **Panel de texto** del grupo de herramientas **Crear gráfico**, o usar el pequeño botón con dos flechas que sobresale en el lateral izquierdo del cuadro de selección del gráfico.

2 En el punto en que se sitúa ahora el cursor de edición insertaremos el nuevo gráfico. Haga clic en la pestaña **Insertar** de la **Cinta de opciones** y pulse sobre el comando **SmartArt** del grupo de herramientas **Ilustraciones** para abrir el cuadro **Elegir un gráfico SmartArt**, donde se muestra una lista de todos los tipos de gráficos **SmartArt** que ofrece Office 2010 y los diferentes diseños disponibles en cada uno de ellos. En este caso, usaremos un gráfico de **Ciclo**, así que puse sobre la pestaña que contiene este tipo de gráficos para ver todas las opciones que ofrece. Sepa que una vez que haya seleccionado un diseño de gráfico, podrá fácilmente personalizarlo usando los recursos que ofrece la aplicación.

3 Word 2010 ha ampliado la galería de gráficos, agregando estilos realmente originales, aplicables a contenidos muy concretos. Seleccione el primer diseño, denominado **Ciclo básico**. Al seleccionar cada uno de los estilos de gráfico disponibles, se muestra en la parte derecha del cuadro de diálogo una vista previa aumentada del mismo, así como una descripción recomendada de su uso. Pulse el botón **Aceptar**. (1)

4 Aparece el gráfico con un formato predeterminado que modificaremos más adelante, haciendo uso de la ficha contextual **Herramientas de SmartArt** y sus subfichas **Diseño** y **Formato** que usaremos en breve. Además, a la izquierda del gráfico se ha abierto el **Panel de texto** para introducir en él los datos del gráfico. Sepa que puede utilizar este panel para introducir el texto en el gráfico o puede hacerlo directamente en cada uno de los elementos de este, donde se muestran los textos de marcadores de posición que pueden ser sustituidos con solo hacer un clic sobre cada uno de ellos. Haga clic en el primer elemento, que se muestra vacío, del panel de texto, escriba la palabra **Evaporación**. Ahora puede pulsar con el ratón en la siguiente viñeta del panel o usar la tecla retorno para ir al siguiente campo. Introduzca entonces en niveles sucesivos el resto de los datos: **Condensación**, **Precipitación**, **Absorción** y por último, **Transporte**. (**2**)

5 Como podrá comprobar, los textos se van añadiendo uno a uno al elemento correspondiente en el gráfico. Observará que podría seguir introduciendo datos y de este modo se añadirían nuevos elementos. De la misma forma, si introduce menos datos, se eliminan elementos actualizando siempre el diseño de acuerdo a la cantidad de contenido introducido. Una vez haya terminado, cierre el panel de texto pulsando en el botón de aspa de su cabecera.

6 Vamos a cambiar ahora los colores y el estilo del gráfico para brindarle mayor impacto a este diseño. Haga clic en el botón **Cambiar colores** del grupo de herramientas **Estilos SmartArt** y pulse sobre la combinación de su preferencia. Nosotros hemos aplicado la tercera opción de la categoría **Multicolor**. (**3**)

7 Ha mejorado considerablemente la apariencia del grafico. A continuación, haga clic en el botón **Más** del apartado **Estilos SmartArt** y haga clic sobre alguno de los estilos del apartado **3D** para aplicarlo al gráfico. (**4**)

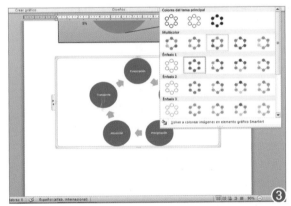
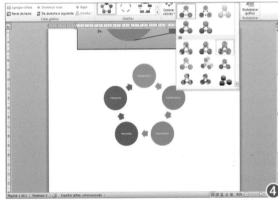

8 Hemos añadido volumen al gráfico, lo que le da un aspecto aún más elaborado y atractivo, y aún podemos seguir personalizando mucho otros aspectos. Recuerde que el botón **Restablecer gráfico** le permite volver al aspecto original. Es posible que una vez haya introducido todos los datos, no esté conforme con el resultado obtenido y piense que tal vez otro de los diseños o de los tipos de gráfico podría dar mejor resultado. En ese caso también está a tiempo de cambiar el diseño. Sepa que puede hacerlo tantas veces como sea necesario hasta sentirse verdaderamente complacido. Pulse sobre el botón de la galería de **Diseños** de esta misma ficha y seleccione por ejemplo la primera opción de la segunda fila. (**5**)

9 Como verá, se aplica el nuevo diseño manteniendo el estilo **SmartArt** y los colores que había seleccionado para el diseño anterior. Además, podría seleccionar cualquiera de las formas del gráfico cambiarlas por otra de su preferencia. Active la ficha **Formato**, seleccione el elemento **Condensación** del gráfico y vamos a editar ahora este elemento en particular. Pulse el botón **Cambiar forma** del grupo de herramientas **Formas**. Finalmente haga clic en la primera opción, de forma rectangular, del apartado **Formas básicas**.

La nueva versión de Word ha agregado nuevos estilos que ayudan a proporcionar impactos visuales a los documentos y que se ajustan a una gran diversidad de tipos de información.

129

10 Vea cómo efectivamente, sólo se ha modificado el elemento seleccionado en estos momentos. **(6)** Se trata este de un recurso muy interesante que en algunos casos permite destacar alguno de los contenidos en concreto, por ejemplo cambiando la forma que lo contiene por una flecha, un círculo u otro elemento que se muestre acorde al contenido. Para deshacer esta última acción, pulse el icono **Deshacer** de la **Barra de herramientas de acceso rápido**.

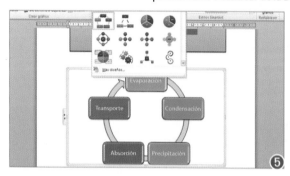

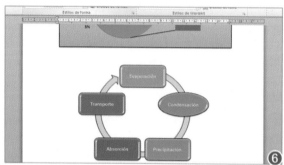

Una vez ha creado un gráfico SmartArt, puede cambiar el diseño tantas veces como sea necesario para conseguir el que mejor se ajusta a sus contenidos.

11 Aún puede editar los atributos de los textos o aplicar un **WordArt**, colorear el fondo tal como hicimos con el gráfico de la lección pasada, añadir nuevas formas o elementos, incluso otros niveles de información. Por el momento, hemos llegado al final de esta lección y esperamos que le sea de gran provecho. Ahora puede guardar los cambios pulsando el icono **Guardar** de la **Barra de herramientas de acceso rápido** y cerrar el documento para seguir adelante con el curso.

Lección 48. **Insertar imágenes en un documento**

Microsoft Word permite insertar todo tipo de imágenes en sus documentos. Las llamadas imágenes prediseñadas son proporcionadas por el programa y se presentan en galerías con incontables archivos organizados por categorías o temas. En los documentos de Word también se pueden insertar fotografías e imágenes guardadas en el equipo y procedentes de muchos orígenes distintos, incluidas las descargadas de un sitio web, las copiadas de una página web o las insertadas desde cualquier otro dispositivo.

1 En este ejercicio aprenderemos a insertar imágenes en un documento de Word. Trabajaremos en esta ocasión con el documento **Kafka_Un_médico_rural.docx** con el que hemos practicado en ejercicios anteriores, y con la imagen **mortero.jpg** que puede bajar ahora de la zona de descargas de nuestra web y guardarla en la carpeta Imágenes para usar en breve. Para empezar, debemos situar el cursor en el punto en que queremos insertar la imagen. Haga clic tras el punto y final del texto y pulse la tecla **Retorno** para añadirle una línea en blanco.

2 En primer lugar veremos cómo colocar en el documento una de las imágenes prediseñadas que Word pone a nuestra disposición. La inserción de imágenes en un documento de Word se lleva a cabo desde la ficha **Insertar** así que pulse en su pestaña en la **Cinta de opciones**. A continuación, pulse sobre el comando **Imágenes prediseñadas** del grupo de herramientas **Ilustraciones**. **(1)**

3 A la derecha del área de trabajo se abre el panel **Imágenes prediseñadas**, donde se encuentran las imágenes incluidas en la galería de Microsoft Office. **(2)** Supongamos que deseamos encontrar una imagen relacionada con medicina para insertarla en el documento. Haga clic en la caja de texto **Buscar,** escriba la palabra **medicina** con la inicial en mayúsculas y pulse el botón de flecha del campo **Los resultados deben ser. (3)**

4 La aplicación puede mostrar en su galería todos los archivos relacionados con la palabra de búsqueda, incluyendo no solo ilustraciones y fotografías, sino también vídeos o archivos de audio, pero en este momento sólo queremos imágenes, así que desactive la opción **Audio** pulsando en su casilla de verificación y cierre el menú pulsando nuevamente el botón de punta de flecha.

5 Marque la opción **Incluir contenido de Office.com** y haga clic en el botón **Buscar**. El panel **Imágenes prediseñadas** muestra las imágenes que tienen que ver con el término introducido para la búsqueda. **(4)**

Al escribir una palabra en el campo **Buscar** y pulsar sobre el botón correspondiente, la aplicación muestra todos los elementos multimedia que han sido archivados con esa palabra clave.

6 Sitúe el puntero del ratón sobre la primera imagen de la tercera fila, pulse el botón de punta de flecha que aparece en ella y seleccione la opción **Vista previa o propiedades**. **(5)**

7 Se abre la ventana **Vista previa o propiedades** que, como su nombre indica, muestra la vista previa de la imagen junto con un resumen de sus propiedades: la extensión, el tamaño, su orien-tación, las palabras claves a través de las que se puede acceder a ella, etc. Sepa que también podrá ver estas propiedades si mantiene el puntero del ratón durante unos segundos sobre la imagen en el panel de resultados para que aparezca una etiqueta informativa. **(6)** Pulse el botón **Cerrar** del cuadro **Vista previa o propiedades** y a continuación haga clic en el centro de la imagen.

8 La imagen se inserta en el documento a la vez que aparecen la ficha contextual **Herramientas de imagen** y la subficha **Formato**. **(7)** Le aplicaremos un efecto. En la ficha **Formato**, pulse sobre el **iniciador del cuadro de diálogo** situado junto al título del grupo de herramientas **Estilos de imagen**. **(8)**

9 Se abre de este modo el cuadro **Formato de imagen**, desde el que podemos aplicar diferen-tes efectos a la imagen. Haga clic en la categoría **Sombra** en el panel de la izquierda del cuadro **Formato de imagen**.

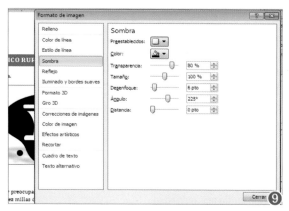

10 Pulse el botón **Preestablecidos** y elija la opción que más le guste del apartado **Perspec-tiva** en la galería que se despliega. Como seguiremos trabajando con este cuadro de efectos en la siguiente lección, no realizaremos ninguna otra modificación sobre la imagen por el momento. Cierre el cuadro **Formato de imagen** pulsando el botón **Cerrar**. **(9)**

11 Vea el efecto conseguido en la imagen. **(10)** Ahora deselecciónela con un clic para pasar a insertar en el documento una imagen propia que tenemos almacenada en el equipo. Active la ficha **Insertar** de la **Cinta de opciones** y haga clic en el comando **Imagen** del grupo de herramientas **Ilustraciones. (11)**

12 El cuadro **Insertar imagen** nos muestra por defecto el contenido de la carpeta **Mis imágenes** del equipo, aunque podemos buscar y seleccionar una imagen que se encuentre almacenada en cualquier otra ubicación. Seleccione la imagen **mortero.jpg** y pulse el botón **Insertar. (12)**

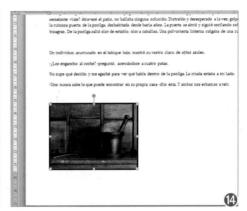

13 La imagen ya ha sido insertada en el documento. Al igual que ocurría al insertar una imagen prediseñada, aparece en la **Cinta de opciones** la ficha contextual **Herramientas de imagen**, en cuya subficha **Formato** se encuentran todas las herramientas que nos permiten modificar la imagen. A modo de ejemplo, vamos a añadirle un contorno. Haga clic en el botón **Contorno de imagen** del grupo de herramientas **Estilos de imagen**. Pulse sobre la opción **Grosor** y seleccione el grosor de **3 puntos. (13)**

Las herramientas de los grupos **Organizar** y **Tamaño** permiten cambiar el modo en que la imagen se alinea con el texto y su tamaño.

14 Ya ha aplicado un borde a la imagen. Las herramientas del grupo **Ajustar** permiten cambiar el brillo, el contraste y el color de la imagen, así como comprimirla, acceder de nuevo al cuadro **Insertar imagen** para cambiarla por otra y restablecer la imagen tal y como se insertó, rechazando los cambios realizados en ella. Por su parte, las herramientas de los grupos **Organizar** y **Tamaño** permiten cambiar el modo en que la imagen se alinea con el texto y sus dimensiones. **(14)** En el grupo de herramientas **Tamaño**, haga doble clic en el campo **Alto**, escriba el valor **6** y pulse la tecla **Retorno**.

15 Al modificar la altura de la imagen, se ajusta también proporcionalmente su anchura. Haga clic fuera de la imagen para deseleccionarla.

16 Por último, pulse el icono **Guardar** de la **Barra de herramientas de acceso rápido** para almacenar los cambios y dar por acabado el ejercicio.

Lección 49. **Editar imágenes en Word 2010**

L
as nuevas y avanzadas herramientas de edición de imágenes de Word 2010 permiten insertar, recortar y agregar efectos especiales de imágenes sin tener que utilizar otros programas de edición de fotografías. Estas herramientas se encuentran tanto en la ficha contextual Herramientas de imagen, que aparece al seleccionar una imagen en el documento, como en el completísimo cuadro Formato de imagen. El comando Quitar fondo, novedad en la versión 2010 de Word, permite eliminar partes de la imagen que no interesan. Al activar este comando, la Cinta de opciones pasa a mostrar el contenido de una nueva pestaña, Eliminación del fondo, desde la cual es posible designar las partes de la imagen que hay que mantener o quitar, así como gestionar los cambios realizados.

1 En este ejercicio aprenderemos a editar una imagen en un documento de Word usando las nuevas y espectaculares herramientas que presenta esta versión del programa. Continuaremos trabajando con las imágenes que insertamos en la lección anterior, así que mantenga el documento en pantalla. Como ya sabe, las herramientas de edición de imagen sólo aparecen en la **Cinta de opciones** cuando una imagen se encuentra seleccionada, así que haga clic sobre la segunda imagen para seleccionarla. **(1)**

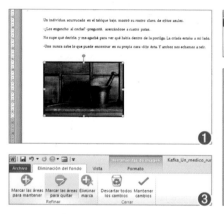

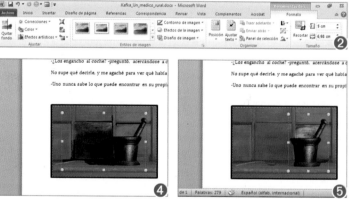

La pestaña **Eliminación del fondo** contiene las herramientas necesarias para hacer transparente el fondo de una imagen con unas pocas pulsaciones.

2 Efectivamente, se muestra así la ficha contextual **Herramientas de imagen**. **(2)** Haga clic en la subficha **Formato** de la ficha **Herramientas de imagen** para mostrar su contenido. **(3)**

3 En primer lugar, practicaremos con la nueva función **Quitar fondo,** con la que es posible eliminar fácil y rápidamente partes de la imagen que no interesan. Pulse sobre su icono, que es el primero de la ficha seleccionada.

4 Vea cómo cambia el aspecto de la **Cinta de opciones**, donde se muestra ahora activada la ficha **Eliminación del fondo**. Observe también que ha aparecido en la imagen una caja delimitadora **(4)** y que las partes que se eliminarán se han sombreado. Puede utilizar los tiradores de la caja para modificar su tamaño y hacer así que se conserven unas u otras zonas de la imagen. Vamos a verlo. Arrastre el lateral izquierdo del cuadro para cerrarlo sin llegar a tocar el mortero de la imagen y abra el derecho para volver a mostrar la punta del mazo que se encuentra tapada. **(5)**

5 Aún puede hacer desaparecer o conservar partes adicionales de la imagen si usa los botones **Marcar las áreas para mantener** y **Marcar las áreas para quitar** en el área que ha quedado dentro de la caja. Como efectivamente han quedado algunas zonas del fondo sin seleccionar, seleccione el comando **Marcar las áreas para quitar** y veremos cómo usarlo.

6 Mientras estén seleccionadas las herramientas **Marcar las áreas para quitar** y **Marcar las áreas para mantener**, si pulsa directamente en algún punto de la imagen o si arrastra el ratón por un área, las zonas marcadas serán o eliminadas como fondo en el primer caso, o añadidas a la imagen que se conservará en el segundo caso. Haga los clics necesarios entonces dentro de la caja delimitadora, en la parte superior del mortero donde se ve ahora el fondo, para sombrearlo.

7 Si hay alguna zona del mortero que haya sido seleccionada por la aplicación, escoja ahora la herramienta **Marcar las áreas para quitar** y pulse sobre la zona en cuestión. Nosotros lo hemos hecho en un solo punto. **(6)**

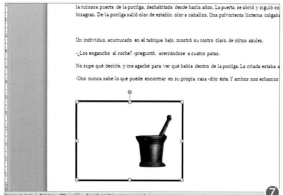

8 Si no está conforme con el resultado puede quitar marcas usando el botón **Eliminar marca**. Cuando haya marcado toda el área a eliminar, pulse el botón **Mantener cambios** de la ficha **Eliminación del fondo** para que finalmente se elimine el fondo sombreado de la imagen.

9 ¿Qué le parece el resultado? **(7)** Sencillo, ¿verdad? Y sin necesidad de salir de su versátil procesador de texto. Recuerde que puede recuperar el aspecto original de la imagen en cualquier momento usando el botón **Restablecer imagen**, el último del grupo de herramientas **Ajustar**. Vamos a añadir ahora un efecto artístico a la imagen. Pulse el botón **Efectos artísticos** del grupo de herramientas **Ajustar**.

10 En la galería de efectos que se despliega, haga clic sobre alguno que le agrade. En este ejemplo hemos aplicado el denominado **Boceto de tiza**, la primera muestra de la segunda fila. **(8)**

11 Compruebe el espectacular efecto aplicado sobre la imagen. Cada uno de estos efectos puede ser ajustado en determinados parámetros. Pulse de nuevo el comando **Efectos artísticos** y elija la opción **Opciones de efectos artísticos**.

12 Se abre el cuadro de diálogo **Formato de imagen**, desde el cual es posible modificar todas las características aplicables a una imagen en Word. En este caso, se muestra el contenido de la categoría **Efectos artísticos**. Desde aquí, es posible cambiar además del efecto mismo, la transparencia y la presión de la tinta sobre la imagen. Para que el efecto sea más marcado, haga doble clic en el campo **Presión**, inserte el valor **3** y pulse el botón **Cerrar**. **(9)**

13 El efecto aplicado a la imagen se ha intensificado. **(10)** Antes de terminar utilizaremos otro espectacular efecto de imagen, esta vez no artístico. Vamos a trabajar en este caso con la primera imagen del documento en pantalla, así que diríjase al inicio del documento y selecciónela ahora para poder editarla.

14 En el grupo de herramientas **Estilos de imagen,** pulse el botón **Efectos de la imagen**.

15 Vamos a escoger uno de los valores predeterminados de Word para añadir profundidad y volumen a la imagen. Pulse sobre la opción **Preestablecer** y elija la primera opción del apartado **Valores predeterminados. (11)**

16 La imagen se ha transformado de forma radical con unas pocas acciones. **(12)** Como puede ver, gracias a las fantásticas herramientas de edición de imagen que ofrece Word 2010, sus trabajos pueden llegar a presentar un aspecto profesional sin necesidad de utilizar otros programas. Haga clic bajo la imagen para deseleccionarla.

Los nuevos efectos artísticos para imágenes de Word 2010 pueden convertir cualquier documento en una obra de arte, sin necesidad de conocimientos de diseño y sin realizar ningún esfuerzo.

17 Por último, pulse el ícono **Guardar** de la **Barra de herramientas de acceso rápido** para almacenar los cambios y cierre la aplicación para dar por acabada esta lección.

Lección 50. **Insertar capturas de pantalla**

Word 2010 incorpora entre sus comandos para la inserción y edición de imágenes, uno destinado a insertar capturas de pantalla. Una captura es una instantánea de aquello que se visualiza en la pantalla del ordenador que puede guardarse con formato de imagen para ser incorporado en un documento.

1 Para empezar, abra en el Visualizador de fotos de Windows alguna de las imágenes de muestra de Windows u otra de su preferencia.

2 Cuando la imagen ya esté en pantalla, abra la aplicación Word 2010. Trabajaremos en esta lección sobre el documento en blanco que acaba de crearse de forma automática.

3 Sitúese en la pestaña **Insertar** de la **Cinta de opciones** y haga clic sobre el comando **Captura de pantalla** del grupo de herramientas **Ilustraciones**.

4 El menú de este comando muestra las ventanas que se encuentran abiertas en un segundo plano y que puede capturar. Tenga en cuenta que, para que la función **Ventanas disponibles** del comando **Capturar pantalla** esté disponible, las ventanas abiertas no deben estar minimizadas, sino simplemente situadas en planos inferiores al del documento de Word. Pulse sobre la miniatura de la imagen que ha abierto en el visualizador de fotos en la sección **Ventanas disponibles**. **(1)**

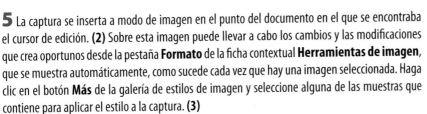

El nuevo comando **Captura de pantalla** permite realizar capturas de dos maneras: aprovechando cualquier ventana que tenga abierta en su equipo para que sea Word quien la individualice y la guarde como imagen, o recortando manualmente una parte del documento que nos interese.

5 La captura se inserta a modo de imagen en el punto del documento en el que se encontraba el cursor de edición. **(2)** Sobre esta imagen puede llevar a cabo los cambios y las modificaciones que crea oportunos desde la pestaña **Formato** de la ficha contextual **Herramientas de imagen**, que se muestra automáticamente, como sucede cada vez que hay una imagen seleccionada. Haga clic en el botón **Más** de la galería de estilos de imagen y seleccione alguna de las muestras que contiene para aplicar el estilo a la captura. **(3)**

6 Hemos aplicado el estilo a nuestra captura sin ningún problema. **(4)** Ahora vamos a eliminar la captura. Como ya está seleccionada, basta con pulsar la tecla **Suprimir**.

7 Veremos ahora cómo capturar partes concretas de una imagen. Sitúese de nuevo en la pestaña **Insertar**, pulse el botón **Captura de pantalla** y elija esta vez la última opción **Recorte de pantalla**.

8 Al momento pasa a mostrarse en primer plano la ventana abierta justamente debajo del documento, que en nuestro caso es el visualizador de fotos de Windows. La pantalla se muestra difuminada, **(5)** al tiempo que el cursor muestra el aspecto de una cruz negra. Ahora se trata de delimitar la parte de la pantalla que desee capturar utilizando la técnica del arrastre. Haga clic en la esquina superior izquierda de la fotografía y, sin soltar el botón del ratón, arrástrelo hasta su esquina inferior derecha.

9 A medida que desplaza el ratón, se va haciendo nítida la imagen seleccionada. Al liberar el botón del ratón, el área capturada se inserta en el documento de Word, que vuelve a mostrarse en primer plano. Como cualquier otra imagen, la captura insertada también puede manipularse usando los comandos de edición del programa. En el grupo de herramientas **Tamaño**, introduzca el número **8** en el primer campo y pulse la tecla **Entrar** para cambiar el tamaño de la imagen, que como recordará, se ajusta manteniendo la proporción.

10 Una vez reducido el tamaño de la captura, vamos a aplicar un contorno de color a la imagen. Pulse el botón **Contorno de imagen**, haga un clic en el comando **Grosor** y escoja **21/4 pto. (6)**

11 ¿Cambiamos el color del contorno aplicado? Nuevamente despliegue el comando **Contorno de imagen** y esta vez seleccione el color **Naranja**, tercera de las muestras de los **Colores estándar. (7)**

12 Tenga en cuenta que sólo es posible realizar una captura a la vez, pero puede agregar a un documento de Word tantas capturas como necesite. Deseleccione la imagen pulsando a la derecha de la misma.

13 Para acabar, guarde el documento con el nombre **Captura**, ya que lo usaremos nuevamente en futuras lecciones.

Lección 51. **Insertar hipervínculos**

U n hipervínculo es un enlace que conecta directamente con otro lugar de un mismo documento, con otro archivo o con un sitio Web. Este archivo puede estar generado por otra aplicación, y de ser así, al pulsar sobre el hipervínculo se abrirá automáticamente la aplicación que lo gestiona para mostrar el archivo vinculado.

1 En este ejercicio aprenderemos a insertar hipervínculos en nuestro documento de ejemplo **De la tierra a la luna.docx**. Crearemos uno que nos conducirá a un sitio web y otro que nos llevará a una parte concreta del documento. Empezaremos por el primero, que añadiremos en la segunda página, concretamente en el nombre del autor del fragmento que contiene el documento, **Julio Verne**. Desplácese hasta la pagina **2** del documento y a continuación haga un clic en el margen izquierdo a la altura del texto indicado.

2 Ahora debe acudir a la ficha **Insertar**, donde encontrará las opciones de trabajo con vínculos e hipervínculos. Haga clic en el botón del grupo de herramientas **Vínculos** y en el menú desplegado pulse sobre la opción **Hipervínculo**. **(1)**

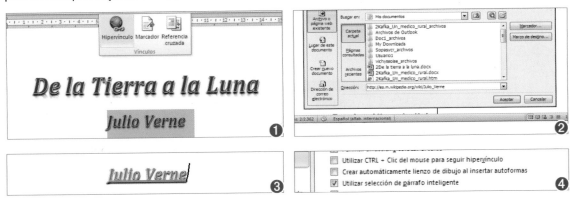

3 Se abre el cuadro de diálogo **Insertar hipervínculo** mostrando el contenido de la carpeta **Mis documentos**. Como ve, Word permite insertar hipervínculos a un archivo o una página Web, opción seleccionada por defecto, a un lugar del mismo documento, a un nuevo documento o a una dirección de correo electrónico. Haga clic en el campo **Dirección**, escriba la dirección **http:// es.m.wikipedia.org/wiki/Julio_Verne** y pulse el botón **Aceptar**. **(2)**

4 Observe el resultado en el documento. El texto vinculado a la página web se muestra ahora en color azul y subrayado para informar que se trata de un hipervínculo que aún no ha sido usado. **(3)** De manera predeterminada, para seguir un hipervínculo debemos pulsar la combinación **Control+Clic de ratón**, pero Word nos permite cambiar esta particularidad desde su cuadro de opciones. Veamos cómo. Haga clic en la pestaña **Archivo** y pulse en el comando **Opciones** y haga clic en la opción **Avanzadas** del panel de categorías de la izquierda.

5 Observe que en el primer apartado **Opciones de edición**, se encuentra activada por defecto la opción **Utilizar CTRL+Clic del mouse para seguir hipervínculo**. Desactive esta opción, recuerde que de ahora en adelante bastará con solo un clic para seguir el hipervínculo y cierre el cuadro **Opciones de Word** pulsando el botón **Aceptar**. **(4)**

6 Para comprobar que el hipervínculo que acabamos de insertar funciona correctamente, haga clic sobre el hipervínculo para seguirlo.

7 Se abre así el navegador **Internet Explorer** mostrando la página web especificada. **(5)** Los hipervínculos a páginas web brindan la posibilidad de ampliar fácilmente la información sobre ciertos aspectos relacionados con el contenido de nuestro documento. Cierre Internet Explorer pulsando el botón de aspa de su **Barra de título.**

8 Observe que los hipervínculos que ya han sido seguidos cambian su color por el que se encuentre establecido en las preferencias. Ahora crearemos otro hipervínculo que, esta vez, nos conducirá un punto dentro del mismo documento. Para ello, use en primer lugar el comando **Control+F** que abre el **Panel de navegación** e introduzca en el campo de búsqueda el texto **gun-club.**

9 Tal como sucedió en la lección correspondiente al comando **Buscar**, aparece una lista con todos los fragmentos que contienen este texto. Seleccione el segundo fragmento para ir hasta él y cierre el panel.

10 Mantenga el texto seleccionado en la página **3** en la que se encuentra, active nuevamente la ficha **Insertar**, pulse en el botón del comando **Vínculos** y haga clic en la opción **Hipervínculo** tal como hizo unos pasos atrás. **(6)**

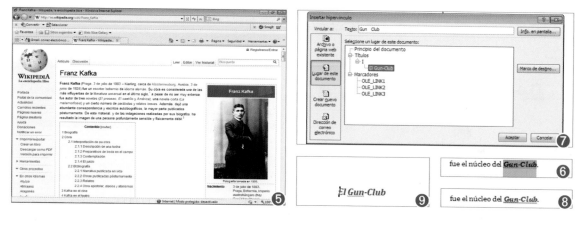

11 En el cuadro **Insertar hipervínculo**, pulse esta vez sobre la opción **Lugar de este documento** del panel **Vincular a.**

12 Se ha abierto un panel donde se muestran todos los títulos y subtítulos del documento. Seleccione con un clic el subtítulo **El Gun-Club** y pulse el botón **Aceptar. (7)**

13 Se ha creado el nuevo hipervínculo y ahora para seguirlo sólo necesita hacer un clic sobre él con el ratón. **(8)**

14 ¡Correcto! El hipervínculo nos conduce al subtítulo **El Gun-Club** tal como esperábamos. **(9)** Imagine la utilidad de este recurso en documentos extensos con muchos capítulos. Para acabar este ejercicio en el que hemos aprendido a crear hipervínculos, guarde los cambios pulsando el icono **Guardar** de la **Barra de herramientas de acceso rápido.**

Lección 52. **Insertar marcadores**

Los marcadores son elementos que se insertan en determinadas ubicaciones de un documento. Cada marcador tiene asignado un nombre que sirve para identificarlo en futuras referencias, pues son utilizados para desplazarse de forma rápida entre determinados puntos concretos a lo largo de todo un documento, lo que puede ahorrar mucho tiempo en el caso de documentos extensos.

1 En esta lección aprenderemos a agregar un marcadores trabajando con nuestro documento **De la tierra a la luna.docx**. En primer lugar, diríjase a la segunda página del documento y seleccione la primera línea del fragmento de la novela, **Durante la guerra de Secesión**.

2 En la pestaña **Insertar** de la **Cinta de opciones**, despliegue el comando **Vínculos** y haga clic en la opción **Marcador**. **(1)**

3 Aparece el cuadro de diálogo **Marcador**, donde debe introducir un nombre que identificará el texto seleccionado en el documento. En el campo **Nombre** del marcador inserte el término **Inicio** y pulse el botón **Agregar** para crear el marcador. **(2)**

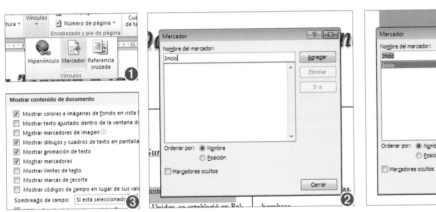

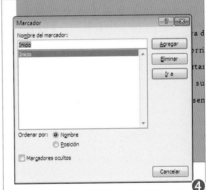

4 De momento no se aprecia ningún cambio en el documento. Esto es debido a que, por defecto, el programa no muestra los marcadores, pero podemos cambiar esta propiedad en el cuadro de opciones de Word. Haga clic en la pestaña **Archivo** y pulse sobre el comando **Opciones**. En el cuadro **Opciones de Word**, pulse sobre la sección **Avanzadas**.

5 Haga clic en la parte inferior de la **Barra de desplazamiento vertical** para visualizar el apartado **Mostrar contenido de documento**, active la opción **Mostrar marcadores pulsando en su casilla de verificación** y pulse el botón **Aceptar** para aplicar el cambio en la configuración de Word. **(3)**

6 Veremos ahora cómo funcionan los marcadores. Pulse la combinación de teclas **Control+Fin** para situarse al final del documento y poder así apreciar su efecto.

7 Para dirigirse al punto marcado, despliegue el comando **Vínculos** y despliegue nuevamente el cuadro marcador. Ahora puede ver el marcador que añadimos hace unos momentos. **(4)** En este panel se añadirán futuros marcadores que inserte en el documento.

8 Seleccione el marcador que acaba de crear, pulse sobre el botón **Ir a** y observe como automáticamente se desplaza hasta el marcador seleccionado. **(5)** Como hemos activado la opción **Mostrar marcadores** en el cuadro de opciones del programa, Word rodea el texto al que se le ha agregado el marcador entre corchetes. Sepa que esto sucede con todos los marcadores siempre que estos no estén ocultos.

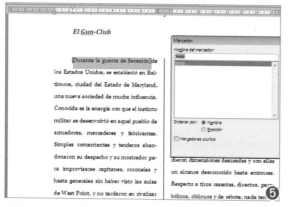 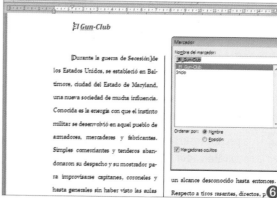

Si el marcador se ha aplicado sobre un objeto, entonces se mostrará a modo de barra vertical. Ni los corchetes ni las barras que indican la existencia de marcadores se imprimen.

9 Ahora vamos a confirmar si hay otros marcadores que no se han mostrado. Haga clic en la casilla de verificación de la opción **Marcadores ocultos** del cuadro en pantalla.

10 Efectivamente se ha añadido a la lista el marcador oculto **_El_Gun-Club**, que lleva directamente a este título, como podrá comprobar fácilmente si lo selecciona y pulsa sobre el botón **Ir a nuevamente**. **(6)** Eso es, el cursor de edición se ha colocado justo antes del subtítulo con el mismo texto, donde se encuentra el marcador oculto.

11 Cierre el cuadro **Marcador** pulsando el botón **Cerrar**.

Lección 53. **Insertar encabezados y pies de página**

El encabezado es un área del margen superior de una página que normalmente se utiliza para insertar el nombre del autor, la fecha de creación del documento, el título del mismo o de cada capítulo, etc. Por otro lado, los pies de página son áreas ubicadas en el margen inferior del documento y también se utilizan con una finalidad similar. Podemos editar los encabezados y los pies de página en cualquier momento haciendo doble clic sobre ellos o activando las opciones de edición de los comandos Encabezado y Pie de página de la ficha Insertar.

1 En este ejercicio aprenderemos a insertar, editar y quitar encabezados y pies de página. Para empezar, insertaremos en el documento **De la tierra a la luna.docx** uno de los encabezados predeterminados de Word. Como este documento comienza con una portada y las portadas normalmente no llevan encabezado, use la tecla **Av. Pág.** para dirigirse a la **página 2** del documento.

2 Las opciones para trabajar con los elementos que ahora nos interesan se encuentran en la ficha **Insertar** de la **Cinta de opciones**, así que actívela y haga clic en el comando **Encabezado** del grupo de herramientas **Encabezado y pie de página**.

3 Use el botón de la parte inferior de la **Barra de desplazamiento vertical** de la galería de diseños de encabezados. Fíjese que la galería dispone de encabezados diseñados específicamente para usar en páginas pares e impares. Para este ejercicio elija el denominado **Contraste (página impar). (1)**

4 El diseño seleccionado se aplica al documento, y como podrá ver incluye una línea de texto para el nombre de la compañía en el caso de documentos laborales y una para el autor donde automáticamente ha insertado el nombre **Julio Verne** de acuedo a lo que establecimos en la portada. Además se ha añadido un filete vertical y el nombre de la página. Como la página **1** de nuestro documento es una portada, la aplicación ya no la cuenta como página. Otros encabezados incluyen datos como el título del documento o la fecha. Haga clic en el campo **Escribir nombre de la compañía** y, como no se trata de un documento elaborado por una compañía, escriba en este caso el título de la obra, **De la tierra a la luna. (2)** Evidentemente, podría insertar también cualquier otra información que considerare relevante.

Observe que al insertar el encabezado ha aparecido la ficha de herramientas contextual **Herramientas para encabezado y pie de página**, desde cuya subficha **Diseño** podemos personalizar este elemento.

5 Cambiaremos, a modo de ejemplo, la posición del encabezado, haciéndola bajar un poco en la página. En la ficha contextual **Herramientas para encabezado y pie de página**, haga doble clic dentro del primer campo del grupo de herramientas **Posición**, escriba el valor **2** para que se alinee a dos centímetros del borde superior y pulse la tecla **Retorno** para aplicar el cambio.

6 Los atributos de texto de un encabezado o de un pie de página pueden ser modificados como cualquier otro texto del documento. En este caso, vamos a cambiar a cursivas el título. Haga tres clics sobre él para seleccionarlo entero, lleve el cursor hacia la **Barra de herramientas mini** que se ha activado y pulse sobre el comando **Cursiva**, que como recordará muestra una letra **K. (3)**

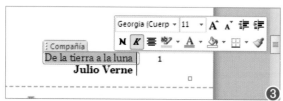

Podemos editar un encabezado en cualquier momento haciendo doble clic sobre él o activando la opción **Editar encabezado** del comando Encabezado.

7 Ahora salga del encabezado usando el botón **Cerrar encabezado y pie de página** de la ficha **Diseño**. **(4)** Sepa que puede eliminar el encabezado desde la herramienta **Encabezado** de la ficha **Inicio** de la **Cinta**, seleccionando la opción **Quitar encabezado**.

8 A continuación veremos cómo insertar un sencillo pie de página. Para ello haga clic en el botón **Pie de página** y seleccione esta vez el diseño **Alfabeto**. **(5)**

9 En este caso, el pie de página seleccionado incluye un apartado para escribir texto y otro donde se ubica el número de la página. Haga clic en el campo **Escribir texto** e introduzca el término **El Gun-Club** que es el título del capítulo que contiene el documento.

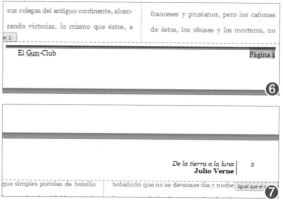

10 Como el encabezado ya tiene número de página, puede eliminarlo del pie. Simplemente selecciónelo con un arrastre del ratón y pulse en la tecla **Suprimir**. **(6)**

11 Desplácese a la página **3** y compruebe que también en ella aparece el encabezado con el número de página correspondiente, en este caso **2**. **(7)**

12 Cierre encabezados y pies de página con un doble clic en el texto principal del documento y a continuación pulse en la parte inferior de la **Barra de desplazamiento vertical** para comprobar que el pie de página también se ha insertado correctamente y, si así lo desea, compruebe también las páginas siguientes.

13 Diríjase ahora a la página **1** del documento para verificar que en cambio en la portada no se muestran estos elementos. Sepa además que si por alguna razón añade un encabezado o un pie de página en la página de portada, tendrá que volver a introducirlo en la primera página de contenido para que se muestre en el resto del documento.

14 Para editar un pie de página o un encabezado una vez que está cerrado, puede seleccionarlo con un doble clic o bien acceder a la opción de edición adecuada de la ficha **Insertar**. Haga clic en la pestaña **Insertar**, pulse el botón **Pie de página** del grupo **Encabezado y pie de página** y elija la opción **Editar pie de página**.

15 Como ve, automáticamente queda seleccionado el pie de página a la vez que se muestra su correspondiente ficha de herramientas contextual. Pulse el botón **Fecha y hora** del grupo **Insertar** para añadir esa información al pie de página.

16 Se abre de este modo el cuadro **Fecha y hora**, que nos permite escoger entre diferentes formatos disponibles. Además, la opción **Actualizar automáticamente** hace que la fecha y la hora sean las reales cada vez que se abra el documento. Pulse sobre el tercer formato de la lista y haga clic sobre el botón **Aceptar**. **(8)**

17 Efectivamente, el nuevo campo con la fecha y la hora se inserta junto al del subtítulo. Pulse dos veces sobre la tecla **Tabulador** para separar la fecha del subtítulo. **(9)**

18 Finalmente, para acabar este ejercicio, guarde los cambios y cierre el documento.

Lección 54. **Insertar número de página**

Es posible que sólo desee insertar el número de página sin necesidad de aplicar uno de los diseños de encabezado o pie de página que ofrece la aplicación. De hecho los números de página pueden ser insertados en la parte superior, en la parte inferior o en los márgenes de un documento, e incluso en cualquier otro punto donde se encuentre el cursor de edición.

1 En este ejercicio aprenderemos a insertar los números de página en un documento. Esta vez vamos a trabajar sobre el documento **Kafka_Un_médico_rural.docx**, así que muéstrelo ahora en pantalla y active la ficha **Insertar** de la **Cinta de opciones** pulsando sobre su pestaña.

2 Haga clic en el comando **Número de página** del grupo de herramientas **Encabezado y pie de página**.

3 Como puede ver, Word ofrece varias opciones para colocar el número de página. Puede insertarlo al principio de la página, al final, en los márgenes o en la posición actual del cursor de edición. En este caso, lo insertaremos al pie del documento. Haga clic en la opción **Final de página** para ver la galería de diseños.

4 Pulse un par de veces en la parte inferior de la **Barra de desplazamiento vertical** de la galería y pulse sobre la opción **Cuadrado 2**. **(1)**

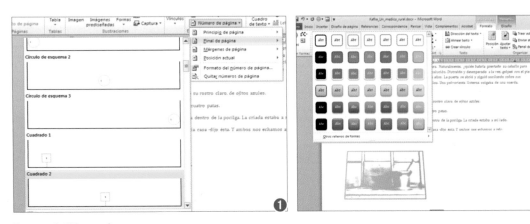

El comando **Número de página** está situado en el grupo de herramientas **Encabezado y pie de página** de la ficha **Insertar**.

5 Automáticamente el número de la página actual se inserta en la parte inferior de la misma, a modo de pie de página, a la vez que aparece la ficha contextual **Herramientas para encabezado y pie de página**. Haga clic sobre el cuadrado que contiene el número de página.

6 Ahora se encuentra seleccionada la forma en la que se incluye el número. Al seleccionar este elemento ha aparecido una nueva ficha contextual, **Herramientas de dibujo**, cuya subficha **Formato** incluye las herramientas necesarias para modificar la forma. Haga clic en la pestaña **Formato** de la ficha contextual **Herramientas de dibujo**.

7 Vamos a cambiar el estilo de la forma y después le aplicaremos un efecto de iluminación. Haga clic en el botón **Más** de la galería de estilos del cuadro de texto, en el grupo de herramientas **Estilos de forma**, y elija el tercer estilo de la galería. **(2)**

8 El borde del cuadrado es ahora rojo. A continuación, en el mismo grupo de herramientas, haga clic en el comando **Efectos de formas**, pulse sobre la opción **Bisel** y elija el segundo efecto.

9 Una vez modificado el diseño de la forma, veremos cómo cambiar el formato del número de página. Active la pestaña **Diseño** de la ficha contextual **Herramientas para encabezado y pie de página**. Pulse una vez más el botón **Número de página** del grupo de herramientas **Encabezado y pie de página** y haga clic en la opción **Formato del número de página. (3)**

10 Se abre así el cuadro **Formato de los números de página**, desde el cual podemos cambiar el formato de número, incluir el número de capítulo y cambiar el inicio de la numeración de las páginas. Pulse el botón de punta de flecha del campo **Formato de número** y seleccione con un clic la segunda opción de la lista.

11 En el campo **Iniciar en** del apartado **Numeración de páginas** escriba el número **2** y pulse el botón **Aceptar. (4)**

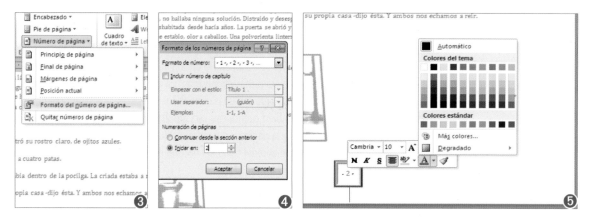

12 Ahora el número de página se muestra entre guiones y la paginación comienza en el número **2** tal como hemos indicado. A continuación comprobaremos que también es posible editar y dar formato a los números de página como si de un texto normal se tratara. Haga tres clics sobre el número de página **2** para seleccionarlo.

13 Como siempre que selecciona un texto, aparece la **Barra de herramientas mini**, que nos permite editar el texto sin necesidad de acudir a la **Cinta de opciones**. Pulse sobre el icono **Color de fuente**, que muestra una **B** subrayada en rojo y seleccione la primera muestra de los colores estándar. **(5)**

14 Se aplica así ese color a todos los números de página. Para volver a la página de texto, pulse el botón **Cerrar encabezado y pie de página**.

15 Coloque el cursor de edición a la derecha de la imagen del mortero, pulse la tecla retorno para crear una nueva página y diríjase al final del documento para comprobar que también tiene el número de página correspondiente, en este caso el **3** puesto que la numeración comienza en la página **2**.

16 Tenga en cuenta que para quitar los números de página deberá utilizar la opción correspondiente del comando **Número de página**, incluido tanto en la ficha **Insertar** como en la ficha contextual **Herramientas para encabezado y pie de página**. Para acabar el ejercicio, pulse el icono **Guardar** de la **Barra de herramientas de acceso rápido**.

Después de insertar el número de página es posible elegir entre diferentes formatos de números así como personalizar el modo en que se realiza la numeración.

Lección 55. **Insertar un cuadro de texto**

Un cuadro de texto es un contenedor móvil de tamaño variable usado generalmente para texto. Los cuadros de texto se aplican básicamente por motivos estéticos y organizativos ya que permiten diferenciar a la perfección distintos bloques de texto que figuren en una misma página.

1 Podemos insertar un cuadro de texto dibujándolo manualmente o bien seleccionándolo en una extensa galería que nos ofrece Word 2010. Vamos a ver cómo hacer esto último. Mantenga el documento en pantalla y haga clic en la pestaña **Insertar** de la **Cinta de opciones**.

2 Pulse sobre la herramienta **Cuadro de texto** del grupo **Texto** para ver las opciones que incluye.

3 La opción **Dibujar cuadro de texto**, ubicada al pie, permite crear un cuadro de texto con unas dimensiones personalizadas. Una vez seleccionada la opción hay que pulsar y arrastrar el puntero del ratón hasta que el cuadro adquiera dichas dimensiones. Si hace clic en un punto de la hoja, se trazará también un cuadro de texto, pero con unas dimensiones predeterminadas que siempre se podrán modificar. Como verá, también cuenta con una amplia galería de cuadros prediseñados con diversas ubicaciones dentro de la página y diferentes estilos. Sepa que los colores que muestran los diseños de la galería dependen del tema del documento en cuestión. Para este ejemplo pulse sobre el diseño **Barra lateral anual**. **(1)**

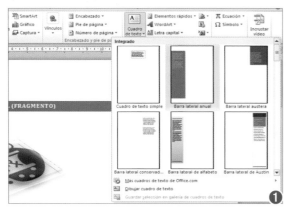

4 El cuadro se coloca a en la parte izquierda del documento. Si pulsa sobre algún punto del texto simulado entre corchetes, se selecciona todo al momento para ser sustituido por el nuevo contenido, aunque para este ejercicio dejaremos el texto simulado que ha colocado la aplicación. Como el cuadro se encuentra seleccionado, se ha activado la ficha contextual **Herramientas de dibujo**, en cuya subficha **Formato** encontramos todas las herramientas que nos permiten modificar el aspecto del cuadro de texto. En primer lugar, cambiaremos su estilo. Haga clic en el botón **Más** del grupo de herramientas **Estilos de forma** para ver la galería de estilos disponibles y pulse sobre el quinto estilo de la tercera fila para aplicarlo al cuadro de texto. **(2)**

5 Seguidamente, añadiremos cambiaremos la forma del cuadro. Despliegue el comando **Editar formas** del grupo de herramientas **Insertar formas** y elija la segunda muestra de la sección **Rectángulos**. **(3)**

6 Ha redondeado así las puntas del cuadro de texto. Ahora accederemos al cuadro **Formato de forma** para modificar la alineación del texto en el cuadro. Haga clic en el iniciador de cuadro de diálogo del grupo de herramientas **Estilos de forma**.

7 Sepa que desde el cuadro **Formato de forma** también puede cambiar los colores y las líneas del cuadro, su tamaño, su diseño, etc. En el panel de la izquierda de este cuadro, haga clic sobre el apartado **Cuadro de texto**.

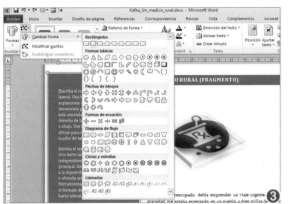

8 Despliegue el campo **Alineación vertical** en la sección **Diseño de texto**, haga clic en la opción **En el medio** y pulse el botón **Aceptar. (4)**

9 El texto simulado realmente se ubica en la mitad del cuadro. ¿No cree que luciría muy bien aquí una biografía de Franz Kafka, como complemento a su relato, que es el texto principal del documento? Tengámoslo en mente y por ahora, no olvide guardar los cambios antes de seguir adelante.

La ficha contextual **Herramientas de dibujo** sustituye en esta versión 2010 del programa a la denominada **Herramientas de cuadro de texto**.

Lección 56. **Insertar una letra capital**

Las letras capitales son letras mayúsculas de gran tamaño que se sitúan normalmente al inicio del primer párrafo de un texto de modo decorativo. Word 2010 cuenta con la herramienta Letra capital, que permite crear y personalizar la primera letra de cualquier párrafo. Desde el cuadro de diálogo Letra capital es posible cambiar la posición de la letra capital en el texto y modificar la fuente, las líneas que ocupa y la distancia que existirá entre ella y el texto. Una vez insertada, es posible decorarla con bordes y sombreados o volver a editarla.

1 En este ejercicio veremos cómo crear y dar formato a una letra capital. Para empezar, debemos ampliar la sangría del documento, que ahora está establecida a nivel del cuadro de texto. De no hacerlo, la letra capital se colocaría sobre el cuadro de texto que insertamos en la última lección. Pulse en iniciador de diálogo del grupo **Párrafo** en la pestaña **Inicio** y en el cuadro **Párrafo** establezca la sangría izquierda a **5,75 cm**.

2 Ahora que se ha movido la sangría, tal como puede comprobar en la regla, coloque el cursor de edición con un clic al principio del primer párrafo del texto principal del documento, que empieza por la palabra **Estaba**, para indicar que es ahí donde queremos insertar la letra capital.

Word permite escoger entre colocar la letra capital dentro del texto o fuera de este en su margen izquierdo.

3 Pulse en la pestaña **Insertar** de la **Cinta de opciones** y seleccione el comando **Letra capital** del grupo de herramientas **Texto**. Como ve, este comando muestra dos opciones de letra capital predeterminadas, **En texto** y **En margen**. Elija la opción **En texto**. **(1)**

4 La primera letra del párrafo en que se encontraba el cursor ha aumentado de tamaño y, aunque sigue integrada en el cuerpo del párrafo al que pertenece, ahora se encuentra seleccionada como un objeto independiente que se puede editar. Como puede ver, por defecto la letra capital en texto ocupa tres líneas del párrafo. **(2)** Para editar una letra capital puede acceder a su cuadro de configuración a través del comando **Letra capital** o desde su menú contextual, que es lo que haremos ahora, así que pulse el botón derecho de su ratón y seleccione la opción **Letra capital**. **(3)**

5 Se abre así el cuadro **Letra capital** desde el cual podemos modificar la posición de la letra capital respecto al texto, la fuente, las líneas que ocupa y la distancia desde el texto. Haga clic en el botón de flecha del campo **Fuente** para desplegar el menú de fuentes instaladas en el equipo.

6 Pulse en la parte inferior de la **Barra de desplazamiento vertical** del listado y seleccione alguna que le guste. Nosotros aplicamos la denominada **Arabic Typesetting**.

7 La nueva fuente se aplica sobre la letra capital. Antes de acabar este sencillo ejercicio le añadiremos un borde decorativo. Pulse en el botón derecho del ratón y seleccione la opción **Bordes y sombreado**. **(4)**

8 Se abre de este modo el cuadro **Bordes y sombreado**, mostrando activa su ficha **Borde de página**. Recuerde que también puede acceder a este cuadro desde la opción **Bordes de página** de la pestaña **Diseño de página**. Observe que en el apartado **Aplicar a** ya se encuentra seleccionada la opción que nos interesa, **Marco**, por lo que el borde se aplicará sobre el marco de la letra capital. En el apartado **Valor**, pulse sobre la opción **3D**.

9 Use la **Barra de desplazamiento** del apartado **Estilo** para ver las opciones y aplique alguna. Puede ir comprobando el efecto de las modificaciones en la sección **Vista previa**. En este apartado, además, puede elegir qué líneas del marco decorativo se mostrarán. Tenga en cuenta que si realiza modificaciones en este apartado se activará la opción **Personalizado** de la sección **Valor**. Desde el cuadro **Bordes y sombreado** también podríamos cambiar el color del borde, cambiar su grosor o añadir un color, una trama u otro efecto de relleno al marco de la letra capital, entre otras cosas. Sin embargo, para este ejercicio dejaremos aquí las modificaciones, así que pulse el botón **Aceptar** para aplicar el borde. **(5)**

10 Tenga en cuenta que los puntos de anclaje que rodean la letra capital permiten modificar su tamaño manualmente mediante la técnica de arrastre. Una vez hemos terminado la edición de nuestra letra capital, haga clic delante del título del texto para deseleccionarla y poder comprobar su aspecto final. **(6)**

RECUERDE

Para eliminar una letra capital puede utilizar la tecla **Suprimir** mientras ésta se encuentra seleccionada, en cuyo caso se borrará también la letra inicial del párrafo, o bien elegir la opción **Ninguno** en el comando **Letra capital,** que hará que se borre el estilo de letra capital pero se mantenga la letra inicial del párrafo.

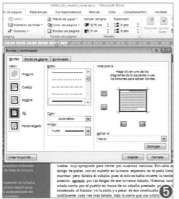

11 Para acabar el ejercicio, guarde los cambios pulsando el ícono **Guardar** de la **Barra de herramientas de acceso rápido**.

La letra capital se integra perfectamente al texto principal aunque no forma parte de él.

Lección 57. **Insertar un objeto vinculado**

Por objeto se entiende en este caso cualquier elemento, ya sea un archivo de texto, de audio, una imagen, etc., que se puede insertar en un documento de Word. Efectivamente, ya hemos insertado una diversidad de objetos a lo largo de este curso pero ahora aprenderemos a insertar objetos vinculados. El hecho de insertar un objeto vinculado implica que éste se modificará automáticamente en el archivo de destino cada vez que sufra cualquier tipo de cambio en su ubicación de origen.

1 En este ejercicio aprenderemos a insertar un objeto vinculado a su original en nuestro documento en pantalla, **Kafka_Un_médico_rural.docx**. Para ello, necesitaremos otro documento de texto creado sobre WordPad, programa incluido en Windows. Puede descargar dicho documento, denominado **Kafka.rtf**, desde nuestra página web como es habitual. Cuando disponga de él en su equipo, desplácese hasta el final del documento en pantalla, **Kafka_Un_médico_rural. docx**, coloque el cursor junto a la imagen del mortero insertada lecciones atrás y pulse la tecla **Retorno** para cambiar de línea. Como siempre, el objeto se insertará en el lugar donde se encuentra ahora el cursor de edición.

2 Despliegue el comando **Insertar objeto** en la pestaña **Insertar** de la **Cinta de opciones**. Es el último icono del grupo de herramientas **Texto**.

3 El menú desplegado contiene dos opciones. En esta lección nos ocuparemos de la primera de ellas, **Objeto**, mientras que la lección siguiente la dedicaremos a la segunda opción, **Insertar texto de archivo...** así que pulse ahora sobre el comando **Objeto**. **(1)**

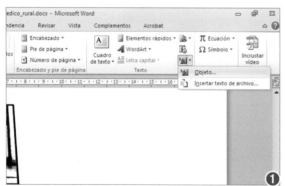
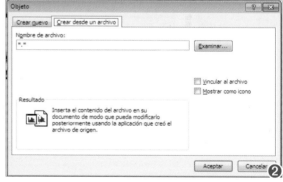

El comando **Insertar objeto** forma parte del grupo de herramientas **Texto** de la ficha **Insertar**

4 Se abre el cuadro **Objeto** que contiene dos pestañas. La primera de ellas, **Crear nuevo**, permite insertar diferentes tipos de objetos nuevos. Las opciones que aquí se muestran dependerán de las aplicaciones instadas en el equipo. Es posible por ejemplo desde aquí insertar una diapositiva de PowerPoint en blanco para añadir los contenidos que necesite, una nueva imagen Bitmap en cuyo caso se abre automáticamente la aplicación Paint para que cree su imagen y al cerrarla se inserte directamente en el documento, puede insertar gráficos u hojas de cálculo de Microsoft Excel y básicamente todo tipo de archivo que pueda ser creado desde una aplicación de Office. La segunda pestaña, **Crear desde un archivo**, es la que nos interesa en este momento, así que pulse sobre ella a continuación. **(2)**

5 Ahora debemos indicar cuál es el archivo a partir del cual se creará el objeto. Para ello procederemos a buscar el archivo que deseamos insertar y vincular. Pulse sobre el botón **Examinar**.

6 Se abre el cuadro **Examinar**. Como verá, en esta ocasión muestran de modo predeterminando **Todos los archivos**, sin distinciones de tipo. Se debe a que la herramienta **Insertar objeto** efectivamente nos permite crear un objeto a partir de cualquier tipo de archivo e insertarlo en un documento de Word. Permite además que luego podamos abrir el archivo original desde el documento de Word y modificarlo en la misma aplicación que lo creó en un comienzo. Sepa que al crear un objeto a partir de un archivo, el archivo insertado se comporta como una imagen y no como texto en el documento de destino. Es decir, forma un solo bloque cuyos contenidos no puede editar. Puede sin embargo cambiar el tamaño del objeto tal como lo haría con cualquier otro objeto, arrastrando sus bordes.

7 Haga clic sobre el documento de WordPad **Kafka.rtf** y pulse el botón **Insertar. (3)** De vuelta en el cuadro de diálogo **Objeto**, vemos que en el campo **Nombre de archivo** figura la ubicación del archivo seleccionado. Ahora debe asegurarse de que este objeto se vincule a su archivo de origen. Recordamos que esto quiere decir que los cambios que se introduzcan en el archivo de origen serán actualizados en el documento de destino. Haga clic en la casilla de verificación de la opción **Vincular al archivo**. **(4)**

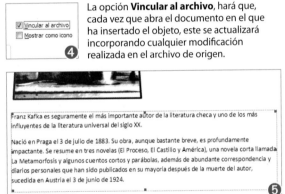

La opción **Vincular al archivo**, hará que, cada vez que se abra el documento en el que ha insertado el objeto, este se actualizará incorporando cualquier modificación realizada en el archivo de origen.

8 La opción **Mostrar como icono** hace que el objeto se inserte a modo de icono, por lo que para visualizarlo es necesario hacer doble clic sobre él. Si selecciona esta opción, a continuación podrá escoger el icono que desea que se inserte en el documento. Sepa que para algunos tipos de archivos se insertarán automáticamente iconos, a pesar de que no esté seleccionada esta opción, que es lo que sucede con las imágenes, por ejemplo, si se añaden desde este comando. En este caso mantendremos esta opción desactivada para que el archivo de texto se muestre abierto en el documento de Word. Pulse el botón **Aceptar**.

9 Haga un clic sobre el texto insertado. Como habrá notado, el archivo vinculado efectivamente se ha insertado en el documento actual como un objeto, en este caso una imagen, en el punto en que se encontraba el cursor de edición. **(5)**

10 A continuación, abriremos el archivo original para modificarlo. Para ello, haga doble clic sobre la imagen del archivo insertado.

11 El archivo original se abre en este caso en Word, pero en modo de compatibilidad pues se trata de un archivo de formato de texto enriquecido. Cada vez que inserte un objeto puede usar este mismo método para ir al documento de origen o puede hacerlo a través de su menú contextual seleccionando la opción **Objeto Documento** y a continuación **Abrir**. Ahora, haga tres clics en el margen del documento, en la esquina superior izquierda, para seleccionar todo el texto y una vez seleccionado, aplique la alineación justificada desde la opción correcta de la **Cinta de opciones. (6)**

12 A continuación pulse el botón **Guardar** de la **Barra de herramientas de acceso rápido** y cierre el documento **Kafka.rtf** para volver a nuestro documento de prueba.

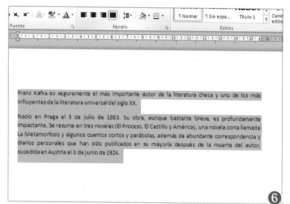

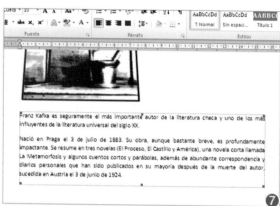

Al trabajar con documentos vinculados, los cambios realizados en el original se van incorporando en el vínculo creado.

13 El cambio se ha aplicado directamente en nuestro documento **Kafka_Un_médico_rural. docx. (7)** En caso de que no haya sido así, probablemente esté desactivada la opción **Actualizar vínculos automáticos al abrir** incluida en el apartado **General** de la sección **Avanzadas** del cuadro **Opciones de Word**. Puede cambiarla cuando quiera.

14 Si no se realiza la actualización de forma automática en el documento vinculado, tendría que hacer clic con el botón derecho del ratón sobre la imagen de este archivo y pulsar sobre la opción **Actualizar vínculo** de su menú contextual. Una vez concluido este ejercicio, le invitados a guardar los cambios y pasar a la lección siguiente con este mismo documento aún en pantalla, para seguir adelante con el curso.

Lección 58. **Insertar texto de archivo**

En la lección pasada aprendimos cómo insertar un documento como objeto, pero es muy posible que a la hora de insertar un documento dentro de otro le interese que este pueda seguir siendo tratado como texto. Para ello se debe utilizar la opción Insertar texto de archivo, incluida en la herramienta Objeto de la ficha Insertar.

1 En este ejercicio seguiremos trabajando con los dos documentos de la lección anterior, **Kafka.rtf**, que no necesitará abrir, y **Kafka_Un_médico_rural.docx** que debe tener ahora en pantalla. En esta ocasión aprovecharemos para insertar el nuevo texto dentro del cuadro creado lecciones atrás en el documento abierto. Así que ahora, ante todo, desplácese nuevamente a la primera página del documento y pulse sobre el texto simulado para seleccionarlo. **(1)**

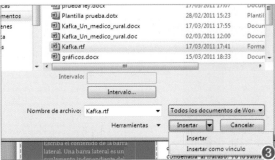

2 Despliegue ahora el comando **Insertar objeto**, el último del grupo de herramientas **Texto** de la ficha **Insertar**, y pulse sobre la opción **Insertar texto de archivo**. **(2)**

3 Se abre así el cuadro **Insertar archivo**, mostrando por defecto todos los documentos de texto de la biblioteca **Documentos**. Pulse sobre el botón **Todos los documentos de Word** para desplegar las otras opciones disponibles. Como verá, puede insertar como texto los contenidos de archivos en todos los formatos compatibles con Word. Seleccione con un clic el documento **Kafka.rtf**.

Al insertar un documento como texto, puede mantenerse vinculado a su original o puede ser insertado como un texto independiente.

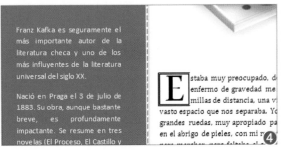

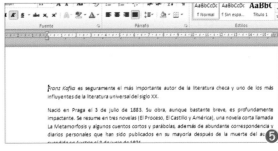

4 En este caso, el botón **Insertar** tiene una peculiaridad: incluye un botón **Más**. Pulse sobre él para desplegar su contenido, que como verá, le permite escoger entre insertar el archivo o insertarlo como vínculo. Si pulsa sobre la primera opción, el texto será añadido sin más al documento actual, en este caso como un texto y no le permitirá acceder al documento original. Pulse sobre la opción **Insertar como vínculo**. **(3)**

5 En el cuadro se inserta el texto del documento seleccionado, tal como hubiera hecho en cualquier otro punto donde estuviera colocado el cursor de edición. Además, automáticamente ha adquirido el estilo del cuadro, con muy buen resultado, por cierto. **(4)**

6 Ahora abra el archivo **Kafka.rtf**, para hacer un cambio y comprobar que este texto está efectivamente vinculado a su original. Como aún tenemos el vínculo como imagen que creamos en la lección anterior al pie del documento, puede abrirlo haciendo un doble clic sobre este.

7 En el archivo **.rtf** eleccione el nombre **Franz Kafka** al inicio del texto, aplique cursivas desde la **Barra de herramientas mini**, guarde los cambios realizados y cierre el archivo. **(5)**

8 Nuevamente en nuestro documento **Kafka_Un_médico_rural.docx** haga clic con el botón derecho del ratón sobre el texto insertado y, en el menú contextual que aparece, pulse sobre la opción **Actualizar campos**. **(6)**

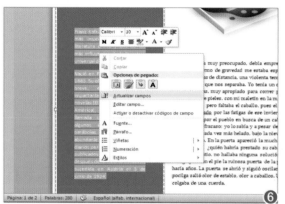

El menú contextual de un texto vinculado permite actualizar el campo, editar sus propiedades y opciones, y activar o desactivar sus códigos, en cuyo caso se sustituye el vínculo por la dirección de este.

9 Efectivamente el objeto insertado se actualiza. **(7)** De acuerdo a lo establecido de manera predeterminada en el cuadro de opciones de Word, los archivos vinculados se actualizarán automáticamente al cerrar y abrir de nuevo el documento en que se han insertado. Pulse el icono **Guardar** de la **Barra de herramientas de acceso rápido** para guardar los cambios y seguir con la lección siguiente.

Lección 59. **Insertar un título con WordArt**

U na de las novedades más interesantes de Word 2010 consiste en la posibilidad de aplicar efectos visuales normalmente propios de imágenes, como sombras, biseles, iluminación o reflejos, sobre un texto. El comando Efectos de texto incluido en el grupo de herramientas Fuente de la ficha Inicio contiene, organizados por categorías, todos los efectos visuales disponibles. Gracias a WordArt la creación de un título llamativo, original y completamente personalizado es más que sencill. En esta lección aprenderemos cómo sacarle máximo provecho.

1 En este ejercicio aprenderemos a insertar un título para el documento con el que estamos trabajando con la herramienta de diseño **WordArt**. Para que la aplicación no aplique automáticamente ninguno de los estilos de texto o fondos utilizados, seleccione la imagen con un clic. En otro caso piense que tendría que colocar el cursor de edición en el lugar donde quiere insertar el texto.

2 Ahora despliegue la pestaña **Insertar** de la **Cinta de opciones** y pulse sobre el comando **WordArt,** en el grupo de herramientas **Texto**, para seleccionar el cuarto modelo que más le guste. En nuestro ejemplo aplicamos el de la segunda fila de la galería de estilos que aparece. **(1)**

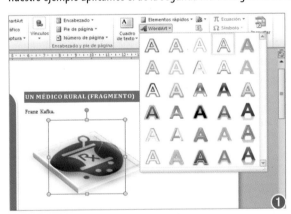

3 Se inserta en el documento una caja de texto, que en este caso se ubica en el margen superior, al tiempo que se activa en la **Cinta de opciones** la ficha contextual **Herramientas de dibujo** con la subficha **Formato**. **(2)** Desde esta ficha es posible establecer las propiedades del texto **WordArt**. Como el texto de relleno **Espacio para el texto** ya está automáticamente seleccionado, escriba directamente el nombre **Franz Kafka**.

Con **WordArt** el usuario puede crear un texto a partir de un estilo prediseñado y luego girarlo, alargarlo, sombrearlo y aplicar una enorme cantidad de efectos.

4 Puede ver que el texto se escribe con el formato predeterminado del estilo de **WordArt** que hemos elegido. La caja de texto WordArt puede ser movida a cualquier parte del documento con la técnica de arrastre. Coloque el cursor sobre uno de sus bordes para mostrar el cursor en forma de cruz con flechas en las puntas, que es el cursor de movimiento, haga un clic sobre la caja y, sin soltar el botón del ratón, arrástrelo hasta colocarlo en medio del espacio libre de texto a la cabecera del cuadro de texto de color violeta. A medida que arrastra el ratón se desplaza una caja de color blanco semitransparente que indica el lugar donde se ubicará la caja de texto. **(3)** Ahora puede soltar el botón del ratón.

5 Hemos cambiado la ubicación de la caja de texto, que como verá es transparente, y ahora podemos aplicarle un efecto. Se ha desplegado, por si no lo había notado, la subficha **Formato** de la ficha contextual **Herramientas de diseño**. En el grupo de herramientas **Estilos de WordArt**, pulse el comando **Efectos de texto**, cuyo ícono muestra una letra **A** con un borde resplandeciente de color azul, seleccione la opción **Sombra** y en el apartado **Perspectiva** seleccione la segunda opción para aplicarla al texto. **(4)**

Puede arrastrar la caja de texto WordArt al lugar que mejor le parezca usando el ratón.

6 Vea el efecto conseguido en nuestro título. **(5)** Sepa que también puede modificar la forma, la orientación y las dimensiones del título arrastrando los tiradores que aparecen alrededor de su caja. Seguidamente, rellenaremos el texto con un degradado. Haga clic en el comando **Relleno de texto**, que muestra una letra **A** sobre una línea de color negro en el grupo de herramientas **Estilos de WordArt**, y pulse en la opción **Degradado**.

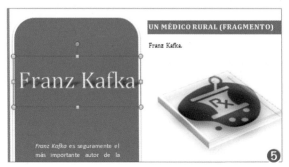

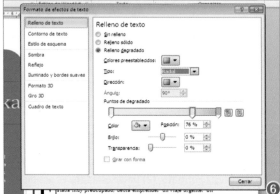

Cada estilo de **WordArt** puede modificarse después de ser aplicado sobre un texto desde el grupo de herramientas **Estilos de WordArt.**

7 Aparece la galería de degradados mostrando diferentes efectos basados en el color original del texto. Si ninguna de las variaciones le convence, puede usar la opción **Más degradados** para personalizarlas. Hágalo ahora para este ejercicio.

8 Se abre de este modo el cuadro **Formato de efectos de texto**, en el que podemos modificar las principales propiedades de los textos: relleno, contorno, sombras, etc. Haga clic en el botón de radio **Relleno degradado**.

9 Con esta avanzada herramienta puede crear sus propios degradados, estableciendo los colores que desee incluir en el efecto o bien puede elegir alguna de las combinaciones de colores que ofrece Word. Pulse el botón **Colores preestablecidos** y elija la cuarta muestra de la tercera fila de la galería.

10 Ahora puede usar los controles del cuadro para configurar el efecto. **(6)** Haga clic en el botón de flecha del campo **Tipo** y elija la opción **Radial**.

11 Vea cómo el degradado se aplica en el texto y a continuación haga clic sobre el botón **Cerrar** del cuadro **Formato de efectos de texto**.

12 También podemos cambiar el color y el grosor del contorno del texto pulsando el botón de flecha del comando **Contorno de texto**, que muestra una letra **A** junto a un lápiz y sobre una línea de color negro, aunque por ahora dejaremos el texto como está. Conoceremos en cambio otra forma de cambiar su posición en el documento con respecto al texto. En el grupo de herramientas **Organizar**, pulse el comando **Posición** y elija la primera opción de la segunda fila en la sección **Con ajuste de texto**. **(7)**

13 La aplicación alinea la caja **WordArt** respecto al texto principal, no al del cuadro de texto que es al que realmente se refiere nuestro título. De todas formas, a manera experimental, arrastre el título creado hasta colocarlo en medio de la página, para ver cómo funciona esta opción.

Como ve, la herramienta **WordArt** permite crear títulos llamativos fácil y muy rápidamente.

14 Exacto. El texto se reorganiza para ubicar en medio de sus líneas al objeto, de manera que acaba rodeándolo completamente sin por eso quedar tapado por él. **(8)** Bueno, era solo un experimento pero no resulta nada funcional ni lógico en nuestro documento, así que puede pulsar dos veces sobre el comando **Deshacer** de la **Barra de herramientas de acceso rápido**.

15 Pulse a la derecha de la caja de texto para eliminar la selección actual y poder apreciar de mejor manera el resultado de nuestro trabajo y, para acabar el ejercicio, guarde los cambios pulsando el ícono **Guardar** de la **Barra de herramientas de acceso rápido**. **(9)**

Lección 60. **Aplicar efectos visuales a un texto**

E n la lección anterior vimos que es posible crear un título de manera fácil y con un resultado más que satisfactorio con las herramientas de WordArt. Ahora veremos que además, WordArt permite editar textos convencionales para brindarles una función decorativa y mejorar así el aspecto de sus documentos. Por otra parte, con esta herramienta podrá también cambiar el texto para que se fusione a la perfección con las imágenes insertadas en los documentos.

1 ¿Recuerda el documento **captura.docx** que creamos con la captura de la fotografía de los tulipanes en la lección 48? En este ejercicio insertaremos un texto sobre esa imagen, y a continuación lo editaremos con los nuevos efectos visuales de Word 2010. Así que para comenzar, abra el documento en pantalla. Si no lo conserva por alguna razón, puede descargarlo de la zona de descargas de nuestra web.

2 A continuación, insertaremos el texto sobre la imagen agregando previamente una caja de texto. Active nuevamente la ficha **Insertar**, haga clic en el comando **Cuadro de texto** del grupo de herramientas **Texto** y elija la opción **Dibujar cuadro de texto**. (1)

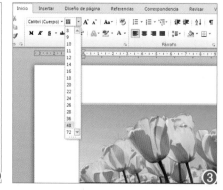

Aprovechamos para crear un cuadro de texto manualmente, ya que en la lección correspondiente usamos solo los cuadros prediseñados.

3 De esta forma podemos crear la caja con unas medidas personalizadas, para lo que se utilizará la técnica del arrastre. Haga clic en la esquina inferior izquierda de la imagen y, sin soltar el botón del ratón, arrastre en diagonal y hacia arriba hasta crear un rectángulo sobre el fondo de la misma. (2)

4 Ya podemos escribir el texto que nos interesa. Haga clic dentro de la caja de texto, escriba la palabra **Primavera**, con la inicial en mayúsculas.

5 Comencemos a editar este texto. Para editar los atributos de un texto ya sabe que debemos seleccionarlo primero, así que haga doble clic sobre la palabra que acaba de escribir.

6 Seguidamente, sitúese en la pestaña **Inicio** de la **Cinta de opciones** y pulse sobre el botón **Más** del campo **Tamaño de fuente** del grupo de herramientas **Fuente**, y seleccione el valor **48**. (3)

7 Por defecto, las cajas de texto que se dibujan en Word tienen el color blanco como color de relleno. Le aplicaremos un color de fondo transparente que deje ver la imagen del fondo. Pulse el comando **Relleno de forma** del grupo de herramientas **Estilos de forma**, en la ficha contextual **Herramientas de dibujo**, y elija la opción **Sin relleno**.

8 Nos ha quedado el borde del cuadro de texto. Pulse esta vez sobre el comando **Contorno de forma** del mismo grupo de herramientas y elija la opción **Sin contorno**. **(4)**

9 Pasemos a los efectos especiales propiamente dichos. En el grupo de herramientas **Fuente**, pulse el comando **Efectos de texto**, que muestra una **A** con un borde resplandeciente de color. Pulse sobre la opción **Iluminado** y elija el último efecto disponible. **(5)**

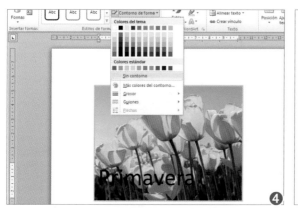

10 El texto se muestra ahora rodeado por un halo luminoso de color naranja. **(6)** A continuación accederemos al cuadro de opciones del efecto para poder modificarlo en un par de aspectos. Pulse nuevamente el comando **Efecto de texto**, haga clic sobre la opción **Iluminado** y elija en este caso **Opciones de iluminado**.

Además de permitir la aplicación de espectaculares efectos visuales sobre el texto de un documento, Word 2010 también permite aplicar formato al texto para que se fusione a la perfección con las imágenes incluidas.

11 Se abre el cuadro de diálogo **Formato de efectos de texto**, mostrando las opciones del efecto aplicado en estos momentos, **Iluminado**. Observe que, igual que sucede con todos los efectos de texto, puede cambiar el estilo por alguno otro de los preestablecidos, modificar su color, su porcentaje de transparencia, el tamaño, el desenfoque, entre otras características. Además, podría también seleccionar otro de los efectos en el panel de la izquierda y aplicarlo desde aquí. Para este ejercicio haga clic en el campo **Tamaño** e introduzca el valor **30**.

12 Para que la sombra sea menos transparente y, por tanto se vea más, haga doble clic en el campo numérico del parámetro **Transparencia**, escriba el valor **30** y pulse el botón **Cerrar**. **(7)**

13 El efecto se ha intensificado considerablemente. **(8)** Ahora veremos que al tratarse de un cuadro de texto, también están disponibles los efectos de **WordArt** para ser aplicados a nuestro texto. Pulse sobre la ficha contextual **Formato** del grupo **Herramientas de diseño**. Efectivamente aquí se encuentra el comando **Efecto de texto** ubicado en el grupo **Estilos de WordArt**.

14 Pulse sobre el botón **Más** de este comando, que aquí se muestra ampliado en los comandos **Bisel**, **Giro 3D** y **Transformar.** Por ahora, seleccione ahora la opción **Transformar** y elija alguno de los estilos de transformación. **(9)** Nosotros hemos aplicado el primer estilo de la cuarta fila ya que nos hace pensar en el viento de la primavera. **(10)**

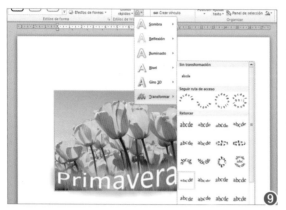

Gracias a WordArt, un sencillo documento puede convertirse de manera rápida y sencilla en una presentación de apariencia completamente profesional e incluso artística.

15 No olvide que el grupo **Fuente** de la ficha **Inicio** incluye la opción **Borrar formato**, que elimina cualquier formato o efecto aplicado. Además, si lo que desea es eliminar un efecto en particular, cada uno de los efectos de texto incluye en primer lugar en su galería una opción que permite eliminar el efecto en cuestión. Use estos recursos cuando trabaje por su cuenta si el resultado no le convence. De momento, deseleccione la caja de texto pulsando a la derecha de la imagen y para acabar este ejercicio, guarde los cambios pulsando el icono **Guardar** de la **Barra de herramientas de acceso rápido**.

Lección 61. **Insertar un autotexto**

Un Autotexto es un texto reutilizable que se inserta de forma directa en cualquier documento con el uso del comando correspondiente. Word 2010 proporciona una galería en la que el usuario puede crear tantos autotextos como desee para utilizarlos repetidamente ahorrando significativamente tiempo y esfuerzo. Puede además organizarlos por categorías y decidir en qué lugar del documento se deben insertar por defecto.

1 Para aprender cómo usar esta herramienta de autotexto volveremos a usar para esta lección el documento **Kafka_Un_médico_rural.docx**, así que si no lo tiene abierto, ábralo ahora.

2 Seleccione el primer párrafo del texto, desde **Estaba**, incluyendo la capitular, hasta donde acaba en la palabra **cuerda**. Pulse sobre el comando desplegable **Elementos rápidos** del grupo **Texto** de la ficha **Insertar de la Cinta** y seleccione la opción **Autotexto**. Por defecto la galería está vacía, a la espera de que el usuario guarde aquí sus propios bloques de creación. Pulse entonces sobre **Guardar selección en galería de autotexto**, que como verá, es la única disponible si se trata de la primera vez que usa esta herramienta. **(1)**

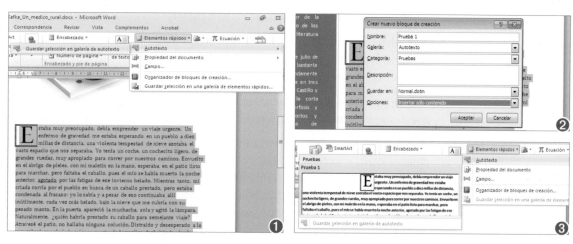

3 Se abre de este modo el cuadro **Crear nuevo bloque de creación**. En el campo **Nombre** escriba el texto **Prueba 1**. Luego pulse en el campo **Categoría** para desplegar su menú de opciones y seleccione sobre la opción **Crear nueva categoría**.

4 En el cuadro **Crear nueva categoría** introduzca el texto **Pruebas** y pulse el botón **Aceptar**.

5 De nuevo en el cuadro **Crear nuevo bloque de creación** mantenga los dos campos restantes, que son **Guardar en** y **Opciones,** tal como están, y pulse el botón **Aceptar**. **(2)**

6 Abra ahora un nuevo documento en blanco para poder insertar este autotexto que acaba de crear.

7 Active nuevamente la ficha **Inicio** y pulse sobre el comando **Elementos rápidos** y a continuación en **Autotexto. (3)** Ya lo ha visto. Ahora sí se muestra una galería que por ahora sólo cuenta con la categoría llamada **Prueba**, tal como establecimos hace unos momentos, que contiene el bloque que creamos a partir de nuestro fragmento. Pulse sobre este autotexto llamado **Prueba 1** para ver cómo trabaja. **(3)**

Un autotexto incluye no solo el contenido del texto sino también todos los formatos que este tenga aplicados, incluyendo formas o fondos.

8 El autotexto se inserta en el documento junto a su capitular, pues así lo hemos indicado. Un autotexto mantiene sus características de texto, además del formato y los estilos aplicados al documento original, y así ha sucedido en nuestro ejemplo. **(4)** Tenga en cuenta que la diferencia en el ancho del texto se debe sólo a que en este nuevo documento no está a la izquierda la caja de texto que insertamos en nuestro documento de origen, que en aquel caso obligaba al texto a ajustarse a la derecha de esta. La capitular en cambio sí que tenía una sangría aplicada y al pegar el autotexto la conserva. Vamos a eliminar esta capitular.

Tal como incluimos la capitular en este ejemplo, puede crear un autotexto con una imagen, por ejemplo un logotipo, para reutilizarlo con mayor facilidad en sus documentos profesionales.

9 Seleccione la capitular, pulse sobre el comando **Letra capitular** del grupo de herramientas **Texto** en pantalla, y pulse sobre la opción **Ninguno**. Observe como la capitular se elimina al momento, la sustituye una letra **E** mayúscula y el texto pierde la sangría de la primera línea. **(5)**

10 Seleccione ahora todo el texto del párrafo con un doble clic en la esquina superior del margen izquierdo y vuelva a pulsar sobre el comando **Elementos rápidos**, y seleccione sucesivamente las opciones **Autotexto** y **Guardar selección** igual que hizo antes.

11 De nuevo en el cuadro **Crear nuevo bloque de creación,** asigne de nombre **Prueba 2**, deje la categoría **General** que está seleccionada, y esta vez sí, pulse sobre el campo **Opciones**.

12 Veamos estas opciones. La primera, **Insertar solo contenido**, que ya hemos probado, simplemente inserta el contenido en el lugar donde está colocado el cursor, así sea en medio de una línea. La segunda opción, **Insertar contenido en su propio párrafo** abre un nuevo párrafo cada vez que se inserta el autotexto, no importa donde se encuentre el cursor de edición y la última, **Insertar contenido en su propia página**, crea una nueva página en la que inserta el contenido. Seleccione para este ejercicio la última opción y pulse sobre el botón **Aceptar**. **(6)**

13 Coloque el cursor al final del texto que insertamos pasos atrás y nuevamente, pulse sobre el botón **Elementos rápidos**, seleccione la opción **Autotexto** y esta vez pulse sobre la **Prueba 2**, que se encuentra en la categoría **General**. **(7)**

14 El texto se ha insertado esta vez en una nueva página del documento. Veremos para terminar otra de las opciones del comando **Elementos rápidos**, así que pulse sobre este comando y esta vez seleccione la opción **Organizador de bloques de creación**. **(8)**

15 Se abre el cuadro con el mismo nombre que contiene una lista con todos los bloques de creación que contiene la aplicación, incluyendo los que hemos añadido recientemente en primer lugar. Como se trata solo de pruebas, aprovecharemos para eliminarlos. Pulse el botón **Eliminar** para borrar el primero de ellos, que se encuentra ya seleccionado.

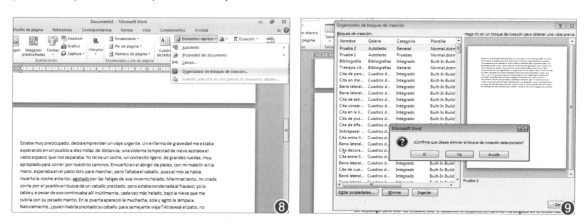

16 Confirme que sí desea eliminar el bloque y repita la operación con el bloque de prueba siguiente. **(9)** Queda seleccionado automáticamente el ahora primer bloque de la lista y a la derecha podemos ver su vista previa. Pero no entraremos en el uso de estos bloques en este momento, así que puede cerrar el cuadro de diálogo para pasar a la siguiente lección.

Lección 62. **Insertar un símbolo**

En ocasiones resulta necesario introducir en un documento un símbolo que no aparece en nuestro teclado. Entre estos símbolos se encuentran, por ejemplo, los correspondientes a los alfabetos griego, árabe, hebreo, cirílico, etc., así como el de copyright u otros caracteres especiales. En esta lección veremos el proceso necesario para insertar estos símbolos en un documento.

1 Seguiremos trabajando en el documento de prueba que creamos en la lección anterior o en un Como con cualquier otro elemento, el símbolo se insertará ahí donde esté el cursor, así que colóquelo al final del último texto insertado y pulse dos veces la tecla **Retorno** para crear una línea de separación.

2 Sitúese a continuación en la pestaña **Insertar** y en el grupo de herramientas **Símbolos**, pulse sobre el comando **Símbolo** para ver las opciones que incluye. **(1)**

3 Como verá, se despliega una pequeña galería de símbolos. Pulse sobre alguno de los símbolos disponibles. Nosotros hemos introducido el símbolo de euro **€**.

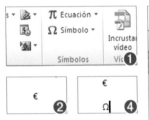

El **Código de carácter** se utiliza básicamente para identificar a los caracteres y facilitar la búsqueda de los mismos.

4 Automáticamente aparece el símbolo seleccionado en el punto en que se encontraba el cursor de edición. **(2)** Pulse la tecla **Retorno**.

5 Despliegue de nuevo el comando **Símbolo** y observe dónde se encuentra ahora el signo que insertamos hace un momento. Exacto, se ha movido al primer lugar de la galería de opciones, puesto que se trata de una galería de signos de uso frecuente que se reorganiza constantemente. Por esa misma razón, seguramente no tendrá en su galería los mismos signos que tenemos nosotros en nuestro ejemplo. Seleccione otro símbolo. **(3)**

6 Como era de esperar, el signo se inserta correctamente en una nueva línea. **(4)** Nuevamente acceda al comando **Símbolos** y escoja esta vez la opción **Más símbolos. (5)**

7 El cuadro de diálogo **Símbolo** incluye dos fichas, **Símbolos** y **Caracteres especiales**. Al abrir el cuadro, la pestaña **Símbolos** muestra aquellos que corresponden a lo que la aplicación llama fuente de **Texto normal**, y al subconjunto **Símbolos tipo letra**. **(6)** Pulse sobre el campo **Subconjunto** y escoja **Latín extendido-A**.

8 Se muestra una nueva galería de símbolos latinos. Desde el campo **Subconjunto** puede seleccionar también símbolos griegos, cirílicos, thai, fonéticos, monedas, e incluso diferentes flechas, en fin, una inmensa variedad de símbolos divididos en diversas categorías. Pulse ahora sobre el botón de punta de flecha del campo **Fuente** y seleccione la fuente **Wingdings**.

9 Como ve, esta fuente incluye todo tipo de símbolos decorativos. Haga clic sobre el símbolo que muestra un libro abierto en la primera fila, pulse sobre el botón **Insertar** y, seguidamente, sobre el botón **Cerrar. (7)**

10 El símbolo seleccionado aparece en pantalla al lado del último insertado. A continuación, practicaremos con la ficha **Caracteres especiales** del cuadro **Símbolo**. Haga clic nuevamente sobre el comando **Símbolo**. En primer lugar, observe que aquí está incluida en primer lugar el símbolo de libro abierto que acabamos de insertar. Haga clic en la opción **Más símbolos**.

11 En el cuadro **Símbolo**, pulse sobre la pestaña **Caracteres especiales**.

12 La ficha desplegada contienen una lista de distintos caracteres especiales, su nombre y una combinación de teclas que, como ya se imaginará, son el acceso directo a cada uno de ellos. Mantenga seleccionada la opción **Guión largo** y pulse el botón **Autocorrección. (8)**

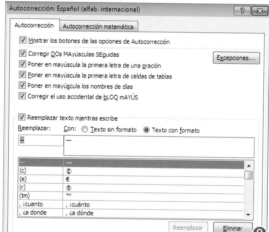

13 En este cuadro puede establecer una cadena de texto o un carácter específico para que, cada vez que lo introduzcamos, el ordenador lo identifique y lo sustituya por el símbolo seleccionado. Como ve, el cursor ya se encuentra en el cuadro **Reemplazar**. Escriba directamente desde su teclado dos guiones normales, pulse el botón **Agregar** para que se incluya en la lista del panel y, a continuación, el botón **Aceptar. (9)**

14 Ahora comprobaremos que al insertar dos guiones seguidos, Word los corrige automáticamente para insertar en su lugar un guión largo, tal y como hemos establecido en la ventana de autocorrección. Pulse el botón **Cerrar** del cuadro **Símbolo**.

15 Introduzca ahora en su documento dos guiones. En efecto, son sustituidos por el guión largo. Ahora podemos dejar hasta aquí esta lección y con ella el tercer apartado, para pasar a conocer las diferentes herramientas que nos ofrece Word para **Trabajar con referencias**.

Desde el cuadro de diálogo **Símbolos**, existe la posibilidad de asociar una tecla a un símbolo específico a través del botón **Teclas**.

Trabajar con referencias

Introducción

En este apartado del Manual de Word 2010 aprenderá a trabajar con la ficha **Referencias** de la Cinta de opciones de la aplicación. Descubrirá que las herramientas contenidas en esta ficha pueden facilitarle enormemente el proceso de creación de citas, notas, tablas de contenido e índices, además de la organización de las fuentes consultadas para la elaboración automática de bibliografías.

Prepare su documento y, al terminar, deje que Word prepare una tabla de contenido de forma automática. Solo tiene que utilizar los estilos adecuados, escoger el modelo que mejor le parezca y hacer clic sobre la opción seleccionada.

En este apartado aprenderá a crear **Notas al pie y al final** de su documento de manera que la aplicación las numere y organice automáticamente, de acuerdo a las condiciones que usted establezca desde los cuadros de diálogo correspondientes.

Los dos primeros apartados están dedicados a la elaboración de **notas**, tanto al pie como al final del documento, a la personalización del formato de estas, y a la elaboración de **referencias cruzadas**, que son aquellas que se insertan en el documento para hacer referencia a un elemento del documento que se encuentra en otra parte del mismo.

A continuación verá que desde la aplicación es realmente fácil la elaboración de **listas automáticas** como las tablas de contenido y los índices, siempre que haya usado los estilos y niveles de esquema correctos en el documento, que es lo que permite a la aplicación identificar los diferentes títulos del mismo.

En la tercera parte de este apartado podrá conocer la forma en que Word 2010 organiza las fuentes de **información de documento** y le permite trabajar con ellas para la elaboración automática de Bibliografías o para su inserción en las citas incluidas en el texto.

En este apartado también le explicaremos cómo insertar Autotítulos para que cada vez que introduzca determinados tipos de elementos en su documento, la aplicación les asigne un título numerado automáticamente.

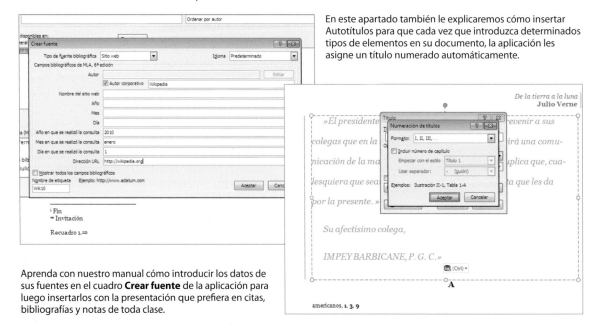

Aprenda con nuestro manual cómo introducir los datos de sus fuentes en el cuadro **Crear fuente** de la aplicación para luego insertarlos con la presentación que prefiera en citas, bibliografías y notas de toda clase.

Finalmente, en la lección Trabajar con títulos podrá, entre otras cosas, crear **Autotítulos** para que cada vez que inserte un determinado objeto en el documento éste sea rotulado y numerado automáticamente.

Lección 63. **Trabajar con notas al pie y notas finales**

L as notas al pie y las notas finales tienen la función de añadir información referente a cualquier palabra, frase o párrafo de un documento. La única diferencia entre ellas es su ubicación en el documento. Las notas al pie se sitúan al pie de cualquier página de un documento, mientras que las notas finales tan sólo figuran al pie de la última página. Asimismo, las notas al pie se refieren a la página en la que figuran mientras que las notas finales pueden hacer referencia a cualquier parte del texto. Tanto unas como otras se indican con una marca que en el cuerpo del texto del documento. El texto de la nota en sí siempre figura al pie de la página en la que se haya indicado.

1 Trabajaremos para este ejercicio con el documento **De la tierra a la luna.docx**. Para empezar, abra el documento, diríjase a la página **2** y coloque el cursor después del primer punto y seguido, al final de la cuarta línea, para indicar que ahí colocaremos la primera nota.

2 Aunque podríamos insertar ahora una nota con formato por defecto solo con hacer un clic en el comando correspondiente, personalizaremos para este ejercicio el formato de la nota a introducir. Haga clic en el iniciador de cuadro de diálogo del grupo de herramientas **Notas al pie**, en el grupo **Referencias**. (1)

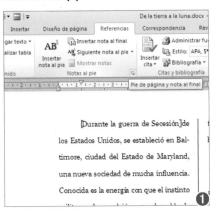

Al insertar la nota desde el cuadro de diálogo correspondiente, puede escoger el formato de número para la marca, e incluso asignar letras o símbolos según su preferencia.

3 Se abre el cuadro de diálogo **Notas al pie y notas al final** con la opción **Notas al pie** activada. (2) Pulse en el texto **Final de página** y seleccione la opción **Por debajo de la selección** para que la nota se inserte alineada con la columna a la que pertenece, y no a toda la página. (3)

4 Pulse sobre el botón situado al final del campo **Formato de número** y seleccione el quinto modelo, es decir, el que corresponde a los números romanos. (4)

5 En el apartado **Iniciar en:** aparece la marca que se mostrará al insertar la primera nota en el documento. Por defecto, la primera marca corresponde al número **1** en números romanos ya que éste es el modelo de formato que hemos escogido. Este dato no lo modificaremos aunque sepa que podríamos establecer comenzar en cualquier otro número. En el campo **Numeración** figura el tipo establecido por el programa, en este caso, la numeración **Continua**. Haga clic sobre el botón situado al final del campo **Numeración** para ver las opciones presentadas y pulse sobre **Reiniciar cada página**. (5)

6 De este modo, cada vez que inserte una nota al pie en una página nueva, ésta mostrará como marca el número **1**, siempre en romanos. Ahora ya podemos insertar la nota al pie, así que pulse sobre el botón **Insertar**.

7 El cursor se desplaza hasta el pie de la página en un espacio reservado en el que puede escribir el comentario que mejor le parezca.

8 En el punto donde hemos insertado la nota se ve el número **1** en romanos a manera de superíndice. **(6)** Se trata del llamado de nota. Vamos a trabajar ahora un poco con este llamado. En primer lugar lo cambiaremos de lugar. Seleccione el llamado de nota con el ratón, **(7)** coloque el cursor sobre él, y sin soltarlo arrástrelo hasta el siguiente punto, después de la palabra **fabricantes. (8)**

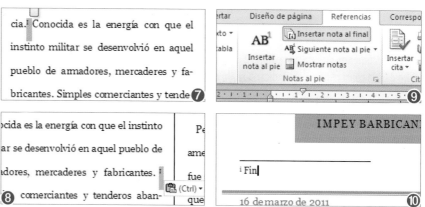

Por defecto, Word asigna números arábigos para las notas al pie y números romanos en minúsculas para las notas al final.

9 Es sumamente fácil. Aparece la etiqueta inteligente **Opciones de pegado** ya que, al mover la nota y situarla en otro sitio es como si la hubiera cortado y luego pegado en otro lugar. El contenido de la nota, por su parte, permanece intacto. Piense que todas las operaciones que estamos realizando son tan válidas para las notas al pie como para las notas al final. De cualquier forma, vamos a crear ahora una nota al final.

10 Pulse tres veces la tecla de desplazamiento hacia abajo para mover el cursor de edición a un nuevo punto e el documento y nuevamente desde la ficha **Referencias** de la **Cinta**, pulse sobre la función **Insertar nota al final**, del grupo **Notas al pie**. **(9)**

11 El cursor se ha desplazado hasta la ubicación concreta de la nota al final, es decir, al final del documento. Como ve, el formato de número preestablecido para las notas al final es distinto al establecido para las notas al pie, puesto que en este caso ha aplicado números romanos en minúsculas (**i** en este caso). Esto se hace para distinguir unas de otras, aunque en un mismo documento es raro que coincidan ambos tipos de notas. Introduzca algún texto de prueba, por ejemplo **Fin**, y vamos ahora a ver otra forma de crear notas. **(10)** Coloque el cursor al final de la primera línea del recuadro que cierra este documento, justo antes de la nota que acabamos de crear, y pulse en el iniciador de diálogo del grupo **Notas al pie**, que como recordará es la pequeña flecha junto al nombre del grupo.

12 Vamos a cambiar el llamado de las notas por una marca personal. Pulse para ello sobre el botón **Símbolo** y, en el cuadro de diálogo **Símbolo**, elija primer símbolo de la quinta fila y luego haga clic sobre el botón **Aceptar. (11)**

13 El símbolo seleccionado se ha insertado en la casilla **Marca personal** mientras que el cuadro **Formato de número** se ha desactivado. Mantenga el resto de opciones tal y como están y pulse el botón **Insertar**.

14 Nuevamente el cursor se desplaza hasta el final del documento, pero en este caso se ve en la necesidad de crear una nueva página, pues no hay espacio bajo la nota anterior. En lugar de usar números romanos, el marcador es en este caso la flecha que hemos seleccionado. Arriba de la nota se ve, como sucede siempre con las notas, un filete que las distingue del texto principal. **(12)** Para introducir la nota, escriba la palabra **Invitación**.

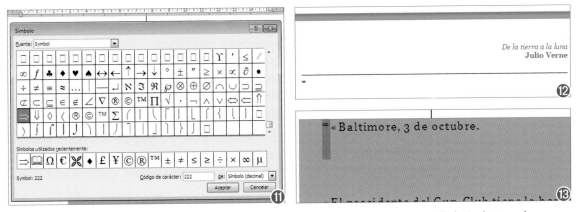

15 Haga doble clic sobre la marca de flecha de la nota para ir al lugar exacto en el que se ha ubicado el llamado de nota al final, que no es más que el que le hemos indicado. **(13)**

16 Finalmente y para acabar esta lección, guarde los cambios sin cerrar el documento para continuar trabajando con él en la próxima lección.

Si elimina la marca de una nota elimina también por completo a la nota en sí, ya se trate de una nota al final o de una nota al pie.

Lección 64. **Trabajar con referencias cruzadas**

Las referencias cruzadas son marcas que se insertan en los documentos para hacer referencia a cualquier elemento del mismo, ya sea una nota, una tabla, un gráfico o cualquier otro, que normalmente se encuentra en otro lugar del mismo documento. Tanto en libros como en documentos las referencias cruzadas suelen mostrar un pequeño texto del tipo "véase la tabla X de la página tal". En esta lección aprenderemos a crearlas mediante un sencillo ejercicio.

1 Para poder crear una referencia cruzada, hay que crear antes el elemento al que se va a referir. Para este ejercicio crearemos una referencia cruzada referida a una de las notas al final que insertamos en el ejercicio anterior. Antes de empezar, conoceremos otro de los comandos del grupo **Notas al pie** de la ficha **Referencias** de la **Cinta de opciones**. Colóquese en la primera página del documento y en el grupo indicado pulse el comando **Mostrar notas**.

2 Como en nuestro documento disponemos de una nota al pie y una nota al final, aparece el cuadro de diálogo **Mostrar notas**, en el cual debemos indicar qué tipo de notas deseamos visualizar. En este caso seleccione la opción **Ver el área de notas al final** y haga clic sobre el botón **Aceptar. (1)**

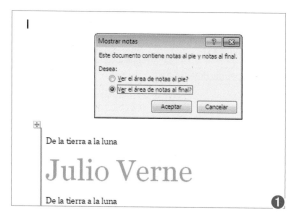

El comando **Mostrar notas** dirige al usuario directamente hasta las notas seleccionadas, ya sea al pie o al final.

3 Se muestran así las dos notas al final que contiene nuestro documento. Ahora situaremos el cursor allí donde queremos ubicar la referencia cruzada. Con un clic, coloque el cursor de edición después de la nota que insertamos al final, con el texto **Invitación**, **(2)** y pulse la tecla **Retorno** para insertar un salto de párrafo.

4 En este punto donde ahora se ha insertado el cursor, escriba **Recuadro 1** para añadir la referencia cruzada. **(3)**

5 Pulse en la pestaña **Insertar** de la **Cinta de opciones**, despliegue el comando **Vínculos** y pulse sobre la opción **Referencia cruzada. (4)**

6 Se abre el cuadro de diálogo **Referencia cruzada**. En el campo **Tipo** debemos seleccionar el tipo de información que deseamos insertar en el documento. Despliegue este campo y elija la opción **Nota al pie**.

7 En el panel **Para qué nota al pie** seleccione la segunda opción, que es **Invitación**, y como se recordará, se refiere al recuadro con la carta de invitación que cierra nuestro documento.

8 En el campo **Referencia a:** debemos indicar el elemento en concreto que aparecerá junto al texto introducido para la referencia, pudiendo ser éste el número de página en que se encuentra el elemento referido, las palabras más adelante o más atrás, dependiendo de dónde se encuentre el elemento en cuestión, la numeración de la nota, etc. Por defecto, el programa ha seleccionado la referencia al número de nota al pie. Observe que la opción **Insertar como hipervínculo está activada**, lo que hará que al pulsar sobre la referencia cruzada nos desplacemos directamente hasta el elemento referido. Una vez configurada la referencia, pulse consecutivamente los botones **Insertar** y **Cerrar**. **(5)**

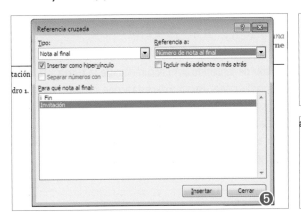

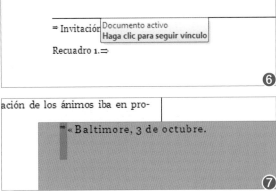

9 Como ve, junto al texto introducido para la referencia cruzada, **Referencia 1,** que es el punto donde se encontraba el cursor de edición, aparece la flecha correspondiente a la nota al final . Sitúe el puntero del ratón sobre la referencia cruzada, observe la etiqueta que aparece notificando sobre el vínculo, y haga clic sobre ella. **(6)**

10 De forma automática, el cursor se ha desplazado hasta la ubicación original de la marca de referencia de la nota al final, dentro del cuadro sombreado que cierra nuestro documento. **(7)** Recuerde en el futuro usar esta herramienta para hacer referencias a elementos que se encuentren en otras partes de sus documentos. Y con esto, hemos acabado este ejercicio demostrativo, así que guarde los cambios pulsando la combinación de teclas **Control+S**.

En caso de modificar la ubicación o el contenido del elemento asociado a la referencia cruzada, el programa actualizará los cambios de forma automática.

Lección 65. **Trabajar con tablas de contenido**

as tablas de contenido se basan, obviamente, en los nombres o títulos de los distintos apartados de un documento. Así pues, una tabla de contenido tan sólo puede crearse de forma automática si antes ha aplicado un estilo de título o un nivel de esquema a cada uno de los distintos elementos que desea formen parte del listado resultante, para que la aplicación pueda reconocerlos y crear una lista con ellos. Las tablas de contenido son unas de las herramientas más utilizadas en Word, junto con los índices, para generar listas automáticas de temas en un documento. A diferencia de los índices, las tablas de contenido se utilizan para resumir los temas tratados.

1 En este ejercicio crearemos una tabla de contenido en el documento **De la tierra a la luna. docx**, que venimos usando en las últimas lecciones. Para realizar esta acción, vamos a crear títulos simulados en el texto, a los que vamos a aplicar los estilos predeterminados **Título 2** y **Título 3**. Vamos a comenzar. En la página **2** haga doble clic sobre el subtítulo **El Gun-Club** que abre el texto para seleccionarlo. **(1)** A continuación, en el grupo **Estilos** de la ficha **Inicio**, pulse sobre el botón **Más** de la galería de estilos rápidos, y aplique el estilo **Título 2**. **(2)**

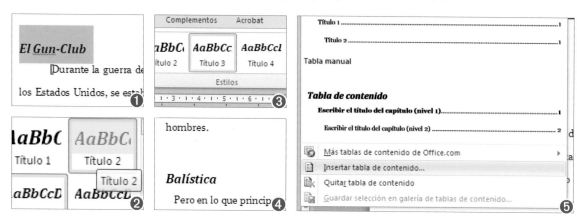

2 Coloque el cursor después del primer punto y aparte de la segunda columna, al final del párrafo que acaba en la palabra **hombres** y pulse la tecla **Retorno** para cambiar de línea.

3 En el grupo **Estilos** de la ficha **Inicio**, pulse sobre el botón **Más** de la galería de estilos rápidos, y aplique el estilo **Título 3**. **(3)** A continuación introduzca el título **Balística** directamente con el estilo seleccionado para simular un subtítulo. **(4)**

4 Seguidamente, pulse la tecla **Av. Pág**. y al final del primer párrafo de la segunda columna de esta página **3**, después del punto y aparte que sigue a la palabra **desatinadas**, coloque el cursor de edición y pulse la tecla **Retorno**.

5 Aplique el estilo **Título 3** e introduzca el texto **Inicios** para simular un nuevo subtítulo.

6 Use nuevamente la tecla **Av. Pág**. para pasar a la siguiente página y, de nuevo en la segunda columna, seleccione la frase **Júzguese por las siguientes cifras** haciendo **3** clics en la última palabra y aplique el estilo rápido **Título 2** para simular el último subtítulo, en este caso al mismo nivel del subtítulo **El Gun-Club**.

7 Una vez marcados todos los elementos que serán incluidos en la tabla de contenido, ya podemos generarla. Pulse sobre el campo **Número de páginas** del documento de la **Barra de títulos** para abrir el cuadro **Ir a**. Introduzca el número **1** que en este caso le llevará a la página **2** del documento, que es donde comienza realmente el contenido después de la portada, y pulse el botón **Aceptar**.

8 Ahora el cursor de encuentra al comienzo de lo que la aplicación considera la primera página, que como recordará, está después de la portada y es el lugar donde normalmente se insertan las tablas de contenido.

9 Active la ficha **Referencias** de la **Cinta de opciones** pulsando en su pestaña y despliegue el comando **Tabla de contenido**. Como verá, se despliega una galería de tablas que contiene al final un menú de opciones. Pulse en la opción **Insertar tabla de contenido**. **(5)**

10 Desde el cuadro **Tabla de contenido** cambiaremos el formato de la tabla. Despliegue el campo **Formatos** para ver las opciones que contiene y pulse sobre la opción **Clásico**.

11 Mantenga los tres niveles tal como está predeterminado, pues en nuestro ejemplo hemos creado títulos simulados de los niveles **2** y **3**, y pulse sobre el botón **Aceptar** para crear la tabla de contenido. **(6)**

12 Como verá, la tabla se inserta distinguiendo con sangrías y estilos los diferentes niveles de contenido que tiene el documento de acuerdo a los estilos empleados. **(7)**

13 Acerque el cursor a la tabla y fíjese como aparece destacada en gris. Esto se debe a que cada elemento que contiene es un vínculo. Seleccione toda la tabla arrastrando el ratón desde el comienzo hasta el final de esta y luego pulse sobre el comando **Tabla de contenido** de la ficha **Referencias**.

14 Una vez se ha desplegado la galería de tablas, seleccione la **Tabla automática 1**. **(8)** Observe cómo cambia el aspecto de esta añadiendo entre otras cosas el título **Contenido**. Cuando trabaje por su cuenta, recuerde que puede cambiar el estilo tantas veces como sea necesario hasta conseguir uno que le agrade.

15 Haga un clic ahora al lado del título de la tabla, pero sin tocar ninguno de los textos destacados en gris. Como verá, se muestra el cuadro que contiene la tabla.

16 En el extremo superior del recuadro hay un par de botones. Uno que permite actualizar la tabla y otro con un botón **Más**. Pulse sobre este último y compruebe cómo ahora también puede acceder desde aquí a la galería de estilos de tablas si desea cambiarlo en el futuro.

17 Acerque el cursor ahora al último elemento de la tabla y observe como aparece nuevamente la etiqueta que indica que oculta un vínculo. **(9)** Al pulsar sobre este elemento, la aplicación le dirige directamente al punto del documento al que se refiere este.

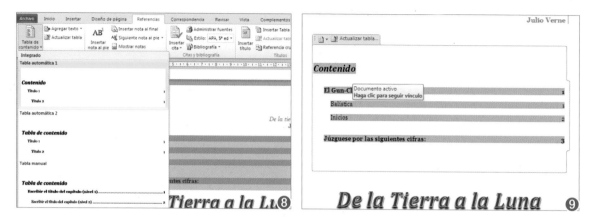

18 Para acabar este ejercicio, guarde los cambios realizados pulsando el icono **Guardar** de la **Barra de acceso rápido**. Tenga en cuenta que si agrega o elimina títulos u otros elementos de la tabla de contenido puede actualizar automáticamente la tabla usando la herramienta **Actualizar tabla** del grupo **Tabla de Contenido**.

Lección 66. **Trabajar con índices**

Un índice es una lista de términos, nombres propios, frases, temas e incluso símbolos que aparecen en un documento, en la que se indican los números de página en que se encontrarán estos una vez realizada la impresión. A diferencia de las tablas de contenido, los índices permiten marcar las entradas desde el propio cuadro de diálogo sin necesidad de aplicar niveles de estilo, lo que hacer realmente muy sencillo el proceso. Básicamente lo único que tiene que hacer es seleccionar la entrada que quiere añadir al índice y pulsar sobre un par de comandos.

> **RECUERDE**
>
> Las entradas de índice son los códigos de campo que marcan el texto que figurará en el índice. Al marcar un texto como entrada de índice, Word le agrega un campo especial **XE** (entrada de índice) que incluye la entrada principal y, en el caso de que la tenga, su subentrada o la referencia cruzada.

1 En este ejercicio aprenderemos a crear un índice. Antes de empezar, quitaremos la tabla de contenido que insertamos en el ejercicio anterior para evitar confusiones. En la pestaña **Referencias** de la **Cinta de opciones**, despliegue el comando **Tabla de contenido** y haga clic en la opción **Quitar tabla de contenido**.

2 Seleccione el texto **Gun-Club** del subtítulo y pulse sobre el comando **Marcar entrada** del grupo de herramientas **Índice**. **(1)**

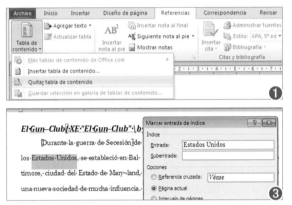

Las marcas de entrada de índice no se imprimen aunque se muestren en pantalla, salvo que lo establezca explícitamente.

3 Se abre el cuadro **Marcar entrada de índice** y ya muestra el texto **Gun-Club** como una entrada. Seleccione la opción **Negritas** para que el número de página en el índice tenga este atributo de texto. Para que el nombre **Gun-Club** sea incluido todas las veces que aparece en el documento, pulse el botón **Marcar todas**. **(2)**

4 Ya habrá observado que el documento se ven una serie de marcas. Esto se debe a que se ha activado la función **Marcar todo**, que permite ver las marcas ocultas del documento. Se activa este comando automáticamente porque al marcar una entrada de índice lo que creamos es un código de campo oculto en el texto que figurará en el índice. (Sepa que estas marcas no se imprimen aunque se muestren en pantalla, salvo que lo establezca explícitamente.) A continuación, marcaremos todas las veces que aparece el nombre **Estados Unidos**. Sin cerrar el cuadro **Marcar entrada de índice**, haga doble clic sobre este nombre en el documento, que se puede ver en la segunda línea del texto y, en el cuadro abierto, haga clic dentro del campo **Entrada** para que lo registre y pulse nuevamente en el botón **Marcar todas**. **(3)**

5 Observe que a pesar de estar abierto el cuadro **Marcar entrada de índice** puede desplazarse a lo largo del documento en segundo plano para seleccionar cualquier otra entrada del texto.

6 Marque como nueva entrada la palabra **guerra**, que puede ubicar tanto al comienzo de la primera como de la segunda columna, siguiendo el mismo proceso que en los pasos **3** y **4**. **(4)**

7 Desplace el cuadro de diálogo hacia la columna de texto de la izquierda arrastrándolo con el ratón tras pulsar sobre su barra de título. Una vez quede a la vista la segunda columna, seleccione la palabra **americanos** en la segunda columna y repita la operación de **Marcar todas**.

8 Una vez marcadas las entradas que deseamos que aparezcan en el índice, cierre el cuadro **Marcar entrada de índice** pulsando el botón **Cerrar**.

9 Tras situarse al final del documento con las teclas **Control+Fin**, pulse al final del texto, junto a las siglas **P. G. C.**

10 Por último antes de pasar a insertar el índice, crearemos una nueva página en blanco para ubicarlo. En la pestaña **Diseño de página**, despliegue el comando **Saltos** e inserte un **Salto de sección de página siguiente. (5)**

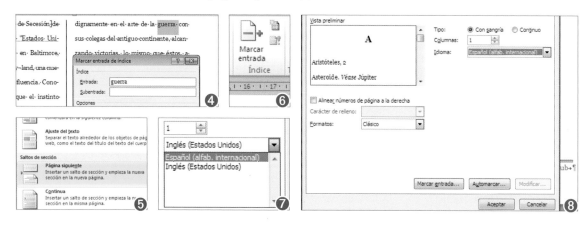

11 Como no nos interesa mantener el fondo y borde de párrafo para el índice que crearemos, vaya a la pestaña **Inicio**, pulse sobre el botón **Bordes**, que se muestra activado u seleccione la opción **Sin borde**.

12 A continuación pulse sobre el botón **Sombreado**, también activado, y seleccione la opción **Sin color**.

13 Finalmente pulse sobre la tecla **Retorno** para borrar la sangría aplicada.

14 Una vez tenemos el cursor de edición en una nueva página en blanco, regrese a la ficha **Referencias** y pulse el icono **Insertar índice**, el que muestra una hoja y una estrella amarilla en el grupo de herramientas **Índice**. **(6)**

15 Se abre el cuadro **Índice** en el cual debemos definir el formato de índice. En el campo **Formatos**, seleccione la opción **Clásico**, inserte el valor **1** en el campo **Columnas** y a continuación pulse sobre la flecha del campo **Idiomas** y seleccione **Español (alfab. internacional)**. **(7)** Una vez establecidas las personalizaciones para el índice, pulse el botón **Aceptar**. **(8)**

16 Se ha creado así nuestro muy breve índice, que incluye en la letra **A** el término **americanos**, en la **E** el término **Estados Unidos** y en la letra **G** **guerra** y **Gun-Club**. **(9)** Después de cada uno de sus elementos, indica todos los números de páginas en que aparecen. Por norma general, los índices basados en texto suelen seguir un orden alfabético y es lo que establece Word de forma automática. Si más adelante realiza cambios en el documento, puede actualizar el índice con la herramienta **Actualizar índice** del grupo **Índice** y estos serán aplicados al momento.

17 Antes de acabar este ejercicio, haga clic en la pestaña **Inicio** de la **Cinta de opciones**, pulse el icono **Mostrar todo**, el que muestra el símbolo de párrafo en el grupo de herramientas **Párrafo** para desactivar esa opción y ocultar así las marcas. **(10)**

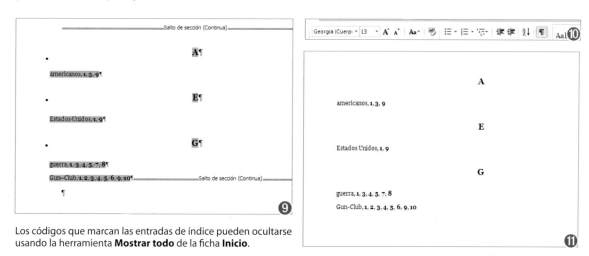

Los códigos que marcan las entradas de índice pueden ocultarse usando la herramienta **Mostrar todo** de la ficha **Inicio**.

18 Pulse sobre la nota al pie para eliminar la selección del índice y poder así apreciar mejor su aspecto final y ahora sí, guarde los cambios para pasar a la siguiente lección. **(11)**

Lección 67. **Trabajar con bibliografía**

En Word 2010, gracias al comando Bibliografía, incluido en el grupo Citas y bibliografía de la ficha Referencias, es posible crear automáticamente bibliografías que incluyan los datos de las fuentes consultadas y citadas a lo largo de un documento. Esto siempre y cuando los mencionados datos se introduzcan con las herramientas adecuadas, ya que para hacer el proceso Word tomará como base la información de origen proporcionada para el documento.

1 En este ejercicio veremos el modo de crear automáticamente una bibliografía. Para crear una bibliografía de forma automática en Word debe ante todo insertar las citas para que más adelante el programa solo tenga que organizar los datos que haya suministrado sobre las fuentes de las mencionadas citas. En este caso, trataremos al título del documento como una cita, e introduciremos los datos de origen del texto. Haga clic al final de la palabra **Luna** en el título, primera línea de la página **2**, y pulse en la pestaña **Referencias** de la **Cinta de opciones**.

2 Haga un clic sobre el botón **Más** del comando **Estilo** de este grupo en la **Cinta**. Como verá, se despliega una lista de los diferentes estilos de citas que utiliza la aplicación. Usaremos el estilo **MLA** (Modern Language Association) que es el que se usa generalmente para las humanidades. Así que seleccione la opción **MLA, 6º edición. (1)**

3 Despliegue el comando **Insertar cita** del grupo de herramientas **Citas y bibliografía** y haga clic sobre la opción **Agregar nueva fuente. (2)**

4 Se abre así el cuadro de diálogo **Crear fuente**, donde debemos introducir los datos de la fuente de información del título que hemos tratado como una cita.. **(3)** Veamos el primer campo. Pulse sobre el botón **Mas** del campo **Tipo de fuente bibliográfica**. Se despliegan las diferentes opciones de tipos de fuentes que incluye el programa. Como verá, contempla que las fuentes sean un libro o una sección de un libro, un artículo ya sea de revista o de periódico, distintos tipos de documentos, sitios web, otros medios electrónicos, películas, grabaciones de audio y aún algunos otros. Para nuestro ejemplo, mantendremos la opción **Libro** que está seleccionada por defecto. **(4)**

5 Haga clic en el campo **Autor** y escriba el nombre **Julio Verne**.

6 En el campo **Título**, escriba el nombre **Del cielo a la tierra**.

7 En el campo **Año** escriba **1865**.

8 En el campo **Editorial** escriba **Libroteca. (5)** Finalmente, para mostrar otros campos adicionales, haga clic en la casilla de verificación de la opción **Mostrar todos los campos bibliográficos. (6)**

9 Aparecen así todos los campos que pueden aparecer en una bibliografía y se muestran marcados con un asterisco rojo los que se recomienda completar. Rellene los campos que a usted le interese y, una vez completados los datos de la fuente, pulse el botón **Aceptar** para crearla. **(7)**

10 Se ha añadido el nombre **Verne** entre paréntesis inmediatamente después del título. Es lo que la aplicación reconoce como la cita. Sigamos adelante. Sitúese al final del documento, justamente después del índice y antes de las notas al final, haga clic en el comando **Bibliografía** del grupo de herramientas **Citas y bibliografía** y pulse sobre el formato prediseñado **Bibliografía** para añadir al documento la bibliografía con la fuente suministrada. **(8)**

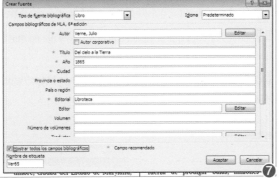

Con el cuadro **Crear fuente** solo hay que introducir los datos en el orden que disponga de ellos, y la aplicación los reorganizar y presentar de acuerdo a la normativa internacional que el usuario haya seccionado.

11 Como puede ver, la bibliografía se crea automáticamente mostrando como contenido la única fuente proporcionada de la cita. **(9)** Como se imaginará, si el documento contara con otras fuentes consultadas que hubiéramos insertado para otras citas, todas ellas estarían en esta lista. Pulse el botón **Administrar fuentes** del grupo de herramientas **Citas y bibliografía**. **(10)**

12 El cuadro **Administrador de fuentes** muestra la lista de fuentes existentes en el documento, en este caso una sola, y su vista previa como entrada bibliográfica. **(11)** Podemos usar el botón **Examinar** para buscar fuentes en otros documentos, en cuyo caso la aplicación las incorporaría automáticamente en este cuadro. Pulse sobre este botón para ver cómo trabaja.

13 Se muestra el cuadro **Abrir lista de fuentes** en la carpeta **Bibliography** donde Word guarda en formato **XML** las fuentes bibliográficas creadas en su equipo. En nuestro caso se muestra solo la que acabamos de crear hace un momento. Si en su equipo hay algún documento para el cual haya creado un archivo de fuente de información, lo verá aquí y podrá incluir sus datos solo con seleccionarlo y pulsar sobre el botón **Abrir**. Como no es el caso, use el botón **Cancelar** para volver al **Administrador de fuentes**.

Cada vez que cree una cita en Word, se crea también una fuente de información, que permanecerá archivada y podrá ser añadida en cualquier momento a una bibliografía.

14 Dispone también de un botón para **Copiar** cualquier fuente disponible en la lista actual, que es la del documento activo, en la lista general, o para hacer el procedimiento inverso. Puede también desde este cuadro borrar una fuente, o editarla, cosa que haremos en la próxima lección. Por último, también es posible añadir una nueva fuente desde aquí. Para ello, pulse sobre el botón **Nuevo** que abrirá el cuadro **Crear fuente**.

15 Exacto, es el cuadro que conocimos hace unos momentos. Vamos a introducir un par de datos para una nueva fuente. Pulse sobre el botón **Tipo de fuente bibliográfica**, use la barra de desplazamiento para encontrar **Sitio Web** y selecciónelo.

16 En el campo autor, pulse en el campo **Autor corporativo** e introduzca el texto **Wikipedia**.

17 En los campos que se refieren al año, mes y día en que realizó la consulta inserte sucesivamente los datos **2010**, **enero** y **1** en ese orden.

18 En el campo **Dirección URL** inserte el texto **http://www.wikipedia.org** y pulse el botón **Aceptar**. **(12)**

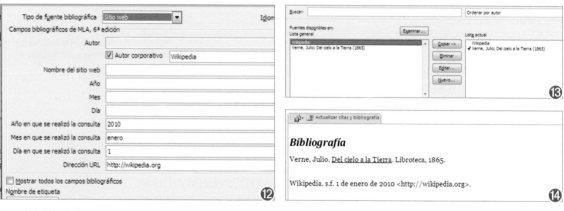

Cuando la lista de fuentes es extensa, podemos usar el buscador del Administrador de fuentes, o podemos ordenar las listas según diferentes criterios: por año, por autor, por etiqueta o por título.

19 Como verá, la fuente **Wikipedia** ha sido añadida al momento a ambas listas. **(13)** Pulse ahora el botón **Cerrar**.

20 De nuevo en el documento, pulse a un lado del título **Bibliografía** y, cuando aparezca el marco que la contiene, pulse sobre el botón **Actualizar citas y bibliografía**. **(14)**

21 El nuevo dato que añadimos hace un momento se incorpora en el lugar que le corresponde en orden alfabético, igual que sucedería con cualquier otra fuente que hubiéramos introducido. Una vez hemos acabado esta breve bibliografía de prueba, puede pasar a la siguiente lección para continuar trabajando con citas, eso sí, después de guardar los cambios realizados en el documento.

Lección 68. **Trabajar con citas y fuentes**

La herramienta Citas y bibliografía también permite introducir y marcar una cita para asignar la fuente más adelante. Esas fuentes pueden ser incorporadas sin problema a cualquier Bibliografía o lista similar que haya sido introducida anteriormente gracias al comando Actualizar citas y Bibliografías. Además, tanto las citas, como las fuentes y las bibliografías pueden ser editadas tantas veces como haga falta.

1 En este ejercicio seguiremos practicando con la herramienta **Insertar cita**. Crearemos una nueva cita y posteriormente modificaremos la fuente de la que proviene. Para empezar, vamos a reducir el tamaño de fuente (nos referimos a la tipográfica en este caso) de la cita que insertamos en la lección pasada, solo por una cuestión de estética. Para ello, simplemente seleccione el texto, pulse sobre el botón **Más** de la herramienta **Tamaño de fuente** en el grupo **Fuente** de la pestaña **Inicio** y seleccione el número **11**. Tal como ha editado el tamaño, podría editar cualquier otro atributo en cualquier cita con solo seleccionar su texto. Habrá notado que la cita se encuentra dentro de una caja, pues al insertar una cita se inserta en el documento un campo que la contiene. Vale la pena comentar que aunque hemos insertado esta bibliográfica junto al título del texto, esto no es lo habitual en documentos reales. Considérelo solo como una forma de ejemplificar cómo referir la fuente de un documento usando las herramientas de la aplicación.

2 Ahora vamos a escribir el texto de la cita en la que trabajaremos en esta lección. Para ello haga un clic a la derecha del filete que separa el título del texto, pulse la tecla **Retorno** para insertar una nueva línea e introduzca el siguiente texto entre comillas: **"No necesitamos continentes nuevos, sino personas nuevas"**. **(1)**

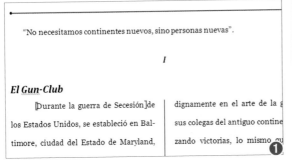

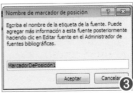

Para insertar un marcador de posición y después crear una cita y rellenar la información de origen, debemos usar la opción **Agregar nuevo marcador de posición**, también en el comando **Insertar cita** del grupo de herramientas **Citas y bibliografía**.

3 Vamos a suponer que está preparando el documento pero ahora no tiene a la mano los datos de la fuente de la cita que está creando. Puede entonces marcar la cita, para más adelante volver a ella a completar la información. Pulse sobre el comando **Insertar cita** del grupo de herramientas **Citas y bibliografía** y seleccione ahora la opción **Agregar nuevo marcador de posición**. **(2)**

4 En el cuadro que se ha abierto, mantenga el nombre **MarcadorDePosicion1** y pulse el botón **Aceptar**. **(3)**

5 Se inserta en efecto el marcador en el lugar que hemos indicado. Supongamos ahora que en otro momento decide introducir la cita. Tenga en cuenta que da igual si el documento ha sido guardado o cerrado antes, o si ha añadido otras citas y marcadores. El procedimiento sería exactamente igual al que haremos a continuación. Pulse sobre el marcador y, al mostrarse el campo que lo contiene, pulse obre el botón **Más**, que como siempre muestra una punta de flecha.

6 En el menú que se despliega escoja la opción **Editar fuente**. **(4)**

7 En primer lugar, indicaremos que la cita procede de un libro. En el cuadro **Editar fuente**, despliegue el campo **Tipo de fuente bibliográfica** y seleccione la opción **Libro**.

8 En el campo **Autor** introduzca el nombre **Julio Verne**. Observe que el ejemplo colocado al pie del cuadro indica que la manera correcta es escribir primero el apellido, seguido de una coma y el nombre del autor. De cualquier forma veremos que, tal como sucedió en la lección pasada, al no usar este formato, la aplicación reorganiza el nombre de forma automática para llevarlo al formato correcto en una fuente bibliográfica del estilo seleccionado.

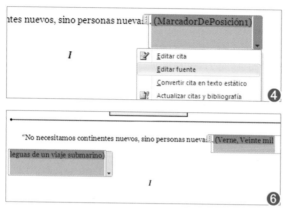

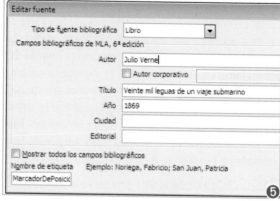

Al pulsar sobre el botón **Más** del marcador de posición, se despliega un menú que permite editar la fuente, la cita, actualizar referencias bibliográficas o convertir la cita en texto estático.

9 En el campo **Título**, escriba **Veinte mil leguas de un viaje submarino.**

10 En el campo **Año**, inserte el valor **1869.** Para acceder al cuadro editar fuente, también podría acceder al cuadro **Administrador de fuentes**, desde el comando **Administrar fuentes** del grupo de herramientas **Citas y bibliografías** de la **Cinta de opciones** y usar el botón **Editar**. Una vez terminada la edición de esta fuente, pulse **Aceptar** para aplicar los cambios. **(5)**

11 Ya podemos ver la cita insertada, que muestra el autor y el título de la obra. **(6)** Vuelva a pulsar en el botón **Más** de la cita y pulse esta vez en la opción **Editar cita**. **(7)**

12 En el cuadro **Editar cita**, pulse en la casilla de verificación de la opción **Título**, en el apartado **Suprimir**,**(8)** haga clic en **Aceptar** y compruebe que el título ya no aparece en la cita. **(9)**

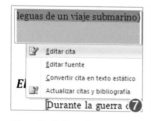

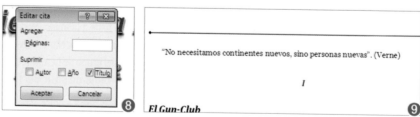

El cuadro **Editar cita** nos permite agregar el número de página en que ésta se encuentra así como suprimir el autor, el año o el título de la fuente.

13 Por último, actualizaremos los datos de las fuentes en la bibliografía. Diríjase al final del documento con el comando **Control+Fin** y use el comando **Re.Pág.** para poder visualizar la bibliografía.

14 Haga clic sobre el título **Bibliografía** para seleccionar este elemento y pulse en el comando **Actualizar citas y bibliografías**.

15 Al momento se ve efectivamente actualizada. **(10)** Como en el título que introdujimos en esta lección se repite el autor **Verne, Julio**, la aplicación lo omite en la segunda mención de acuerdo a las normas de estilo de la **MLA**. ¿Y qué sucederá si cambiamos ahora el estilo? Pulse sobre el comando estilo del grupo **Citas y Bibliografías** y seleccione la opción **APA, 5º edición**. **(11)**

16 Cambia ligeramente el formato y, entre otras cosas, se repite el nombre del autor de acuerdo a la nueva norma seleccionada.

17 Una última cosa antes de terminar esta lección. Pulse ahora sobre el botón de flecha del campo que contiene la bibliografía y, en la galería que se muestra, seleccione la primera opción, **Trabajos citados**. **(12)**

18 El aspecto de nuestro campo vuelve a cambiar, mostrándose en este caso una lista de referencias mucho más sencilla que puede ser más adecuada para ciertos documentos. Pulse fuera del campo para poder contemplar mejor el resultado. **(13)**

19 Finalmente, podemos dar por terminada esta lección. Guarde los cambios y pase a la lección siguiente, con la que cerraremos este apartado sobre el trabajo con referencias.

Lección 69. **Trabajar con títulos**

El comando Insertar título, incluido en el grupo de herramientas Títulos de la ficha Referencias, permite agregar un título a una imagen, una tabla, una ecuación o cualquier otro objeto insertado en el texto. Para la aplicación, en este caso un título es un breve texto que aparece debajo o encima de un elemento para describirlo brevemente, para numerarlo o simplemente para enunciarlo.

1 En este ejercicio aprenderemos a agregar títulos automática y manualmente. Para empezar, veamos el procedimiento que debemos seguir para que al insertar un objeto concreto el programa le añada un título de manera automática. En la pestaña **Referencias** de la **Cinta de opciones**, haga clic en el comando **Insertar título** del grupo de herramientas **Títulos** con el cual trabajaremos en esta lección. **(1)**

2 Se abre de este modo el cuadro de diálogo **Título** en el que podemos especificar las características que tendrán los títulos que insertaremos manualmente y definir los elementos que recibirán títulos de manera automática. Pulse el botón **Autotítulo**. **(2)**

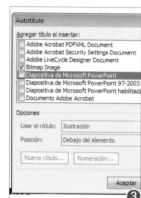

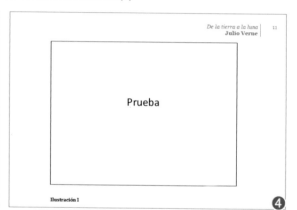

3 En el cuadro de diálogo **Autotítulo**, marque la casilla de verificación de la opción **Diapositiva de Microsoft Office PowerPoint** para indicar que al insertar una diapositiva de **PowerPoint** a modo de objeto ésta reciba automáticamente el título que le corresponde y pulse el botón **Aceptar**. **(3)**

4 Ahora insertaremos una nueva diapositiva en el documento para comprobar que Word le asigna automáticamente un título. Sitúese en la ficha **Insertar** pulsando sobre su pestaña y haga clic en el último icono del grupo de herramientas **Texto**, correspondiente a la herramienta **Insertar objeto**.

5 En el cuadro **Objeto**, seleccione el tipo de objeto **Diapositiva de Microsoft Office Power-Point** y pulse el botón **Aceptar**.

6 Se abre de este modo la nueva diapositiva que hemos insertado. Pulse sobre el campo **Haga clic para agregar un título** e introduzca el texto **Prueba** tal como haría en la aplicación **Power-Point**. Como puede ver, debajo de ella se muestra el título **Ilustración 1**, según lo hemos especificado. Ciérrela haciendo un clic fuera del área de la diapositiva.

7 Al cerrar la diapositiva, la diapositiva con el texto **Prueba** y el título **Ilustración 1**, tal y como hemos especificado. Aprovechemos que hemos insertado una diapositiva en nuestro documento e insertémosle un borde tal como podríamos hacer con cualquier otro objeto insertado. Haga un clic sobre la diapositiva con el botón derecho del ratón, seleccione la opción **Bordes y sombreados** y en el cuadro que se abre seleccione el valor **Cuadro** y pulse en la opción **Aceptar** para enmarcar esta diapositiva que hemos llamado **Ilustración 1. (4)**

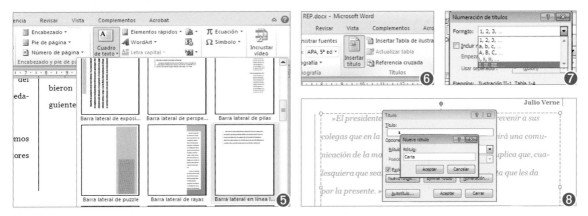

8 A continuación, agregaremos un título a la carta que cierra el texto de nuestro documento, así que pulse la tecla **Re.Pág.** dos veces para llegar al encabezado del texto de la carta, que como recordará está sobre un sombreado amarillo. Ahora vamos a proceder a quitar antes que nada el sombreado y el borde que tienen asignados estos párrafos finales.

9 Coloque el cursor a la derecha, en el comienzo de la primera línea de este párrafo, pulse la tecla **Mayúsculas** y, sin soltarla, pulse con su ratón al final de la última línea de esta sección sombreada para seleccionar todo su contenido.

10 Pulse la combinación de teclas **Control+X** para cortarlo, pues lo insertaremos en un cuadro de texto. Coloque el cursor sobre el área sombreada que ha quedado, abra la pestaña **Inicio** y pulse sobre el comando **Sombreado** para seleccionar la opción **Sin color**.

11 En la pestaña **Insertar de la cinta**, pulse sobre el comando **Cuadro de texto**.

12 Pulse tres veces el botón inferior de su barra de desplazamiento vertical para ver la opción **Barra lateral en línea lateral** y selecciónela con un clic para insertarla en el documento. **(5)**

13 Efectivamente se ha insertado la tabla. Pulse con el botón derecho del ratón sobre ella y en el menú contextual escoja entre las opciones de pegado la opción **Mantener solo texto** para pegar el texto que cortamos hace algunos pasos.

14 Nuestro objeto está listo. Como ya está seleccionado solo queda insertarle el título. Active la ficha **Referencias** pulsando en su pestaña y pulse sobre el comando **Insertar título**. **(6)**

15 En el cuadro **Título**, pulse el botón **Numeración**

16 En el cuadro **Numeración de titulos** que se ha abierto, despliegue el campo **Formato**, seleccione el último de la lista, con números romanos, y pulse el botón **Aceptar** para aplicar los cambios en la numeración de los títulos. **(7)** Ahora vamos a crear un nuevo rótulo.

17 Pulse sobre el botón **Nuevo rótulo**, entre un texto distinto a los que ofrece el programa de forma predeterminada, que son **Ilustración**, **Ecuación** y **Tabla**, que podría ser por ejemplo **Carta** y pulse el botón **Aceptar**. **(8)**

Si no deseamos mostrar el rótulo en el título, sino sólo la numeración de la imagen, debemos activar la opción **Excluir el rótulo del título.**

RECUERDE

En la lista **Rótulo** del cuadro de diálogo Título debemos seleccionar el rótulo que mejor describa al objeto, pudiendo elegir entre Ilustración, Ecuación o Tabla.

18 Pulse el botón **Aceptar** nuevamente, esta vez en el cuadro **Título** para que aparezca en el documento el título de la imagen seleccionada. **(9)**

19 Antes de terminar esta lección, crearemos una tabla de ilustraciones. Use la tecla **Av. Pág.** hasta ubicarse justo bajo la tabla de trabajos citados y coloque ahí el cursor de edición. A continuación pulse sobre el comando **Insertar tabla de ilustraciones. (10)**

20 Se abre el cuadro **Tabla de ilustraciones** en la pestaña del mismo nombre. Este cuadro permite escoger el carácter de relleno para el espacio entre los títulos y los números de páginas, permite eliminar los números de página deseleccionando la opción correspondiente, activada por defecto, cambiar la alineación de estos y usar hipervínculos en cada elemento. Además es posible escoger ente diferentes formatos de tablas y escoger las etiquetas a usar. Si pulsa sobre el botón **Modificar** se abre el cuadro **Estilo** que permite modificar el estilo de fuentes y párrafo de la tabla. El comando **Opciones** por su parte permite generar la tabla de ilustraciones a partir de la bibliografía, citas, encabezados y otros elementos. Para este ejercicio, simplemente pulse sobre el botón **Aceptar**.

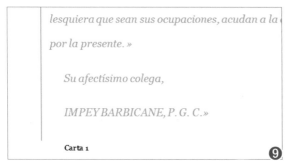

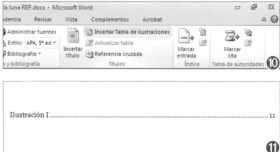

21 Nuestra tabla tiene solo un elemento, pues es la única ilustración titulada del documento. **(11)** En el cuadro anterior ha podido establecer la creación de una tabla de **Cartas**, escogiendo esta opción en el campo **Etiqueta de título**. Finalmente, puede guardar los cambios y cerrar el documento pues hemos terminado con esta lección y con el apartado **Trabajar con referencias** de este manual.

Revisar y proteger

Introducción

En el apartado que ahora comienza hemos incluido aquellas acciones que se realizan en un documento una vez ha terminado de introducir la información en él. Se trata de la revisión de los textos, la introducción y administración de correcciones y comentarios, la protección y otras comprobaciones finales.

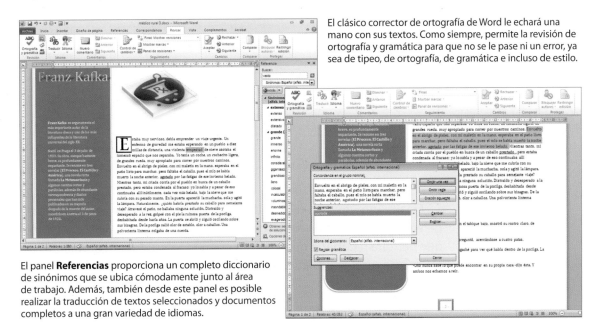

El clásico corrector de ortografía de Word le echará una mano con sus textos. Como siempre, permite la revisión de ortografía y gramática para que no se le pase ni un error, ya sea de tipeo, de ortografía, de gramática e incluso de estilo.

El panel **Referencias** proporciona un completo diccionario de sinónimos que se ubica cómodamente junto al área de trabajo. Además, también desde este panel es posible realizar la traducción de textos seleccionados y documentos completos a una gran variedad de idiomas.

En las primeras lecciones de este apartado tendrá ocasión de conocer la utilidad de las herramientas de revisión de ortografía, de las opciones de **Autocorrección**, búsqueda de **sinónimos** y traducción. Además, trabajará con las herramientas que permiten introducir comentarios, controlar los cambios y **comparar** diferentes versiones de un mismo documento, por ejemplo corregido por varios usuarios.

Las lecciones siguientes están dedicadas a las herramientas vinculadas a la protección y a otras opciones de seguridad y comprobación de los documentos. Conocerá el modo de establecer una **contraseña** para que sólo los usuarios que la sepan puedan acceder al libro y restringir la edición a determinadas zonas, aprenderá a añadir una firma digital para certificar la autoría del documento y comprobará lo sencillo que resulta marcar un libro como final.

Aprenderá también a usar las herramientas de la función **Comprobar si hay problemas**, que es una importante novedad de la aplicación y permite buscar incompatibilidades y posibles problemas de accesibilidad, comentarios, propiedades, encabezados y otros elementos ocultos.

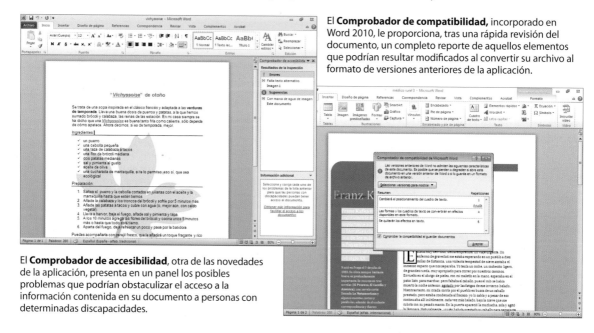

El **Comprobador de compatibilidad,** incorporado en Word 2010, le proporciona, tras una rápida revisión del documento, un completo reporte de aquellos elementos que podrían resultar modificados al convertir su archivo al formato de versiones anteriores de la aplicación.

El **Comprobador de accesibilidad**, otra de las novedades de la aplicación, presenta en un panel los posibles problemas que podrían obstaculizar el acceso a la información contenida en su documento a personas con determinadas discapacidades.

Finalmente, hemos reservado la última lección a la administración de **versiones de un documento**, otra de las novedades de la aplicación que permite recuperar documentos cuando se produzcan problemas en el sistema (cortes del suministro eléctrico, fallos injustificados del programa, etc.).

Lección 70. **Revisión ortográfica y gramatical**

La revisión ortográfica y gramatical de un documento se puede realizar de forma automáti-ca mientras se escribe, si así se establece en el cuadro de opciones de Word. De este modo, nos podemos encontrar con palabras subrayadas por una línea ondulada roja que indican un error ortográfico y otras con el mismo tipo de línea pero de color verde que indican la existencia de un posible error gramatical. En el cuadro de diálogo Ortografía y gramática, la cual la aplicación nos va mostrando todas las sugerencias de corrección una a una para que el usuario seleccione la opción que cree más conveniente entre todas las propuestas.

1 En este ejercicio aprenderemos a revisar la ortografía y la gramática de un documento. Para ello trabajaremos con una nueva versión de uno de los documentos que hemos venido trabajando en este manual. Por favor, descargue ahora de nuestra página web el documento llamado **médico rural 3.docx** y cuando disponga de él, ábralo en Word 2010. Suponemos que lo habrá recono-cido al verlo, puesto que en efecto, sólo hemos introducido unas pocas modificaciones con fines demostrativos.

2 Pulse con el botón derecho del ratón sobre la palabra **empender**, subrayada en color rojo. Apa-rece un menú contextual con varias opciones alternativas a la palabra subrayada que aparecen en negrita. Además se muestran otras opciones permiten omitir la palabra, agregarla al diccionario, establecer un criterio de autocorrección para todas las veces que se introduzca el mismo error o bien modificar el idioma en base al cual se realiza la revisión. Cabe destacar que desde este menú también es posible acceder al cuadro de diálogo **Ortografía y gramática** desde el comando **Or-tografía...** Para este ejercicio pulse sobre la opción **emprender** para proceder con la corrección del término. ¿Verdad que es sencillo? **(1)**

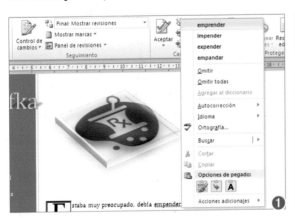

El cuadro **Ortografía y gramática** permite introducir la corrección, omitir el término seleccionado y añadir la entrada al diccionario del usuario entre otras funciones.

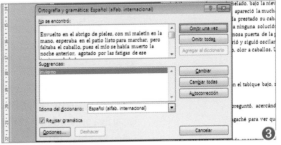

3 Continuemos la revisión con la ayuda de los comandos de la **Cinta de opciones**. Desde ahí iniciaremos la revisión desde el cuadro de dialogo correspondiente, que nos permitirá hacer una revisión más completa, pues incluye ciertas revisiones de gramática que no se ven destacadas en el texto. Vamos a ello. Sitúese en la ficha **Revisar** y en el grupo de herramientas **Revisión**, pulse sobre el comando **Ortografía y gramática**. **(2)**

4 Se abre al momento el cuadro **Ortografía y gramática: Español (alfab. internacional)** ya que es este el idioma de edición que tiene establecido el documento. **(3)** La revisión ortográfica y gramatical empieza desde el punto en el que hemos dejado el cursor de edición y el primer posible error que encuentra está en la palabra **inviarno**, que en el texto del documento esta subrayada en rojo, y en el cuadro **No se encontró** aparece marcada en el mismo color. Word no ha encontrado esta palabra en su diccionario, así que en el cuadro **Sugerencias** muestra una única opción de corrección, que es **invierno** y en efecto es la que corresponde. Mantenga la palabra **invierno** seleccionada y pulse en el botón **Cambiar** para introducir la corrección y seguir adelante con la corrección.

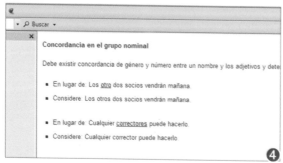

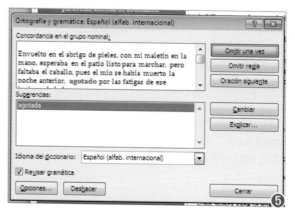

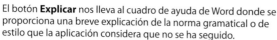

El botón **Explicar** nos lleva al cuadro de ayuda de Word donde se proporciona una breve explicación de la norma gramatical o de estilo que la aplicación considera que no se ha seguido.

5 Se muestra ahora seleccionada la palabra la palabra **agotado**, que no parece tener ningún error. La aplicación la registra como un error de tipo gramatical pues la muestra en color verde. En este caso el texto que está sobre el primer campo donde se muestra la palabra en su contexto, es **Concordancias en el grupo nominal**. Pulse el botón **Explicar**, para ver qué nos dice.

6 El cuadro de ayuda de Word nos presenta una sencilla norma de concordancia en el grupo nominal, ya que considera que no se ha seguido en la palabra en cuestión. Cierre este cuadro para continuar con la corrección. **(4)**

7 En este caso en particular la aplicación ha asociado automáticamente la palabra **agotado** con el sustantivo inmediatamente anterior, **noche**. Sin embargo, al ver la palabra en contexto nos damos cuenta de que en este caso se refiere al sustantivo **caballo** que se encuentra antes de un inciso explicativo. En resumen, la palabra agotado es correcta en esta frase así que esta vez pulsaremos sobre el botón **Omitir una vez**. **(5)**

8 El siguiente término que se muestra en este cuadro es también un error de tipo gramatical, ya que aparece en verde. Por cierto, este tipo de errores se marcan en el documento con una línea ondulada del mismo color. En este caso, efectivamente hay un espacio en blanco que sobra entre la palabra **prestado** y la **coma** así que aceptaremos la sugerencia que hace el programa. Pulse el botón **Cambiar**. **(6)**

9 Podríamos seguir con la corrección pero, en su lugar, abriremos las opciones de corrección. Haga clic sobre el botón **Opciones**.

10 Se abre de este modo el cuadro **Opciones de Word** en la pestaña **Revisión**, mostrando la ficha **Opciones de autocorrección** que permite cambiar ciertas funciones preestablecidas. El primer apartado se refiere a funciones relacionadas con las correcciones de ortografía en los programas de Microsoft Office. Permite, entre otras, establecer si se marcarán las palabras repetidas, con números, en mayúsculas, las direcciones de Internet, si se usan diccionarios personalizados o no. El apartado siguiente se refiere exclusivamente a la corrección en Word, y permite activar o desactivar funciones como la revisión mientras se escribe, si los errores se muestran en el cuadro de diálogo en su contexto, el marcado de errores o la aplicación de ciertas normas gramaticales y de estilo.. **(7)** Finalmente, el último apartado permite establecer excepciones a las normas que se aplicarán de forma exclusiva en el documento actual o en todos los documentos nuevos. En nuestro caso, seleccionaremos las dos opciones que impiden que el programa marque los errores en el documento actual, aunque no por ello deje de identificarlos una vez iniciada la revisión. Como no haremos ningún cambio en este momento, pulse en el botón **Aceptar**.

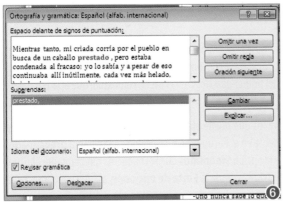

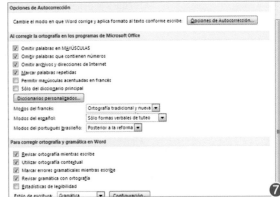

Desde el cuadro **Opciones de autocorrección** se pueden personalizar una serie de aspectos de las revisiones de ortografía, gramática y estilo.

11 Continuamos con la revisión y ahora aparece en el cuadro de revisión el apellido **Brod**, que no es un error. Si pulsa ahora el botón **Omitir todas**, impedirá que si vuelva a aparecer la palabra en este documento, el programa la identifique como un error. Pero haremos algo diferente. Para que el programa lo añada a su diccionario y el programa no la considere errónea la próxima vez que la encuentre en cualquier otro documento, pulse el botón **Agregar al diccionario**.

12 De este modo hemos llegado al final de la corrección, tal y como indica el cuadro de advertencia que estamos viendo en pantalla. Pulse el botón **Aceptar** para dar por finalizada la revisión.

13 Pulse la combinación de teclas **Control+Inicio** para situarse al principio del documento y comprobar que, tras la revisión, no aparecen términos marcados como errores ortográficos o gramaticales y luego guarde los cambios para pasar a la lección siguiente.

Lección 71. **Búsqueda de sinónimos y referencias**

Microsoft Word facilita sinónimos extraídos de su diccionario para ayudarle a mejorar la fluidez y elegancia de sus textos. Son muchas las ocasiones en que nos repetimos continuamente abusando de un mismo término a lo largo de un documento. El comando Sinónimos, que encontramos en el grupo de herramientas Revisión de la ficha Revisar, nos conduce al panel Referencia, donde podemos buscar sinónimos, o lo que es lo mismo, diferentes palabras con un mismo significado.

1 En este ejercicio aprenderemos a buscar sinónimos en Word. Para ello, seguiremos trabajando con el documento **médico rural 3.docx**. Haga clic con el botón derecho del ratón sobre el término **preocupado**, en la primera línea del primer párrafo, y, en el menú contextual que aparece, seleccione la opción **Sinónimos**.

2 Aparecen varios sinónimos entre los que puede elegir. En caso de pulsar sobre cualquiera de ellos éste se insertará automáticamente en el documento sustituyendo a la palabra **preocupado**. El menú contextual también ofrece la opción **Sinónimos** que le conduciría directamente al panel **Referencia**, pero esto lo haremos en breve desde la **Cinta de opciones**, así que por ahora, haga clic sobre la palabra **nervioso**. **(1)**

El menú contextual de cualquier palabra dispone de la función **Sinónimos**, que contiene una lista de palabras del diccionario de sinónimos de Word.

3 Efectivamente, la **preocupado** ha sido sustituida por **nervioso**. A continuación, coloque el cursor de edición sobre la palabra **emprender**, también en la primera línea, con un clic. Ahora accederemos al panel **Referencia**. Tras situarse en la pestaña **Revisar** de la **Cinta de opciones**, pulse en el comando **Sinónimos**, que muestra un libro abierto en el grupo de herramientas **Revisión**. **(2)**

4 Se activa automáticamente el comando **Referencia** en el mismo grupo de la **Cinta de opciones** al tiempo que se abre el panel **Referencia**, mostrando los sinónimos de la palabra **emprender**, que ahora se muestra seleccionada en el texto. **(3)** Como podrá ver, la aplicación ha buscado por defecto sinónimos en el idioma **Español (Alfabetización internacional)**, y presenta los sinónimos organizados según los diferentes significados de esta (que se muestran en **negritas** a manera de títulos de apartado). Vamos a utilizar este panel para localizar sinónimos de la palabra **vasto**, que está al comienzo de la cuarta línea, aunque en este caso lo vamos a escribir. En el campo **Buscar** introduzca dicho término y pulse la tecla **Retorno**. **(4)**

5 Automáticamente Word busca y muestra los sinónimos en español de la palabra **vasto** que ha encontrado en su diccionario. Sobre el texto del documento, seleccione con un doble clic esta palabra que aparece en la cuarta línea del texto.

6 Vamos a sustituir esta palabra por uno de los sinónimos que se muestran en el panel **Referencia**. Sitúe el puntero del ratón sobre el término **inmenso** en la lista de sinónimos propuesta, pulse sobre el botón de punta de flecha que aparece y, del menú de opciones que se despliega, elija con un clic la opción **Insertar**. **(5)**

7 La palabra seleccionada se inserta en el documento sustituyendo al término **vasto**. Ahora vamos a utilizar el panel **Referencia** para buscar sinónimos de la palabra **tempestad**. En este caso seleccione esta palabra en la tercera línea del texto y pulse sobre el botón **Siguiente búsqueda**, que muestra una flecha apuntando hacia la derecha dentro de un círculo verde.

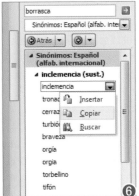

8 Automáticamente se añade la palabra al campo **Buscar** en el panel **Referencia** y se muestran sus sinónimos. Vamos a trabajar con una de estas opciones. Coloque el cursor sobre el término **borrasca** en la lista de sinónimos propuestos, pulse en el botón de punta de flecha que aparece y haga clic en la opción **Buscar**.

9 De nuevo el motor de búsqueda de sinónimos se pone en marcha y aparecen los sinónimos del término **borrasca**. Coloque el puntero del ratón esta vez sobre la palabra **inclemencia** y, cuando aparezcan sus opciones, pulse sobre la segunda, **Copiar**. **(6)**

10 Coloque el cursor de edición esta vez al final del primer párrafo, después de la palabra **cuerda**, despliegue el menú contextual de texto con un clic en el botón derecho del ratón y observe las opciones de pegado: como se trata de una entrada del diccionario, sólo está activada la opción **Mantener sólo texto**. Pulse sobre ella. **(7)**

11 La palabra **inclemencia** se pega al momento en el documento. Pulse el comando **Control+Z** para deshacer esta última acción.

12 Ahora pulse sobre el botón de punta de flecha del comando **Atrás**. Como verá, se despliega una lista de todas las búsquedas que hemos realizado en esta sesión, indicando el diccionario consultado en cada caso, que siempre ha sido el mismo. Seleccione con un clic la opción **vasto**. **(8)**

13 Evidentemente al momento se vuelven a mostrar los resultados de la búsqueda de esta palabra. Además, se activa nuevamente el comando **Siguiente búsqueda**. Pulse sobre su botón de punta de flecha ahora.

También es posible acceder al panel **Referencia** usando el comando del mismo nombre de la ficha **Revisar** o la combinación de teclas **Mayúsculas+F**.

197

14 Se han almacenado todas las búsquedas que seguían a la palabra **vasto**. Es decir, la aplicación mantiene aún guardadas todas las búsquedas de esta sesión de trabajo. **(9)**

15 Se habrá fijado seguramente en que al lado de cada sinónimo destacado en **negrita** a modo de título de apartado, se muestra un pequeño triángulo. Pulse ahora sobre este icono junto a la palabra **grande**.

16 Todos los sinónimos relacionados con esa palabra se ocultan y podemos ver parte del contenido que antes permanecía tapado en la parte baja del pánel. **(10)** Desde luego que también puede ver las opciones restantes usando la barra de desplazamiento vertical.

17 Antes de terminar, pulse sobre el botón de flecha que se encuentra junto al segundo campo del panel, que muestra el texto **Sinónimos: Español (Alfab. internacional)**. Se despliega una lista con dos apartados: **Todos los libros de referencia**, que incluye los diferentes diccionarios que puede consultar la aplicación, tanto en línea como dentro de sus propios archivos, y **Todos los sitios de referencia**, donde se incluyen sitios externos para cuya búsqueda esté configurada la aplicación. Mantenga la selección del **Español internacional**. **(11)** Las opciones que se muestran en este cuadro pueden ser modificadas desde el cuadro **Opciones de referencia**, al que se accede haciendo uso del vínculo que se muestra al pie del panel con el mismo texto. **(12)**

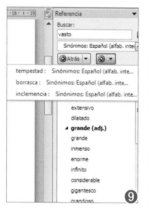

18 Finalmente, cierre el panel **Referencia** pulsando el botón de aspa de su cabecera, guarde los cambios y pase directamente a la siguiente lección donde continuaremos trabajando con este documento.

Lección 72. **Usar la autocorrección**

La ficha Autocorrección del cuadro del mismo nombre se refiere básicamente a todas aquellas correcciones de tipo ortográfico, gramatical o léxico que la aplicación puede realizar de manera automática al introducir un texto. Esta ficha permite configurar cuáles se deben aplicar y bajo qué criterios. En este ejercicio trabajaremos con las diferentes opciones de autocorrección que nos ofrece Word 2010.

1 Para empezar, nos situaremos al final del documento de ejemplo **médico rural.docx**. Para ello basta con hacer clic dos veces en la parte inferior de la barra de desplazamiento vertical. A continuación haga un clic debajo de la fotografía para colocar el cursor de edición en la línea siguiente.

2 Escribiremos ahora una palabra en minúsculas para comprobar cómo se comporta Word en este caso. Escriba en minúsculas el nombre **kafka** seguido de un punto. **(1)**

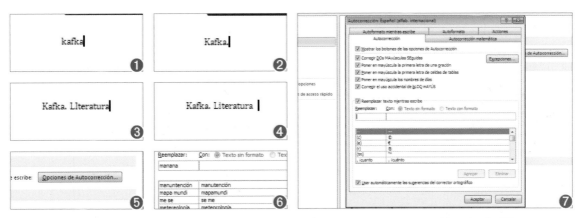

3 Automáticamente, el programa ha cambiado la **k** minúscula por una **k** mayúscula obedeciendo a dos de las reglas de la autocorrección. **(2)** La primera regla es que al iniciar una frase, la primera letra debe estar en mayúsculas y la segunda, que los nombres propios también van siempre en mayúsculas. Observe por cierto una curiosidad: el vasto diccionario de la versión 2010 de la aplicación incluye una gran lista de nombres propios. A continuación, pulse la barra espaciadora, inserte la palabra **Literatura** con las dos primeras letras en mayúsculas y pulse de nuevo la barra espaciadora. **(3)**

4 Como ve, el programa ha detectado la existencia de dos mayúsculas seguidas y automáticamente ha corregido el error. **(4)** Veamos ahora cómo añadir nuevas palabras en el cuadro de autocorrección. Pulse sobre la pestaña **Archivo**, haga clic sobre el comando **Opciones**, seleccione la ficha **Revisión** y finalmente pulse el botón **Opciones de Autocorrección** dentro del primer apartado de este cuadro. **(5)**

5 Desde el apartado **Reemplazar texto mientras escribe** del cuadro **Autocorrección** puede establecer que cada vez que escriba una palabra de manera incorrecta el programa la sustituya por su forma correcta. **(6)** Haga clic en el campo **Reemplazar**, escriba la palabra **manana** y observe como al insertar la primera letra, el listado situado en la parte inferior muestra las entradas que ya tiene registradas y que empiezan por esa misma letra. **(7)**

6 Haga clic en el campo **Con**, escriba la forma correcta **mañana** y pulse el botón **Agregar**.

El cuadro de diálogo **Autocorrección** se activa desde la categoría **Revisión** del cuadro de **opciones de Word** y en él aparecen cinco fichas con distintos aspectos de las correcciones que el programa lleva a cabo de manera automática.

7 En estos momentos el botón **Eliminar** se ha activado por lo que, en caso de querer suprimir alguna de las entradas de autocorrección, tan sólo debería seleccionarla y luego pulsar dicho botón. Pulse ahora nuevamente en el campo **Reemplazar**, introduzca la letra **l (8)** y observe las entradas que se muestran, todas ellas errores habituales de concordancia de género. **(9)**

8 Ahora iremos al documento nuevamente para verificar si el programa ha asimilado la nueva entrada de autocorrección. Pulse el botón **Aceptar** de los cuadros **Autocorrección** y **Opciones de Word**.

9 De nuevo en el documento, inserte junto a la palabra **Literatura**, donde aún debe estar el cursor de edición, la palabra incorrecta **manana**, en minúsculas. **(10)**

Al insertar una letra en el campo **Reemplazar**, la situada en la parte inferior del cuadro **Reemplazar texto mientras escribe** muestra las entradas registradas que empiezan por la misma letra.

10 Efectivamente, el programa ha reemplazado la palabra por la forma correcta **mañana**. **(11)** Ahora aprenderemos a crear excepciones a las reglas del programa, para lo que debemos acceder nuevamente al cuadro **Autocorrección**. Desde la pestaña **Archivo**, pulse sobre el comando **Opciones**, active la ficha **Revisión** en el cuadro de diálogo **Opciones de Word** y pulse sobre el botón **Opciones de autocorrección**.

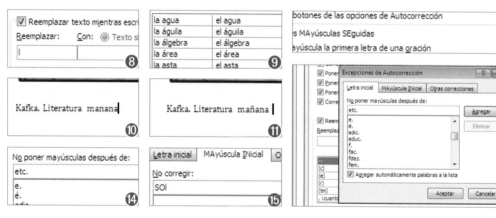

11 Gracias a las excepciones podemos conseguir que ciertas palabras acepten dos mayúsculas seguidas, que otras no se escriban tal y como está establecido por el diccionario del programa, o bien que las palabras situadas detrás de una abreviación específica no empiecen en mayúsculas. En la ficha **Autocorrección**, pulse el botón **Excepciones**. **(12)**

12 La primera de las tres fichas del cuadro **Excepciones de Autocorrección**, **Letra inicial**, permite insertar una abreviación o cualquier otra palabra seguida de un punto después de la cual no es necesario que se escriban mayúsculas. **(13)** En este caso, agregaremos la abreviatura de la palabra **etcétera**. Haga clic en el campo **No poner mayúsculas después de**, escriba la abreviación **etc.** y pulse el botón **Agregar**. **(14)**

13 A continuación, pulse sobre la pestaña **MAyúscula INicial** para activar esa ficha, en la cual se insertan aquellas palabras que pueden contener, a diferencia del resto, más de una letra en mayúsculas. Como verá, la lista está vacía. Haga clic en el campo **No corregir**, escriba la palabra **SOI** con las dos primeras letras en mayúsculas y pulse el botón **Agregar**. **(15)**

14 Active ahora la ficha **Otras correcciones**, que es la última del cuadro **Excepciones de Autocorrección** y se utiliza para insertar aquellas palabras que no desea sean corregidas. En el cuadro **No corregir** deberá insertarse la palabra mal escrita. Haga clic sobre él, escriba en minúsculas las palabras **la agua** y pulse los botones **Agregar** y **Aceptar** de este cuadro. **(16)**

15 Termine la operación pulsando el botón **Aceptar** del cuadro **Autocorrección** y cierre también el cuadro **Opciones de Word** pulsando el botón **Aceptar**.

16 A continuación, comprobaremos si el programa ha asimilado las excepciones que acabamos de introducir. Pulse la tecla **Retorno**, escriba en la nueva línea la abreviatura **etc.** y luego pulse la **Barra espaciadora. (17)**

17 La aplicación corrige en este caso la inicial a mayúsculas, por comenzar una oración. **(18)** Escriba en minúsculas la palabra **azul** y pulse la barra espaciadora. **(19)**

18 Efectivamente, la excepción después de la abreviatura se cumple y el término **azul** continúa en minúsculas a pesar de encontrarse tras un punto. **(20)** Seguidamente, pulse la tecla **Retorno** dos veces, inserte un punto, un espacio con la barra espaciadora, finalmente la palabra **SOl** con las dos primeras letras en mayúsculas y pulse **Retorno. (21)**

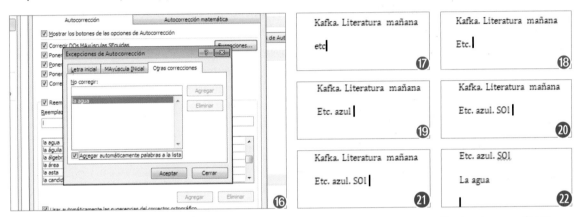

19 También en este caso se conservan las dos mayúsculas seguidas, pues hemos añadido una excepción a su autocorrección aunque por ello Word no deja de marcar la palabra como error ortográfico. Por último, inserte en minúsculas las palabras **la agua** y pulse la tecla **Retorno**.

20 No se cambia el artículo **la** por **el** aunque sí se ha aplicado la corrección de primera letra de párrafo en mayúsculas. **(22)** Para acabar este completo ejercicio, guarde los cambios realizados en el documento pulsando el icono **Guardar** de la **Barra de herramientas de acceso rápido**.

Gracias a las **excepciones** podemos conseguir que para ciertas palabras se acepten dos mayúsculas seguidas, que otras no se escriban tal y como está establecido por el diccionario, o bien, que las palabras situadas detrás de una abreviación específica no empiecen en mayúsculas.

Lección 73. **Añadir un símbolo por autocorrección**

Ya hemos visto que Word 2010 permite añadir un elemento propio de autocorrección al listado de textos para reemplazar. Ahora veremos que, del mismo modo, podemos establecer la inserción de símbolos por este método. Para ello basta con seleccionar el símbolo que queramos en el cuadro Símbolo y utilizar el botón Autocorrección para asignarle una combinación de texto específica. Siempre y cuando se encuentre activada la opción de autocorrección, al insertar esa combinación en el documento, ésta se sustituirá por el símbolo indicado.

1 En este ejercicio veremos cómo crear y configurar nuestro propio elemento de autocorrección. Haremos que una combinación concreta de texto se sustituya automáticamente por un símbolo al insertarla en el documento. Para empezar, debemos acceder al cuadro **Símbolo**. Haga clic en la pestaña **Insertar** de la **Cinta de opciones** y en el grupo de herramientas **Símbolos**, pulse el comando **Símbolo** y elija la opción **Más símbolos**. **(1)**

2 Tal vez no haya observado en la lección correspondiente a esta herramienta que la ficha **Símbolos** del cuadro **Símbolo** incluye el botón **Autocorrección**, a través del cual podemos hacer que una combinación de texto se corrija automáticamente y se sustituya por uno de los símbolos disponibles. Seleccione con un clic el símbolo **Pi (Π)** de la fuente **Symbol**, ubicado en la segunda línea y pulse el botón **Autocorrección**. **(2)**

El cuadro de diálogo **Símbolo** permite asociar un símbolo a una orden de autocorrección o a una combinación de teclas.

3 Se abre de este modo el cuadro **Autocorrección**, en cuyo apartado **Reemplazar texto mientras escribe** debemos introducir la combinación de texto que queremos utilizar para insertar automáticamente el símbolo seleccionado. Observe que dicho símbolo aparece ya en el campo **Con**. Haga clic en el campo **Reemplazar**, escriba la combinación **pi/** y pulse el botón **Agregar**. **(3)**

4 Al momento puede comprobar que el elemento ha sido agregado el elemento de autocorrección a la lista. **(4)** Ahora pulse el botón **Aceptar** para salir del cuadro **Autocorrección**.

5 Ya sabe que si pulsa ahora sobre el botón **Insertar** del cuadro **Símbolos,** el símbolo **pi**, que es el que está seleccionado en estos momentos, se insertará en el punto en que se halla el cursor de edición. Por otra parte, desde el botón **Teclas** puede acceder al cuadro **Personalizar teclado** en el cual puede establecer en lugar de una combinación de texto, una combinación de teclas más comando, es decir, una combinación que incluya alguno de los comandos del teclado. Sin embargo, en lugar de ello comprobaremos que la configuración del elemento de autocorrección que acabamos de llevar a cabo funciona correctamente. Cierre el cuadro **Símbolo** pulsando el botón **Cerrar**.

6 Con el cursor de edición en la última línea en blanco del documento, escriba la combinación **pi/** y pulse la tecla **Retorno** para confirmar en este ejercicio la entrada. **(5)**

7 Efectivamente, la combinación se convierte de manera automática en el símbolo que hemos indicado en el mismo momento en que introduce la segunda barra. **(6)** Pulse el icono **Guardar** de la **Barra de herramientas de acceso rápido** para almacenar los cambios.

Al escribir en un documento el texto establecido en el cuadro **Autocorrección**, este es reemplazado de inmediato por el símbolo asignado.

Lección 74. **Autocorrección desde la etiqueta inteligente**

L as opciones de Autocorrección no sólo figuran dentro del cuadro de diálogo Autocorrección sino que también se presentan en forma de etiqueta inteligente. Microsoft Word identifica aquellas palabras que podrían ser objeto de cualquier modificación o cambio desde el cuadro de autocorrección y las marca situando una pequeña línea de color azul bajo las mismas.

1 En este ejercicio practicaremos con la etiqueta inteligente **Opciones de Autocorrección**, que nos ofrece una serie de acciones que podemos llevar a cabo con una palabra que Word no encuentra en su diccionario. Escriba en minúsculas la palabra **metamorfósis**, comenzando en minúsculas y con un acento erróneo en la segunda **o**, y pulse la barra espaciadora. **(1)**

2 Automáticamente, Word aplica la regla por la cual las oraciones deben empezar en mayúsculas y además corrige el acento automáticamente. **(2)** Sitúe el puntero del ratón sobre la letra **m** de esta palabra para que aparezca una pequeña barra azul que la subraya. **(3)** Al aparecer esta, haga clic sobre ella para ver las opciones de la etiqueta inteligente **Opciones de Autocorrección**. Cada vez que se aplica una autocorrección, tiene la posibilidad de activar esta etiqueta con este sencillo procedimiento. Ahora seleccione la opción **Controlar opciones de Autocorrección**. **(4)**

3 Aparece en pantalla el cuadro de diálogo **Autocorrección** con la ficha de igual nombre activada. Tome nota de este modo abreviado de acceder a este cuadro, sin necesidad de abrir de usar el comando de la ficha **Revisión** del cuadro **Opciones de Word**. Pulse el botón **Aceptar**.

4 A continuación, sitúe de nuevo el puntero sobre la letra **M** de la palabra **Metamorfosis** y, cuando aparezca la línea azul, pulse sobre ella para volver a desplegar las opciones de autocorrección.

5 Analicemos ahora las otras opciones de la etiqueta inteligente **Opciones de Autocorrección**, que dependen de la palabra y la regla que se haya aplicado a la misma. La primera opción permite deshacer todas las correcciones aplicadas. En este caso la segunda opción tiene relación con el uso de las mayúsculas mientras que la tercera se refiere a la corrección automática del acento. Haga clic sobre la opción **Dejar de usar mayúsculas automáticamente en la primera letra de las frases**. **(5)**

6 La palabra se muestra ahora en minúsculas, lo que indica que no se aplicado la regla de mayúsculas al inicio de oración. Además aparece subrayada en verde puesto que está incumpliéndose la norma gramatical. **(6)** Aún volveremos a abrir la etiqueta inteligente. Actívela y despliéguela nuevamente.

7 La opción **Dejar de usar mayúsculas automáticamente en la primera letra de las frases** se muestra destacada en amarillo marcada con un signo de verificación. Además, se ha añadido la opción **Rehacer Correcciones automáticas**. Por otra parte, aún puede escoger la opción **Detener la corrección automática de "metamorfósis"** o abrir el cuadro de opciones de autocorrección. Vamos a hacer ahora esto último. **(7)**

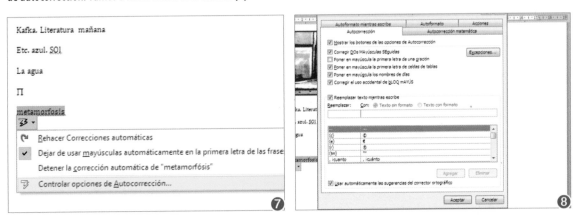

8 El cuadro **Autocorrección** muestra deseleccionada la opción **Poner en mayúsculas la primera letra de una oración**, es decir, la opción que escogimos en la etiqueta inteligente pasos atrás ha cambiado la configuración general de la autocorrección. Vuelva a activar esta opción y pulse el botón **Aceptar. (8)**

9 Para terminar este sencillo ejercicio, vuelva por última vez sobre la palabra **metamorfosis** en pantalla, pero esta vez abra su menú contextual pulsando sobre la opción correspondiente y seleccione la opción correcta **Metamorfosis** del corrector ortográfico.

10 Con esta última acción hemos terminado esta lección, así que ahora puede guardar los cambios para continuar con la lección que viene.

Lección 75. **Configurar autoformato**

El formato automático facilita y agiliza la entrada de determinado tipo de texto. Las opciones específicas disponibles en las fichas Autoformato y Autoformato mientras escribe del cuadro Autocorrección dependen del programa de la suite de Office que utilice. En Word 2010, entre las acciones realizadas por el autoformato destacan la aplicación de estilos, el reemplazo de quebrados por caracteres de fracción y el de números ordinales de tipo por superíndice.

1 Para comenzar este ejercicio, en el que continuaremos trabajando en el documento **médico rural3.dox** vamos a añadir un par de comandos a la **Barra de herramientas de acceso rápido**. Pulse sobre el botón **Más** que está al final de esta y seleccione la opción **Más comandos**.

2 En el campo **Comandos disponibles en** seleccione la opción **Todos los comandos** y a continuación use la barra de desplazamiento vertical del panel que está a la izquierda para ubicar el comando **Autoformato...** Selecciónelo y pulse sobre el botón **Agregar**. (1)

La función **Autoformato** que se incluía en Office 2003 permanece oculta en Office 2010, pero es posible añadirla a la Barra de herramientas de acceso rápido haciendo uso de la opción de visualización **Todos los comandos**.

3 El comando ha sido añadido a la **Barra**. (2) Ahora haga clic en la pestaña **Archivo** y pulse sobre el comando **Opciones**.

4 En el cuadro **Opciones de Word**, pulse sobre la categoría **Revisión** del panel de la izquierda y haga clic en el botón **Opciones de Autocorrección**.

5 Como puede ver, el cuadro de diálogo **Autocorrección** incluye dos fichas que hacen referencia al formato automático: **Autoformato mientras escribe** y **Autoformato.** Haga clic en la primera de ellas para visualizar su contenido.

6 En esta ficha se encuentran una serie de opciones de formato automático de texto que pueden facilitar y agilizar enormemente la introducción de determinados tipos de texto. Como ve, todas estas acciones son aplicadas al mismo momento de escribir en un documento. Entre otras acciones, Word cambiará automáticamente las fracciones escritas con caracteres normales por fracciones con caracteres de fracción y también los números ordinales por superíndices. Además, aplicará mientras escribe listas automáticas con viñetas y con números, líneas de borde y tablas. Para cambiar el estado de cualquiera de las opciones de autoformato que se muestran en esta ficha, basta con pulsar en su casilla de verificación. Mantenga las opciones de autoformato mientras escribe tal y como aparecen en esta ficha y pulse el botón **Aceptar**. (3)

7 Salga también del cuadro **Opciones de Word** pulsando el botón **Aceptar**.

8 Vamos a comprobar ahora que, efectivamente, las funciones de autoformato activadas por defecto hacen que se aplique un formato de texto específico a determinados tipos de texto. Con el cursor de edición colocado después de la palabra **Metamorfosis**, pulse la tecla **Retorno** para cambiar de línea y escriba la fracción **1/2** y pulse la barra espaciadora. **(4)**

9 Automáticamente la fracción pasa a mostrarse con el símbolo de la fracción, con caracteres más pequeños que los normales. **(5)** Ahora escriba la combinación **1o** y pulse la barra espaciadora. **(6)**

10 También en este caso se aplica la opción de formato automático correspondiente, la que convierte la letra **o** en un superíndice. **(7)** Ahora pulse la tecla **Retorno**, introduzca un guión simple (-), un espacio y escriba las palabras **La Metamorfosis**. **(8)**

11 Habrá observado que al momento de pulsar sobre la barra espaciadora se aplicó una sangría de primera línea antes del guión y después de este una sangría izquierda. Como se trata de una Autocorrección, se muestra además la etiqueta inteligente. Pulse ahora nuevamente la tecla **Retorno** y escriba las palabras **El Proceso**. **(9)**

12 Efectivamente, la aplicación ha asumido que se trata de una lista y ha convertido el guión una viñeta, de manera que lo ha repetido en la línea siguiente. Una vez comprobado que las opciones del cuadro **Autoformato mientras se escribe** se aplican correctamente, vamos a abrir ahora el cuadro **Autocorrección** en la ficha **Autoformato**. Para ello, nuevamente pulse sobre pestaña **Archivo** y seleccione el comando **Opciones**.

13 En el cuadro **Opciones de Word**, de nuevo pulse sobre la categoría **Revisión** del panel de la izquierda y haga clic en el botón **Opciones de Autocorrección**.

14 Haga un clic ahora en la pestaña **Autoformato** para ver sus opciones. Como verá, en general se parecen bastante a las del cuadro **Autoformato** mientras escribe, salvo que en este caso están divididas en **Aplicar** y **Reemplazar**. Además se añade la opción de aplicar **Autoformato** a aquellos correos electrónicos que no tengan formato aplicado. Cierre ahora este cuadro y el de opciones para ver su aplicación. **(10)**

15 Para ello, primero coloque el cursor de edición con un clic en la primera página del documento, justo antes del título, y pulse sobre el acceso directo al comando **Autoformato** que añadimos a la **Barra de herramientas de acceso rápido**.

16 Se abre el cuadro **Autoformato** que le permite escoger si desea **Aplicar autoformato ahora** o **Aplicar Autoformato y revisar cada cambio**. Si pulsa sobre el botón **Opciones...**

Las funciones más importantes y útiles de la antigua función **Autoformato** se resumen en las opciones de las fichas **Autoformato mientras escribe** y **Autoformato** del cuadro **Autocorrección.**

abrirá directamente el cuadro de opciones de **Autocorrección** que conocemos. Mantenga la opción **Aplicar Autoformato y revisar cada cambio** seleccionada y pulse el botón **Aceptar**. (11)

17 Se abre un cuadro de diálogo que informa de que el proceso ya ha sido completado y permite aceptar o rechazar todos los cambios con los botones respectivos, revisar los cambios uno a uno o editar con la galería de estilos. Para este ejercicio, pulse sobre el botón **Revisar cambios**. (12)

18 Se muestran en el documento todas las marcas ocultas y se indican a la derecha los cambios aplicados. Además se abre el cuadro **Revisar cambios realizados por Autoformato**. El primer cambio aplicado es de estilo. Se ha aplicado el estilo **Título 2** al nombre del autor, **Franz Kafka**. Como no se trata de un título, pulse en el botón **Rechazar**. (13)

19 El estilo es eliminado y ahora nos indica que se ha aplicado una edición normal y que se ha marcado este mismo nombre como **Texto independiente**. Pulse el botón **Cancelar** para dejar aquí la revisión, aunque como ve podría continuar con el proceso de esta forma.

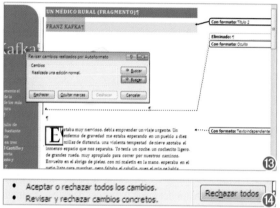

Si selecciona la opción **Aplicar autoformato ahora**, los cambios se aplican directamente en todo el documento.

20 En el cuadro **Autoformato**, pulse la opción **Rechazar todos**. (14)

21 Al momento el texto vuelve a su apariencia anterior y, entre otras cosas, se eliminan las viñetas que se veían en el diálogo que se encuentra al pie de la primera página. Pulse una vez en la parte inferior de la barra de desplazamiento vertical para comprobarlo y guarde los cambios para pasar a la lección siguiente.

Lección 76. **Establecer el idioma de corrección**

El comando Establecer el idioma de corrección, que se incluye en esta versión del programa en el nuevo grupo de herramientas Idioma de la ficha Revisar, permite definir el idioma y los diccionarios que se utilizarán tanto para la revisión ortográfica y gramatical como para las herramientas de autocorrección, autotexto, etc.

1 En este ejercicio continuaremos trabajando en el mismo documento, **médico rural.docx** así que para comenzar, ubíquese al comienzo del documento nuevamente haciendo uso de la combinación **Control+Inicio**. Ahora, sitúese en la pestaña **Revisar**, despliegue el comando **Idioma** del grupo de herramientas del mismo nombre y elija la opción **Establecer idioma de corrección**. **(1)**

2 Se abre de este modo el cuadro de diálogo **Idioma**. Como verá, este cuadro permite escoger entre una lista de idiomas, y además decidir si desea aplicarlo a este documento o establecerlo como predeterminado. Además, puede escoger en este cuadro no revisar ni ortografía ni gramática, o detectar el idioma automáticamente, opción esta última seleccionada por defecto. Las opciones **Español (alfab. internacional)** e **Inglés (Estados Unidos)**, que muestran el icono con el signo de verificación y las letras **ABC**, son los únicos que tienen disponible la corrección de ortografía y gramática. **(2)** Para salir del cuadro, pulse la opción **Aceptar** sin cambiar ninguna opción.

3 Ahora diríjase al final del documento usando las teclas **Control+Fin** y pulse la tecla **Retorno** un par de veces para añadir una línea en blanco.

4 A continuación, escribiremos alguna palabra en inglés para ver si el programa la corrige y la identifica como distinta al idioma predefinido, en este caso, el español de España con alfabeto internacional. Escriba el término **Tomorrow** y pulse la barra espaciadora.

5 Como puede ver, el programa marca automáticamente la palabra como un error ortográfico, ya que no la encuentra en su diccionario de español. **(3)** Haga clic con el botón derecho del ratón sobre la palabra señalada para desplegar su menú contextual.

6 El menú contextual del término ofrece las sugerencias de corrección del mismo y permite también acceder al cuadro **Idioma** para definir el idioma. Pulse sobre la opción **Idioma** y haga clic en el comando **Inglés (Estados Unidos)**. **(4)**

7 Como ve, la **Barra de estado** muestra el idioma configurado para el texto seleccionado. **(5)**

8 Ahora coloque nuevamente el cursor al final de esta palabra y pulse la tecla **Retorno**, para borrar la letra **w** e introduzca un espacio con la barra espaciadora

9 La aplicación subraya la palabra en rojo, pues tiene un error de ortografía. **(6)** Seguidamente, iniciaremos la revisión ortográfica y gramatical para ver en qué idioma se realiza la revisión ahora. Pulse sobre el comando **Ortografía y gramática**, en el grupo de herramientas **Revisión**.

10 En el cuadro de diálogo **Ortografía y gramática** el idioma del diccionario es el **Inglés (Estados Unidos)**. En este caso, el programa informa que no ha encontrado el término **Tomorro** y propone sustituirlo por su forma correcta **Tomorrow**. **(7)** Acepte la sugerencia de corrección pulsando el botón **Cambiar**.

El **corrector** de ortografía y gramática de Word le guía por los posibles errores y los presenta uno a uno para su evaluación.

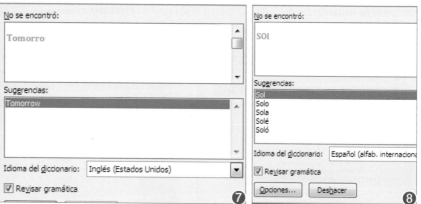

11 Para la siguiente palabra, que es **SOI**, la aplicación vuelve a utilizar el diccionario de **Español (Alfab. internacional)**, pues el cambio de idioma automático se ha aplicado solamente a la palabra de habla inglesa que estaba seleccionada. **(8)** Pulse ahora el botón **Cerrar** para salir de este cuadro.

12 A continuación, veremos cómo cambiar la configuración de idioma predeterminada. Despliegue de nuevo el comando **Idioma** del grupo de herramientas del mismo nombre y elija la opción **Establecer idioma de corrección**.

13 En el cuadro **Idioma**, haga clic sobre el idioma **Español (alfab. internacional)** y pulse el botón **Establecer como predeterminado**.

14 Word entiende así que deseamos predeterminar el idioma español para todos los documentos nuevos del programa basados en la plantilla Normal. Pulse el botón **Sí (9)** y luego el botón **Cerrar**.

15 Por último, vuelva a pulsar sobre el comando **Idiomas** de la **Cinta** y seleccione esta vez **Preferencias de idioma**.

16 Se abre ahora el cuadro **Opciones de Word** en la ficha **Idioma**. El primer apartado permite elegir los idiomas de edición, que son los que determinan características como diccionarios y revisión gramatical y ortográfica. Esta lista contiene por defecto los idiomas **Español (alfab. internacional)** e **Ingles (Estados Unidos)** con los que hemos venido trabajando. En la lista se indica que, tal como hemos visto, ambos tienen instalada la herramienta de corrección y habilitada la distribución de teclado correspondiente. Vamos a añadir otro idioma a esta lista. Pulse sobre el botón de flecha del campo desplegable **[Agregar idiomas de edición adicionales]**, en la lista que se despliega escoja la opción **Alemán (Alemania)** y pulse el botón **Agregar**. **(10)**

17 El idioma seleccionado pasa a la lista de idiomas de edición pero la aplicación nos informa en primer lugar que la distribución del teclado para **Alemán** no está habilitada. **(11)** Al colocar el cursor sobre el texto que así lo indica una etiqueta flotante recomienda habilitarla. Esto podría hacerlo pulsando en el vínculo que oculta la opción **No habilitada** y que conduce directamente al cuadro **Servicios de texto/idiomas entrada de Windows**, que permite cambiar el idioma de entrada instalado en el ordenador. En lugar de eso, use la barra de desplazamiento horizontal del campo **Idiomas de edición** del cuadro en pantalla para ver la última columna de información.

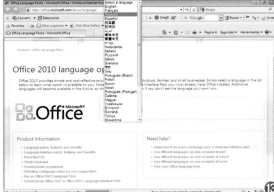

18 Se indica que las herramientas de corrección para el idioma seleccionado tampoco están instaladas. **(12)** Pulse ahora en el texto **No instaladas** de la columna **Corrección (Ortografía, gramática...)**.

19 El vínculo nos conduce directamente a la web de Microsoft desde la cual puede descargar, previo pago, cualquier idioma de una extensa lista que se amplía constantemente. **(13)** Como ahora no haremos ninguna de estas operaciones, cierre el explorador desde su **Barra de título** para volver a Word.

20 Pulse el botón **Cancelar** para salir del cuadro de opciones.

21 Finalmente, hemos acabado con esta lección. Para pasar a la siguiente, donde seguiremos trabajando con idiomas, pero esta vez en traducciones, guarde los cambios en este documento.

La web de Office ofrece diferentes **paquetes de idiomas** que puede comprar en línea e instalar en su ordenador.

Lección 77. **Traducir en Word**

La función Referencia permite traducir palabras o frases seleccionadas, utilizando para ello diccionarios bilingües, o bien traducir un documento entero con los servicios de traducción automática on line que ofrece Word. El único inconveniente es que el número de idiomas a los que puede traducirse un texto está muy limitado. De hecho, los idiomas habilitados en un principio en Microsoft Office son el español, el inglés y el francés.

1 En este ejercicio aprenderemos a traducir una palabra concreta, una frase y un documento entero utilizando para ello las herramientas de traducción que Word 2010 pone a nuestra disposición. Para este ejercicio, vamos a aprovechar las palabras que hemos ido introduciendo al final de nuestro documento **médico rural3.docx**. Empezaremos seleccionando una palabra. Haga doble clic sobre la palabra **Proceso**.

2 A continuación pulse sobre el comando **Traducir**, incluido en el nuevo grupo de herramientas **Idioma** de la ficha **Revisar**, y elija de la lista la opción **Traducir texto seleccionado**. **(1)**

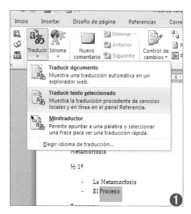

El panel **Referencia** muestra vínculos a distintas páginas web que ofrecen servicios de traducción automática.

3 Aparece el panel de tareas **Referencia**, que usamos ya en otra lección para la búsqueda de sinónimos, con la función **Traducción** activada, tal como puede ver en su segundo campo del panel. Automáticamente nos ha mostrado las diferentes traducciones del término al **Inglés (Estados Unidos),** que es la opción seleccionada por defecto, según el diccionario bilingüe incluido en la aplicación. **(2)** Para traducir el término al francés, haga clic en el botón de punta de flecha del campo **A**, donde se muestra la opción **Inglés (Estados Unidos)**, seleccione la opción **Francés (Francia)**. **(3)** A continuación pulse sobre el botón **Iniciar búsqueda,** que muestra una flecha sobre un fondo verde y se encuentra justo al lado del campo **Buscar**.

4 El programa pone en marcha su motor de traducción y busca la palabra adecuada, que en este caso es **Processus**. **(4)** En este caso ha consultado en el traductor de la compañía **Microsoft Translator**, tal como se indica abajo de la traducción. Como verá, también puede pulsar sobre el vínculo que se muestra para acceder directamente a la página del traductor de **Bing**. Evidentemente también puede usar el panel Referencia para traducir una palabra sin necesidad de que ésta pertenezca al documento activo, sino simplemente a modo de consulta. Para ello, pulse en el campo **Buscar** del panel **Referencia**, escriba la palabra **agua** y pulse una vez más el botón **Iniciar búsqueda**.

5 En efecto, el cuadro **Traducción** muestra su equivalente en francés, **l' eau**. Evidentemente, puede volver a consultar en cualquier momento en el diccionario de Inglés. Simplemente tiene que volver a pulsar en el campo **A**, donde ahora se muestra el **Francés**, y seleccionar la opción correcta. Compruébelo usted mismo ahora.

6 Las diversas traducciones de la palabra **agua** al inglés según el Diccionario bilingüe de la aplicación se muestran al momento. **(5)** Pulse el botón de aspa de la **Barra de título** del panel **Referencia** para cerrarlo.

7 Sitúese al inicio del documento usando la combinación de teclas **Control+Inicio** y vamos ahora a traducir el primer párrafo del texto contenido en el cuadro de color violeta. Haga clic delante de la palabra **Franz**, no en el título sino en su segunda mención ya dentro del párrafo, pulse la tecla **Mayúsculas** y, sin liberarla, haga clic al final del texto **siglo XX** de esa misma línea.

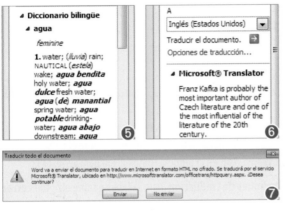

8 Una vez ha seleccionado el primer párrafo, pulse la tecla **Alt.** y, sin soltarla, haga clic sobre el fragmento de texto seleccionado.

9 Se abre nuevamente el panel **Referencia** mostrando automáticamente la traducción al inglés del fragmento de texto seleccionado. **(6)** Tome nota de este método abreviado de traducir un texto. Antes de acabar este ejercicio en el que hemos aprendido a traducir texto en Word, traduciremos todo el documento actual al francés. Para ello seleccione nuevamente el idioma **Francés (Francia)** en el campo **A**

10 A continuación haga clic sobre el botón cuadrado **Enviar** que muestra una flecha junto a la opción **Traducir el documento** en el panel para proceder a la traducción.

11 Se abre un cuadro de diálogo que informa que el contenido se va a enviar a la página del servicio **Microsoft Translator** con formato de **HTML** no cifrado para su traducción. Pulse en el botón **Enviar** para confirmar la solicitud de traducción. **(7)**

12 Se abre así su navegador de Internet mostrando una versión en **HTML** de nuestro documento traducido al francés, en la página del traductor predeterminado. En la conversión se pueden perder muchos aspectos de diseño, como ha sucedido en este caso, pero evidentemente esto no afecta lo que nos interesa, que es la traducción. **(8)**

13 Cierre el explorador para volver a nuestro documento. Para personalizar los recursos que Word usa para las traducciones debemos acceder al cuadro **Opciones de traducción** pulsando sobre el vínculo correspondiente del panel **Referencias**. Haga ahora clic para darle una mirada.

En caso de que el documento contenga cuadros de texto, imágenes u otros elementos incrustados o insertados, es probable que no se vean correctamente en la web del traductor.

14 En efecto, se muestra el cuadro **Opciones de traducción**, que está dividido en dos partes. Primero las opciones que se refieren al **Diccionario bilingüe** y luego las que se refieren a la **Traducción automática**. Para ambas puede configurar si se ha de usar el servicio en línea y habilitar o deshabilita las combinaciones de idiomas disponibles. **(9)** Use la barra de desplazamiento horizontal para ver el final del campo que contiene la lista de combinaciones de **Traducción automática. (10)**

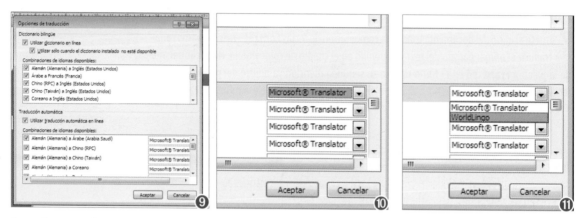

Recuerde que para la mayor parte de estas opciones de idiomas, su equipo deberá conectarse a Internet.

15 En el caso de la traducción automática puede además escoger cuál es el traductor que se usará de forma predeterminada para cada combinación de idiomas. Pulse sobre el botón de flecha que está junto al texto **Microsoft Translator**, en la primera combinación para verlo. **(11)**

16 Una vez visto el cuadro de **Opciones de traducción**, para salir pulse sobre el botón **Cerrar**.

17 Cierre también el panel **Referencia**, pues hemos acabado de trabajar con él, y guarde los cambios para terminar esta lección.

Lección 78. **Comentar un documento**

Insertar comentarios es una de las funciones de Word más utilizadas por los usuarios en los documentos de uso personal. Un comentario no quita espacio y es muy útil como recordatorio o ayuda. Es, pues, una nota que un autor o revisor agrega a un documento pero que no forma parte del texto principal.

1 Para empezar este ejercicio en el que aprenderemos a trabajar con comentarios, debemos seleccionar el fragmento de texto al que se referirá el primer comentario. Haga clic a la izquierda del punto después de la palabra **caminos**, en la quinta línea del texto principal.

2 Pulse sobre la pestaña **Revisar** de la **Cinta de opciones** y haga clic en el comando **Nuevo comentario** del grupo de herramientas **Comentarios**. **(1)**

3 Automáticamente se abre un globo de comentario que se sitúa en el margen derecho de la página, en la llamada **Área de revisiones**, en el que debemos introducir el texto de la nota. Además, todos los comandos del grupo **Comentarios**, con los que podemos gestionar las notas, se activan. Haga clic en el globo de comentario, escriba la palabra **sustituir** y pulse bajo el globo, en el **Área de revisiones**, para confirmar la entrada. **(2)**

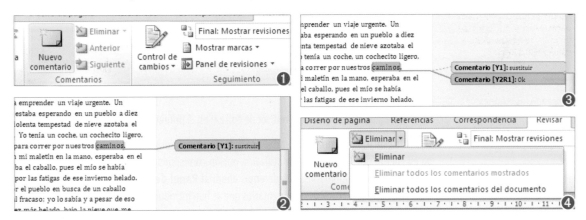

4 Las notas quedan identificadas con la inicial del usuario que hace los comentarios, seguida de su número de orden. En nuestro caso, **Y1**. Para responder a un comentario, hay que utilizar también el comando **Nuevo comentario** pero situando el cursor de edición dentro del globo de la nota a la que se desea contestar. Haga clic dentro del globo del comentario **1** y pulse de nuevo el comando **Nuevo comentario**.

5 Como ve, el nuevo comentario se identifica en nuestro ejemplo con la combinación **Y2R1**, que indica que se trata de la segunda nota insertada y que es una respuesta a la nota número **1**. Haga clic en el globo de la nota de respuesta, escriba la palabra **Ok** y pulse bajo el globo para confirmar la entrada. **(3)**

6 Ahora veremos cómo eliminar un comentario. Haga clic dentro del globo del segundo comentario.

7 Pulse en el botón de punta de flecha del comando **Eliminar**, en el grupo de herramientas **Comentarios**. **(4)**

8 Como podrá ver, es posible eliminar todos los comentarios a la vez utilizando la opción **Eliminar todos los comentarios del documento**, o bien hacerlo de uno en uno usando la opción **Eliminar**. Además tiene la opción de eliminar todos los comentarios mostrados. En este caso, pulse en la opción **Eliminar** para suprimir el comentario seleccionado.

9 Vamos a añadir otro comentario para ver cómo permite la aplicación desplazarse entre uno y otro. Haga un clic tres líneas más abajo en el texto, después de la palabra **helado**, pulse la tecla **Mayúsculas** y, sin soltarla, pulse nuevamente antes de la palabra **invierno**.

10 Una vez hecha la selección, pulse nuevamente en el comando **Nuevo comentario** de la cinta e introduzca la palabra **revisar** en el globo del nuevo comentario.

11 Pulse ahora en el botón **Anterior** en la cinta. **(5)**

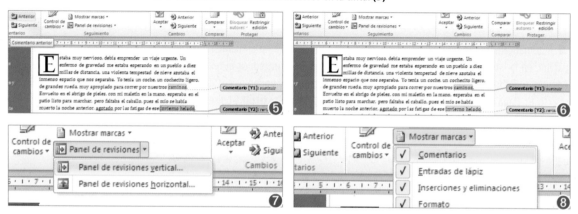

Utilizando los botones **Anterior** y **Siguiente** del grupo **Comentarios** puede desplazarse por los comentarios de un documento.

12 Inmediatamente se ubica el cursor de edición en el primer comentario. **(6)**

13 De este modo podría desplazarse por todos los comentarios que tuviera el documento. Tenga en cuenta que también puede utilizar la opción correspondiente del menú contextual de los comentarios para eliminarlos. Accederemos ahora al **Panel de revisiones** en el que Word nos informa de todos los cambios y comentarios que se han introducido en el documento. En el grupo de herramientas **Seguimiento**, pulse en el botón de punta de flecha del comando **Panel de revisiones** y haga clic en la opción **Panel de revisiones vertical**. **(7)**

14 El **Panel de revisiones** se abre a la izquierda de la interfaz de Word y muestra los dos comentarios que se ha introducido en el documento y el nombre de su creador. Como más adelante trabajaremos más con él, cierre el **Panel de revisiones** pulsando el botón de aspa de su cabecera.

15 Ahora veremos cómo ocultar los comentarios de un documento. En el grupo de herramientas **Seguimiento**, pulse el comando **Mostrar marcas** y haga clic en la opción **Comentarios** para desactivarla. **(8)**

16 De este modo desaparece del documento el comentario que hemos insertado. Para volver a mostrar el comentario, pulse de nuevo el botón de flecha del comando **Mostrar marcas** y active la opción **Comentarios**.

17 Para acabar comprobaremos que no todas las vistas de documento muestran el **Área de revisiones** con los comentarios en sus globos. Para activar la vista **Borrador**, pulse el quinto icono de vistas de la **Barra de estado**.

18 Efectivamente, esta vista no muestra los comentarios expandidos, sino que añade una marca de color rojo en el documento y el nombre de la nota, en este caso, **Y1**, en el punto en que se ha insertado. Además, el texto al que hace referencia la nota queda también remarcado en rojo. **(9)** Para ver la nota **1** en este modo de visualización, sitúe el puntero del ratón sobre su nombre, **Y1. (10)**

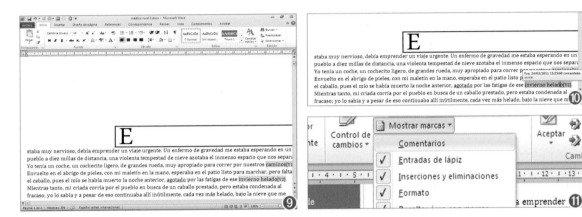

19 Los comentarios se comportan igual el modo **Borrador**. Para salir de la vista **Esquema**, pulse el botón **Diseño de impresión** en la **Barra de títulos.**

20 Para acabar el ejercicio, pulse sobre el comando **Mostrar marcas** del grupo **Seguimiento** y pulse sobre la opción **Comentarios** para eliminar su signo de verificación y ocultarlos. **(11)**

21 Finalmente guarde los cambios realizados en el documento pulsando el icono **Guardar** de la **Barra de herramientas de acceso rápido**.

Lección 79. **Control de cambios**

El comando Control de cambios muestra y marca todos los cambios realizados en un documento, desde inserciones o eliminaciones de texto o gráficos, hasta cambios de formato o desplazamiento de ciertos elementos, lo que puede ser de gran utilidad a la hora de corregir y comparar documentos. Uno a uno, el usuario puede visualizar los cambios y aceptarlos o no.

1 En este ejercicio realizaremos varios cambios en el documento **médico rural.docx** para comprobar cómo Word controla y muestra todas esas modificaciones. Para empezar, haga clic en la pestaña **Revisar** de la **Cinta de opciones** y, en el botón del grupo de herramientas **Seguimiento**, haga clic en el botón Más del comando **Control de cambios** y seleccione la opción del mismo nombre para habilitarla. **(1)**

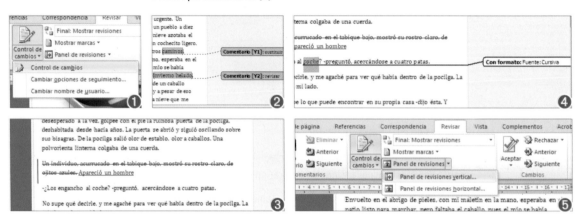

2 Automáticamente se muestran en el **Área de revisión**, los comentarios que insertamos y ocultamos en la lección pasada. **(2)** El comando además se muestra claramente activado en la barra. Veamos ahora cómo se marca, por ejemplo, la eliminación de un texto. Haga un clic en la parte inferior de la barra de desplazamiento, seleccione con un doble clic el segundo párrafo del texto principal, que empieza con el texto **Un individuo** y pulse la tecla **Suprimir**.

3 Como puede ver, la eliminación de texto queda marcada por defecto mediante el tachado en color azul del mismo y al inicio de la línea que contiene el cambio aparece una barra vertical. Ahora, justo después del texto tachado, inserte el texto **Apareció un hombre** para ver cómo queda marcada esa modificación.

4 Las palabras que acaba de insertar e incluso los espacios, aparecen subrayados y en color azul. **(3)** Termine la ejecución de cambios haciendo un doble clic sobre la palabra **coche**. Luego desplace el cursor hasta ver la **Barra de herramientas mini** y aplique cursivas a la palabra pulsando en el comando que muestra una letra **K**.

5 Se muestra en este caso una nota en el **Área de revisión** que indica que se ha cambiado el formato. **(4)** Todas las modificaciones se pueden controlar también visualizando el **Panel de revisiones** de la **Cinta de opciones**. En el grupo de herramientas **Seguimiento**, despliegue el comando **Panel de revisiones**.

6 Como ve, podemos mostrar el **Panel de revisiones** dispuesto vertical u horizontalmente en la pantalla. Haga clic en la opción **Panel de revisiones vertical**. **(5)**

7 Se abre así en la parte izquierda de la pantalla el **Panel de revisiones**, que ya vimos en la lección correspondiente a **Autoformato**, mostrando los cambios y los comentarios que hemos realizado en el documento. En su parte superior muestra el conteo de los cambios realizados en el documento según tipo de revisión. **(6)** Luego distingue entre los cambios realizados en el documento principal, que en nuestro caso son todos, y los cambios realizados en otras partes, como encabezado y pie de página, cuadros de texto y notas, que no hay en nuestro documento. Pulse en la parte inferior de la barra de desplazamiento vertical para mirar todos los cambios señalados.

8 Supongamos ahora que ha preparado el documento, lo ha dado a un tercero para revisarlo y lo ha recibido tal como lo ve en estos momentos. Corresponde entonces mirar los cambios uno a uno y aceptarlos o rechazarlos. Para esto puede ir a cada cambio en el **Panel** y pulsar sobre él con el botón derecho del ratón para seleccionar la opción que corresponda. Hágalo ahora sobre la eliminación del texto que comienza por las palabras Un individuo, que muestra el texto **Eliminado.**

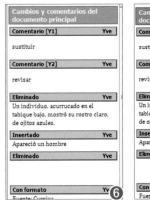

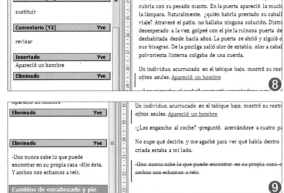

9 Se despliega un menú con las herramientas del **Portapapeles**, que permite también Aceptar o rechazar el cambio, ir al cuadro de **Control de cambios**, o insertar un hipervínculo. Para esta demostración pulse sobre el comando **Rechazar eliminación**. **(7)**

10 El cambio se elimina al momento tanto del **Panel** como del documento, donde ya no tiene ninguna marca. **(8)** Haga ahora tres pulsaciones sobre el último párrafo del documento, que comienza con el texto **Uno nunca sabe...** y pulse la tecla **Suprimir**.

11 Como seguramente ya suponía, este cambio también se muestra no solo en el texto sino también en el panel. **(9)** Cierre ahora el panel pulsando el botón de aspa de su cabecera.

12 También en el grupo de herramientas **Cambios** de la **Cinta de opciones** se encuentran los comandos que permiten aceptar o rechazar los cambios o desplazarnos por ellos. Haga clic sobre el comando **Anterior**. **(10)**

13 Automáticamente queda seleccionado el texto que hemos insertado antes. Pulse sobre el botón **Más** del comando **Rechazar** y del menú que se despliega seleccione la opción **Rechazar y continuar con la siguiente**. **(11)**

14 Tal como sucedió antes, el cambio desaparece del todo y ahora se selecciona el texto que eliminamos al final del documento. Tal como hizo esta operación, podría aceptar cualquier cambio pulsando en la opción **Aceptar** cambio del mismo grupo. Podría también usar alguna de sus opciones. Vamos a mirarlas. Despliegue el menú de este comando haciendo un clic sobre su botón **Más**. Como verá, desde aquí tiene varias opciones: **Aceptar y continuar con el siguiente**,

Desde el panel **Revisiones** podemos controlar los cambios en los encabezados y pies de página, en los cuadros de texto y en las notas al pie y al final de página.

Aceptar cambio, **Aceptar todos los cambios mostrados** y **Aceptar todos los cambios del documento**. **(12)** Pulse en el documento para cerrar este menú.

15 También es posible aceptar o rechazar un cambio desde el menú contextual de cada una de las modificaciones en el documento, tal como lo hicimos antes pulsando con el botón derecho del ratón desde el panel **Revisión**. Sin embargo, vamos por ahora a dejar las correcciones en el documento, pues nos servirán para trabajar con ellas en la lección siguiente. Así que cierre el **Panel** ahora y deje solo el documento en pantalla. **(13)**

El control de cambios también puede activarse usando la combinación de teclas **Control+ Mayúsculas + E** y puede añadirse a modo de botón indicador en la **Barra de estado**.

16 Guarde los cambios en el documento y pase a la lección siguiente para aprender más sobre el **Control de cambios**.

Lección 80. **Personalizar el control de cambios**

Si así lo desea, puede cambiar la forma en la que la aplicación muestra los cambios aplicados al documento, pues la opción Cambiar opciones de seguimiento, incluida en el comando Control de cambios, permite cambiar el color y el resto de los atributos de formato que utiliza Word para marcar los cambios en el texto y en los gráficos.

1 En este ejercicio aprenderemos a modificar el modo en que los cambios realizados en un documento se muestran en pantalla al activar el comando **Control de cambios**. Para empezar, en el grupo de herramientas **Seguimiento**, despliegue el comando **Control de cambios** y pulse sobre la opción **Cambiar opciones de seguimiento. (1)**

2 Como ve, el cuadro de diálogo **Opciones de Control de cambios** establece el aspecto que, por defecto, mostrarán todos los cambios que se realicen. **(2)** Otros de los aspectos definidos en este cuadro son las opciones de impresión de comentarios y cambios, el aspecto de los globos etc. Personalicemos un poco estas opciones. En primer lugar cambiaremos el color con que se escribirán y se subrayarán los textos insertados en el documento. Despliegue el campo **Color** correspondiente a las **Inserciones**, que es el primer campo del cuadro, elija el color **Turquesa** y aplique estos cambios pulsando el botón **Aceptar. (3)**

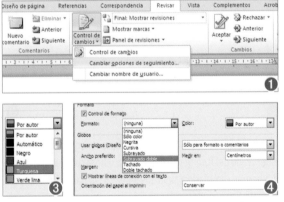

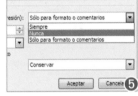

El cuadro **Opciones de Control de cambios** permite definir la forma en que los cambios son destacados en el texto en el modo **Control de cambios**.

3 Gracias a esta acción, cada vez que inserte un texto u otro elemento, este será marcado con color turquesa en el documento, en lugar de rojo o azul según el autor, tal como estaba establecido antes. Cambiemos ahora la manera de indicar las **Eliminaciones**. En el comando correspondiente, que es el segundo, pulse sobre el campo correspondiente a **Color** y seleccione el **Verde Lima**.

4 De esta forma hemos cambiado el color con el que se indicará cada vez que eliminemos un elemento o texto con Control de cambios. Despliegue el campo **Formato** del apartado del mismo nombre, donde se muestra por defecto la opción **ninguna**, y elija **Subrayado doble. (4)**

5 Según lo establecido, cada vez que cambie el formato de un fragmento, este será marcado con subrayado doble, además de añadirse el globo tal como pudimos comprobar en el ejercicio anterior. Finalmente desactivaremos la opción por la cual los cambios de formato y los comentarios se marcan en el documento mediante globos. Despliegue el campo **Usar globos (Diseño Web y Diseño de impresión**), donde ahora está seleccionada la opción **Sólo para formatos y comentarios**, y seleccione la opción **Nunca. (5)**

6 Compruebe que el comando **Control de cambios** continúa activado y observe a continuación que los globos de los comentarios, junto a toda el **Área de correcciones** se han ocultado. ¿Y ahora cómo puede ver el contenido de un comentario o la descripción de una corrección? Coloque el cursor sobre el primer corchete del primer comentario.

7 Como podrá observar, aparece una etiqueta flotante que muestra el contenido del comentario. **(6)** Ahora veremos si los otros cambios se ha aplicado correctamente. Pulse una vez en la parte inferior de la barra de desplazamiento vertical para ver el final de la página.

8 El texto eliminado al pie del documento también ha cambiado. Continua tachado pero el color en el que está destacado a cambiado a **Verde lima** tal como indicamos en el cuadro correspon-diente. **(7)**

9 Haga ahora doble clic en el párrafo que está inmediatamente arriba de este para seleccionarlo. Desplace el cursor sobre el texto y cuando aparezca la **Barra de herramientas mini**, pulse sobre el comando **Negrita** para aplicar ese estilo al fragmento seleccionado. **(8)**

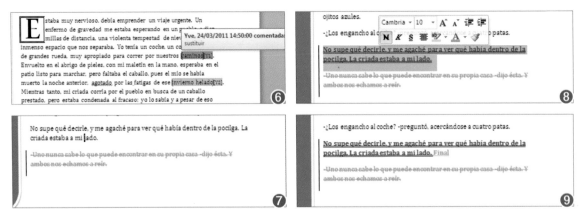

En las correcciones anteriores así como en las nuevas, se reflejan al momento los cambios establecidos en el cuadro de **Opciones de Control de cambio.**

10 Tal como hemos establecido, el cambio de formato no se marca ahora en un globo en el área de revisión sino mediante el doble subrayado del fragmento modificado. Ahora coloque con un clic el cursor al final de este párrafo que hemos cambiado a negritas e inserte la palabra **Final** para ver que ésta queda escrita en color **verde lima** y subrayada con una línea de ese mismo color, de nuevo tal y como hemos especificado. **(9)**

11 Ahora veamos un par de cosas más sobre el **Control de cambios** antes de terminar esta sesión. Pulse nuevamente sobre el botón **Control de cambios** y seleccione la opción **Cambiar nombre de usuario**. **(10)**

12 Al momento se abre el cuadro de **Opciones de Word** en la ficha **General** que, como probable-mente recordará, contiene en campo **Nombre de usuario** en el apartado **Personalizar la copia de Microsoft Office**. Cambie el nombre por un momento y pulse sobre el botón **Aceptar**. **(11)**

13 Vamos a insertar un nuevo texto para ver cómo se refleja el cambio de usuario. Inserte sim-plemente un punto; será suficiente para demostrar el cambio.

14 Coloque ahora el cursor sobre el punto añadido para ver la etiqueta correspondiente. Tal como esperábamos, ha cambiado el nombre del usuario de forma que si un tercero necesita com-probar los cambios puede saber exactamente quién ha realizado cada uno.

15 Antes de acabar con este ejercicio, vuelva a pulsar en el comando **Control de cambios**, seleccione nuevamente la opción **Cambiar nombre de usuario** y coloque nuevamente su nombre.

16 Finalmente, vamos a eliminar todos los cambios. Para acabar este ejercicio, despliegue el comando **Rechazar** del grupo de herramientas **Cambios** y pulse sobre la opción **Rechazar todos los cambios del documento**. (12)

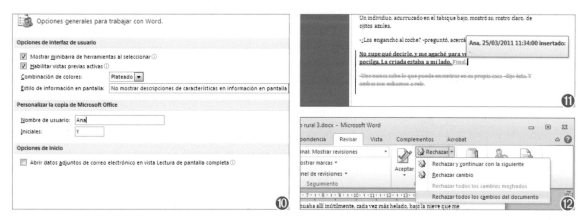

17 Una vez hemos acabado de trabajar con los cambios y su control, guarde las modificaciones realizadas y dispóngase a continuar con la siguiente lección.

Al rechazar los cambios estos desaparecen al momento del documento.

Lección 81. **Comparar documentos**

El comando Comparar facilita la acción de cotejar dos versiones de un mismo documento. Al activarlo se muestra el panel de revisión, que está formado por tres subpaneles que permiten ver las dos versiones de un documento con el texto eliminado, insertado y movido claramente marcado. Además, se divide el área de trabajo en tres marcos. Uno con el llamado documento comparado, que muestra y marca lo que está modificado en el nuevo documento, otro con el documento modificado, donde se ven los cambio sin marcas, y otro con el llamado documento original, también sin marcas.

1 En este ejercicio, vamos a comparar el documento **médico rural3.docx** con el documento a partir del cual lo hemos creado, **Kafka_Un_médico_rural.docx** que probablemente aún conserve. De no ser así, puede descargar de nuestra web su última versión, donde lo encontrará con el nombre **Kafka_Un_médico_rural.docx**. De este modo, podremos comparar la última versión del primer documento con la última que tenemos ahora en pantalla. Antes pulse la combinación de teclas **Control+Mayúsculas+E** para desactivar el comando **Control de cambios** y pulse sobre el comando **Mostrar marcas** y elimine también los comentarios.

2 Ahora abriremos desde la ficha **Revisar** las dos versiones de nuestro documento para compararlas en paralelo. En la ficha **Revisar** de la **Cinta de opciones**, despliegue el comando **Comparar** y, de las opciones que se muestran, seleccione la opción del mismo nombre. **(1)**

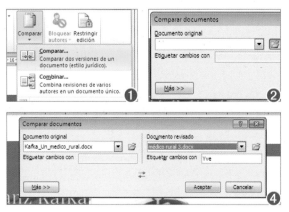

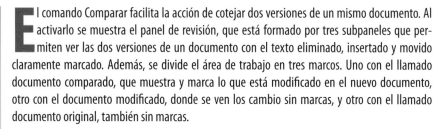

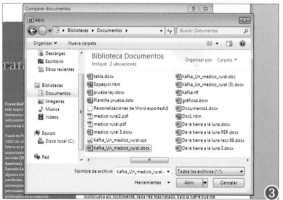

3 Se abre de este modo el cuadro de diálogo **Comparar documentos**, donde debemos añadir el nombre de los dos documentos que vamos a comparar. Pulse en el icono de la carpeta que se abre junto al campo **Documento original**. **(2)**

4 Se ha abierto el cuadro Abrir en la carpeta Documentos. Haga clic sobre el documento **Kafka_Un_médico_rural.docx** y pulse sobre el botón **Abrir**. **(3)**

5 Se abre el cuadro informativo de Word que nos recuerda que el documento seleccionado contiene vínculos y pregunta si queremos actualizarlo. Pulse en el botón **No**.

6 Seguidamente, despliegue el campo **Documento revisado** pulsando en el botón **Más**, elija en este caso desde aquí el documento **médico rural3.docx** y pulse el botón **Aceptar**. **(4)**

7 Como puede ver, la izquierda de la pantalla y dispuesto verticalmente aparece el **Panel de revisión**, donde se muestran detallados todos los cambios y comentarios del documento principal. Además, al realizar una comparación de documentos se muestran por defecto el documento original y el revisado, y, según lo establecido en el cuadro de configuración de la comparación, el resultado se muestra en un nuevo documento que se llama **Documento comparado**. **(5)** Cierre el panel pulsando el botón de aspa de su **Barra de título**.

8 El desplazamiento está sincronizado en las tres ventanas de los documentos, para facilitar así la comparación de los documentos. Pulse en la parte inferior de la Barra de desplazamiento y observe como se mueven los tres marcos de manera simultánea.

9 Observe que, en la ventana del documento comparado, el texto eliminado se muestra en verde lima y tachado, mientras que el texto insertado, escrito y subrayado en turquesa, tal y como establecimos en las opciones de control de cambios. Despliegue ahora el comando **Comparar** y pulse sobre la opción **Mostrar documentos de origen**.

10 Esta herramienta nos permite mostrar u ocultar los documentos de origen, esto es, el original y el revisado. Haga clic en la opción **Ocultar documentos de origen**. **(6)**

11 Terminaremos este ejercicio cerrando el documento comparativo y guardando los cambios realizados. Pulse sobre la pestaña **Archivo** y haga clic en el comando **Cerrar**.

12 En el cuadro de diálogo que aparece, pulse sobre el botón **Guardar** para almacenar los cambios y, en el cuadro siguiente, asigne el nombre que desee al nuevo documento y pulse el botón **Guardar**.

Lección 82. **Cifrar un documento**

L as opciones del comando Proteger documento, en la vista Información de la pestaña Archivo, permiten proteger a todo tipo de documentos de modificaciones no deseadas. Como iremos viendo en los próximos capítulos, sus opciones permiten configurar diferentes tipos de protección. En esta lección aprenderemos a asignar una contraseña a un documento, que será requisito imprescindible para poder siquiera abrir el documento.

1 En este ejercicio aprenderemos a proteger documentos con una contraseña. Crearemos una contraseña para el documento **médico rural3.docx**, de manera que solo pueda ser abierto por aquellas personas que conozcan la clave. Para añadir la contraseña de apertura al documento, pulse en la pestaña **Archivo**, que se abre directamente en la vista **Información**, y haga clic en el comando **Proteger documento**.

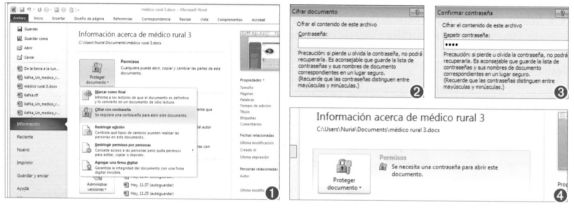

El comando **Proteger documento** se despliega para mostrar las diferentes formas de protección y además proporciona una breve descripción de cada una de ellas.

2 En este comando, novedad en esta versión del programa, se encuentran todas las opciones relacionadas con la protección del documento. Como podrá ver, puede marcar un documento como final, restringir edición, restringir por personas o agregar una firma digital invisible. En este caso, y según nuestros intereses, pulse sobre la opción **Cifrar con contraseña**. **(1)**

3 Se abre de este modo el cuadro **Cifrar documento**. **(2)** En el campo **Contraseña**, inserte la combinación **1234** o, en su defecto, la combinación que usted desee, y pulse el botón **Aceptar**.

4 La aplicación pide automáticamente la confirmación de la contraseña, para evitar posibles errores, ya que si luego olvida o pierde la contraseña, no podrá recuperarla. En el cuadro **Confirmar contraseña**, escriba de nuevo la combinación anterior y pulse el botón **Aceptar**. **(3)**

5 Compruebe que en la vista **Información** se refleja ahora la condición del documento protegido y se indica que se necesita una contraseña para abrirlo. **(4)** Lo que haremos a continuación es cerrar el archivo para volverlo a abrir y comprobar así que este se ha cifrado correctamente. En el menú **Archivo**, que ahora está desplegado, pulse sobre el comando **Guardar** para mantener la aplicación de la contraseña y a continuación, pulse sobre el comando **Cerrar**.

6 A continuación, despliegue de nuevo el menú **Archivo** y, en la lista de documentos recientes, pulse sobre el que ha modificado en pasos anteriores.

7 Se muestra al momento el cuadro **Contraseña** que, tal como esperábamos, le pide la clave asignada al documento. Escriba la combinación correcta y luego pulse el botón **Aceptar**. **(5)**

8 De este modo, los usuarios que desconozcan la contraseña de apertura no podrán acceder a este documento. Antes de terminar, le mostraremos cómo eliminar la contraseña. Pulse la tecla **F12** para acceder al cuadro **Guardar como** y tome nota de este método abreviado para llegar a él.

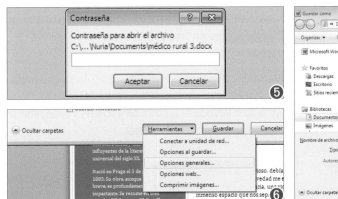

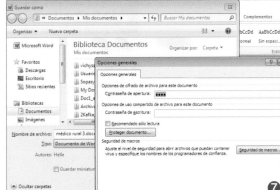

9 En el cuadro **Guardar como**, pulse sobre el botón **Herramientas** y seleccione el comando **Opciones generales**. (6)

10 Se abre el cuadro de **Opciones generales** del documento abierto. Como verá, además de una contraseña de apertura también puede asignar una contraseña de escritura, de tal manera que otras personas puedan abrirlo pero no editarlo. Puede además establecerlo como documento recomendado para solo lectura. **(7)** Aprovechando que la contraseña está seleccionada, pulse la tecla **Suprimir** para borrarla, aplique el cambio pulsando el botón **Aceptar** y guarde el documento pulsando el botón **Guardar**.

Desde el comando **Opciones Generales** del botón **Herramientas** en el cuadro **Guardar como** puede eliminar el cifrado, así como configurar otras formas de protección.

Lección 83. **Restringir la edición**

El panel Restringir formato y edición permite aplicar restricciones a un documento entero o a áreas concretas del mismo. Para acceder a este panel, es posible utilizar la opción Restringir edición tanto del comando Proteger documento del menú Archivo, como del grupo de herramientas Proteger de la pestaña Revisar.

1 En la lección que ahora comienza, continuaremos trabajando con nuestro documento **médico rural.docx** que ya debe tener en pantalla y que ahora pasaremos a proteger con una nueva herramienta. En primer lugar, active la ficha **Revisar** de la **Cinta de opciones** y pulse sobre el comando **Restringir edición**, en el grupo de herramientas **Proteger**.

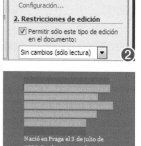
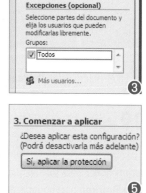

Al pulsar sobre el comando **Restringir edición**, se abre a la derecha del área de trabajo el panel **Restringir formato y edición**, que permite configurar y visualizar este tipo de restricciones.

2 El panel **Restringir formato y edición** se sitúa en la parte derecha del documento. **(1)** En este caso, sólo aplicaremos restricciones de edición al documento y seleccionaremos un fragmento como excepción a dichas restricciones. Marque la opción **Permitir sólo este tipo de edición en el documento**. **(2)**

3 Se muestra seleccionada la opción por defecto, llamada **Sin cambios (solo lectura)** que no admite que se haga ningún tipo de edición. Si pulsa sobre su botón **Más** podría en cambio permitir sólo marcas de revisión, solo comentarios o rellenado de formularios. Sin embargo ahora restringiremos todo tipo de cambios así que no tocaremos este campo. **(3)**

4 A continuación, seleccionaremos una parte del documento como excepción, de manera que esta si podrá ser modificada por todos los grupos de usuarios. Haga un clic dentro del cuadro de texto color violeta para seleccionarlo y a continuación haga tres clics sobre el primer párrafo para seleccionar esa parte del documento.

5 Pulse ahora en la casilla de verificación de la opción **Todos** del cuadro **Grupos**, en el apartado **Excepciones**. **(4)**

6 Automáticamente, el fragmento queda destacado. Para empezar a aplicar la configuración de restricción de edición, pulse el botón **Sí, aplicar la protección**. **(5)**

7 Se abre de este modo el cuadro **Comenzar a aplicar protección**. Mantenga seleccionada la opción **Contraseña** y en el campo **Escriba la nueva contraseña (opcional)** escriba la combinación numérica **1234**.

8 En el campo **Vuelva a escribir la contraseña para confirmar**, escriba nuevamente la combinación **1234** y pulse el botón **Aceptar**. **(6)**

9 El panel **Restringir formato y edición** indica ahora que el documento está protegido contra modificaciones involuntarias a excepción del fragmento que se muestra resaltado. Vamos a comprobar ahora que podemos editar el fragmento seleccionado pero no el resto del documento. Para ello, primero elimine con un clic el signo de verificación del comando **Resaltar las áreas que puedo editar**, de forma que se pueda leer mejor el texto. Como ejemplo, seleccione el texto de la excepción nuevamente, haga tres clics sobre él y aumente el tamaño de la fuente desde la **Barra de herramientas Mini** a **14** puntos. **(7)**

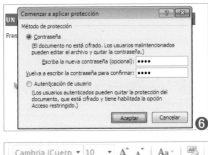

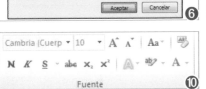

10 El cambio se aplica correctamente. **(8)** Por otra parte, el mensaje en el panel que indica que el área puede ser editada. **(9)** Haga ahora doble clic sobre la palabra **nervioso**, en la primera línea del primer párrafo que, como no forma parte de la excepción, está protegido contra edición.

11 Pulse sobre la ficha **Inicio** para comprobar que, al situar el cursor de edición en cualquier parte del documento restringida, las herramientas de edición se muestran desactivadas, lo que confirma que no podemos modificarlo. **(10)** Además, en el panel **Restringir formato y edición** se informa que esta área sólo puede verse. **(11)** Pulse el botón **Suspender la protección**. **(12)**

12 Para desproteger el documento, escriba la combinación **1234** en el campo **Contraseña** del cuadro **Desproteger documento** y pulse el botón **Aceptar**. **(13)**

Al colocar el cursor en un elemento de un documento protegido, el panel informa si el área en cuestión puede ser editada o no.

Lección 84. **Marcar un documento como final**

Cuando un documento está marcado como final, se sobreentiende que se está compartiendo una versión finalizada del mismo y se impide que los usuarios lo modifiquen involuntaria-mente; sin embargo, esta función no protege el documento de cambios intencionados, ya que cualquier usuario puede editarlo quitando el estado Marcar como final.

1 En este ejercicio marcaremos como final el documento actual de forma que se convierta en un documento de solo lectura y no pueda ser modificado. Tras comprobar cómo actúa esa función, lo devolveremos a su estado original. Para comenzar, haga clic en la pestaña **Archivo**, que se muestra directamente en la ficha **Información** y pulse sobre el comando **Proteger documento**.

2 En el menú de opciones que contiene este comando, que ya hemos visto con anterioridad, pulse sobre la denominada **Marcar como final**. (1)

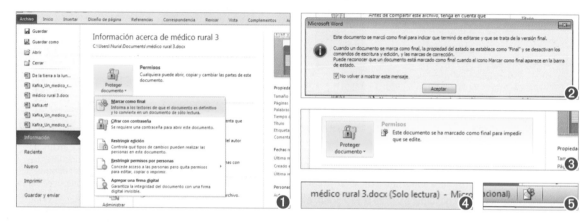

Un documento final es un documento de solo lectura. En la **Barra de estado** se muestra un icono que indica la condición de documento final.

3 Aparece un cuadro de advertencia que nos indica que el documento debe marcarse como final antes de ser guardado. Pulse el botón **Aceptar**.

4 Al aceptar este cuadro, el programa lanza otro informativo que explica lo que ocurrirá tras haber marcado el documento como final. Entre otras cosas, se desactivarán los comandos de escritura, de edición y de marcas de corrección y aparecerá en la **Barra de estado** un indicativo del estado final establecido. Pulse en la casilla de verificación con el texto **No volver a mostrar este mensaje** y luego haga un clic en el botón **Aceptar**. (2)

5 En el mismo menú **Archivo** ya podemos percibir el cambio de estado del documento, ya que la vista **Información** nos comunica claramente que se trata de un documento final que no debe ser editado. (3) Además en la **Barra de título** del mismo puede leerse el texto **Sólo lectura**. (4) Pulse en la ficha **Inicio** de la **Cinta de opciones** para ver el documento.

6 El documento muestra en la **Barra de estado** el icono de marcado como final, representado por un tampón y una hoja sellada. (5) En un primer momento está oculta la **Cinta de opciones** y en su lugar vemos una barra llamada **Marcado como final**, que nos indica que el documento no puede ser editado. (6) Pulse nuevamente sobre la ficha **Inicio**. Ahora se muestra la **Cinta**, pero con los comandos deshabilitados. (7) Pulse ahora en el botón **Revisar**. Como verá, la mayor parte de los comandos están también desactivados, pero quedan algunos. Pulse en el botón **Siguiente** del grupo **Comentarios**.

7 Aún se muestra el **Panel de Revisiones** con los contenidos de los comentarios. Pulse dos veces sobre el primer comentario, con el texto **sustituir**, para seleccionarlo y cámbielo por el texto **Ok**.

8 Ya lo ha visto. No sucede absolutamente nada. Bueno, tampoco nada. En la **Barra de estado** algo cambia: Aparece el texto **No se permite esta modificación porque la selección está bloqueada**, que desaparece a los propios segundos. **(8)** Al tratarse de un documento de solo lectura puede ver los comentarios pero no editarlos. Pulse ahora el botón derecho del ratón sobre el cambio de formato que se muestra de primero en el panel.

9 Tampoco en este caso puede realizar ninguna modificación, pues el único comando disponible es **Copiar**. **(9)** Cierre el panel ahora.

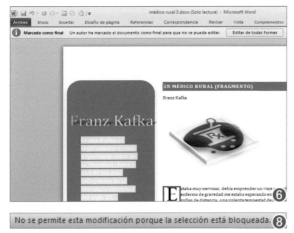

10 Finalmente seleccione con un doble clic el primer párrafo del texto principal del documento y pulse la tecla **Suprimir** para eliminarlo.

11 Exacto. Tampoco pasa nada, salvo que el aviso se repite al pie del documento. De este modo, hagamos un duplicado del documento para poder editar la nueva versión. Pulse nuevamente sobre la pestaña **Archivo**, seleccione la opción **Nuevo** y en la vista del mismo nuevo, selecciona la opción **Nuevo a partir de existente**.

12 En el cuadro **Nuevo a partir de un documento existente** seleccione nuestro documento, **médico rural3.docx** y pulse sobre el botón **Crear nuevo**. **(10)**

13 Y esto es lo que queríamos demostrar. El nuevo documento, en nuestro caso **Documento3**, también está **Marcado como final**, es decir, no puede ser modificado sin eliminar la marca. Sepa que exactamente lo mismo sucederá si decide hacer uso del comando **Guardar como** para crear un nuevo documento con otro nombre. Si lo hace a partir de un documento que esté marcado como final, tampoco podrá editar el nuevo documento. Sin embargo, hay que tener muy presente que la propiedad de **Final** no es una propiedad de seguridad, ya que cualquier usuario puede quitar dicha propiedad y editarlo. Vamos ahora a cerrar el duplicado de nuestro documento sin guardarlo. Pulse el botón cerrar, y en el cuadro de diálogo confirme que no desea guardar los cambios.

14 De nuevo en nuestro documento protegido, y una vez hemos aclarado el funcionamiento de la propiedad **Marcar como final**, veremos que la forma de eliminarla es realmente sencilla. Simplemente hay que pulsar sobre el botón **Editar de todas formas** que aparece en la barra emergente de color amarillo que se ha situado bajo la **Cinta de opciones**. Hágalo ahora y compruebe lo que ocurre.

Al marcar un documento como final, se desactivan los comandos de escritura y de edición y las herramientas de comentarios.

15 En efecto, el documento se convierte inmediatamente en editable. Compruebe que se ha vuelto a desplegar la ficha **Inicio** y se han habilitado todos sus comandos de edición, así como todas las otras herramientas habituales de la **Cinta de opciones**. Además, el término **Sólo lectura** que estaba en la **Barra de título** ha desaparecido, así como el icono de la **Barra de estado**. Observe que la ficha **Insertar**, **(11)** al igual que la ficha **Revisar**, **(12)** también tienen los comandos que corresponde habilitados.

Al pulsar en el comando **Editar de todas formas**, se pierde la propiedad de final y se rehabilitan todas las herramientas habituales de la **Cinta** al momento.

16 Para terminar este ejercicio, despliegue el menú **Archivo** y compruebe que la condición de final también ha desaparecido en este elemento. **(13)**

Lección 85. **Inspeccionar un documento**

El Inspector de documento permite detectar sencilla y rápidamente si un documento incluye comentarios, revisiones, versiones y anotaciones, propiedades del documento e información personal, datos XML personalizados, encabezados, pies de página, marcas de agua y texto oculto. Además, una vez identificados estos elementos, pueden eliminarse con sólo pulsar un botón.

1 En este ejercicio vamos a usar el comando **Inspeccionar documento** en nuestro documento **médico rural 3.docx**, así que si no lo tiene abierto, ábralo ahora. Antes de utilizar el **Inspector de documentos** para eliminar la información contenida en el documento, ocultaremos las marcas de los comentarios. Haga clic en la pestaña **Revisar** de la **Cinta de opciones**.

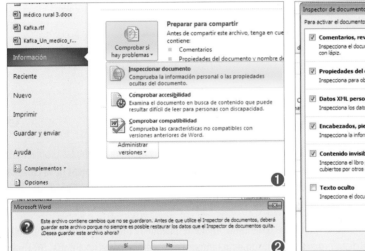

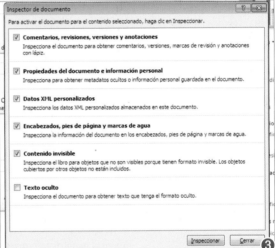

Antes de inspeccionar un documento, el usuario puede decidir qué tipos de contenidos serán incluidos en la inspección.

2 En el grupo de herramientas **Seguimiento**, despliegue el comando **Mostrar marcas** y desactive la opción **Comentarios**.

3 Automáticamente desaparecen las marcas del documento, sin que ello signifique en ningún caso que se hayan borrado los comentarios. A continuación, para mostrar el **Inspector de documento**, haga clic en la pestaña **Archivo**, y en la vista **Información** que se muestra al momento, despliegue el comando **Comprobar si hay problemas** y haga clic sobre la opción **Inspeccionar documento**. (1)

4 Como acabamos de introducir un cambio, la aplicación nos informa que antes de utilizar el inspector, deberemos guardar el archivo. Pulse sobre el botón **Sí. (2)**

5 Aparece el cuadro **Inspector de documento**, en el que debemos activar o desactivar el tipo de información que queremos mostrar u ocultar en el documento. Imaginemos en este caso que no queremos información sobre el texto oculto. Desactive la opción **Texto oculto** y pulse el botón **Inspeccionar. (3)**

6 El cuadro **Inspector de documento** muestra ahora el resultado de la revisión. Efectivamente, el programa ha localizado comentarios, propiedades del documento, Datos XML personalizados y encabezados y pies de página, en los que se incluyen también las marcas de agua. En este caso,

233

eliminaremos los comentarios y las propiedades del documento y conservaremos el encabezado y la marca de agua. Pulse el botón **Quitar todo** de los apartados **Comentarios, revisiones, versiones y anotaciones** y **Propiedades del documento e información personal**. **(4)**

7 Al momento el **Inspector** informa de que estos elementos han sido correctamente eliminados. Haga clic en el botón **Cerrar** para cerrar el **Inspector de documentos**. **(5)**

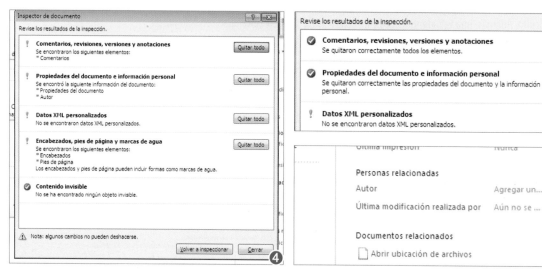

El **Inspector de documentos** informa de los elementos que pudieran estar ocultos en el documento y permite eliminarlos por categorías de contenidos.

8 Antes de acabar el ejercicio, comprobaremos que tanto los comentarios como las propiedades del documento han sido realmente eliminados. Tras situarse en la pestaña **Revisar** de la Cinta de opciones, despliegue el comando **Mostrar marcas** del grupo de herramientas **Seguimiento** y active la opción **Comentarios**.

9 No aparece ninguna marca de comentario. Ahora despliegue el menú **Archivo** y compruebe que en el panel de información del documento tampoco aparecen los datos de autoría. **(6)** Finalmente, guarde el documento para pasar a la siguiente lección.

Lección 86. **Personalizar las propiedades de un documento**

Las propiedades de un documento, también llamadas metadatos, incluyen detalles como el autor, el tema, el título, el nombre de la persona que guardó por última vez el documento, la fecha de creación del mismo, etc., que ayudan a describirlo e identificarlo, y que sobre todo son muy importantes cuando se comparten datos. Algunas propiedades son de actualización automática y otras pueden ser personalizadas por el usuario. Ambas son de gran importancia dado que pueden servir para facilitar las búsquedas de documentos.

1 En este ejercicio aprenderemos a mostrar el **Panel de documento** y a editar las propiedades personalizadas de un documento. Para empezar, haga clic en la pestaña **Archivo** que se abre directamente en la vista **Información**.

2 En la parte derecha del panel se muestran, por debajo de la vista previa del documento abierto, las propiedades básicas de dicho documento. Despliegue el comando **Propiedades** y pulse sobre la opción **Mostrar el panel de documentos. (1)**

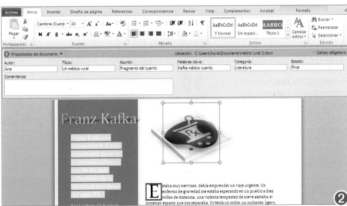

3 Se cierra la vista **Información** y, de nuevo vemos en pantalla el **Área de trabajo** mostrando el documento abierto. Sobre él aparece el **Panel del documento** mostrando las propiedades consideradas estándar. Toda esta información puede facilitar en gran medida la localización y organización de documentos. Vamos a añadir estos datos. Haga clic en el campo **Autor** e introduzca el nombre que prefiera.

4 Haga clic ahora en el cuadro de texto del campo **Título** y escriba para este ejercicio **Un médico rural**.

5 En el campo **Asunto** puede escribir una breve descripción del contenido. Escriba por ejemplo **Fragmento del cuento**.

6 En el campo **Palabras clave** puede escribir diversas palabras que puedan facilitar la búsqueda del documento en el futuro, si no recuerda el nombre con el que guardó el documento, o pueda buscar una lista de documentos asociados a determinada palabra clave que en cierta forma los agrupa. Escriba por ejemplo las palabras **Kafka médico cuento**. Más adelante podrá ubicar el documento por cualquiera de esas palabras.

7 En el campo **Categoría** podría introducir la palabra **Literatura**.

Puede acceder al cuadro de **Propiedades avanzadas** de un documento desde la opción correspondiente del comando **Propiedades** en la vista **Información**, o desde la opción adecuada en el comando **Propiedades del documento** del panel del mismo nombre.

8 Finalmente en el campo **Estado** escriba algún término, como **Final**. **(2)** Por el momento, no añadiremos ningún comentario, aunque podría hacer aquí una descripción más detallada o escribir cualquier otra información que considere de importancia.

Algunas de las propiedades contenidas en las fichas del cuadro de opciones del documento pueden ser modificadas por el usuario. Otras son de configuración automática y no pueden cambiarse manualmente.

9 Pasaremos a ver cuáles son las propiedades avanzadas de un documento. Haga clic en el botón **Propiedades del documento** situado en la cabecera del **Panel del documento** y pulse sobre la opción **Propiedades avanzadas**.

10 Se abre de este modo el cuadro **Propiedades de médico rural3.docx** mostrando activa la ficha **General**, donde podemos ver el tipo de documento, su ubicación en el equipo, su tamaño, la fecha de creación, de modificación y de último acceso, además de sus atributos. **(3)** Éstas son propiedades de actualización automática que no pueden ser modificadas. Haga clic en la pestaña **Resumen**.

11 En esta ficha que se abre, como verá, se encuentran algunas de las propiedades que definimos hace un momento en el **Panel del documento**, entre otras. Puede por ejemplo establecer el nombre del **Administrador** o de la **Organización**. **(4)** Ahora pulse en la pestaña **Estadísticas**.

12 De nuevo estamos frente a una ficha que contiene propiedades de actualización automática. En este caso, se muestran en el primer apartado los datos de creación, modificación, último acceso e impresión. Luego el campo **Guardado por**, en este caso en blanco ya que borramos este dato desde el **Inspector de documentos**, el número de revisión y el tiempo de edición. Finalmente, aparecen las estadísticas como tal, que contienen los siguientes datos sobre el contenido: número de páginas, de párrafos, de líneas, de palabras y de caracteres. **(5)** Una vez hemos acabado de detallar el contenido de la ficha estadísticas, pasemos directamente a la ficha **Personalizar**, que es la última.

13 En esta ficha podemos crear nuevas propiedades personalizadas que nos ayudarán a definir e identificar más fácilmente el documento. Verá que podemos asignarle un texto, un valor numérico o incluso una hora. En primer lugar, vamos a indicar el nombre de la propiedad. Pulse en la parte inferior de la **Barra de desplazamiento vertical** para ver el listado de nombres y pulse sobre la opción **Editor**.

14 Pulse ahora sobre el botón **Más** del campo **Tipo**, que ahora muestra la opción **Texto**. **(6)** Como verá, puede asignar como propiedad un texto, una fecha, un número o las palabras sí o no. Escoja la opción **Número** en este caso.

15 Pulse en el campo **Valor** e introduzca el número **183**, como podría ser cualquier otro, y pulse en el botón **Agregar**.

16 Como puede ver, la propiedad que hemos agregado aparece ya en el cuadro **Propiedades** de esta ficha. Podríamos utilizar el botón **Eliminar** para borrar aquellas propiedades que no sean útiles. En lugar de ello, vamos a introducir otra, para ver de qué forma muestra más de una propiedad personal. Pulse nuevamente en el campo **Nombre** y ahora escriba el texto **Colección**.

17 Efectivamente. Si no lo desea usar alguno de los nombres de propiedades predeterminados, puede crear su propio nombre. Ahora pulse en el botón **Más** del campo **Tipo** y seleccione la opción **Texto**.

18 Finalmente escriba el texto **Relatos** en el campo **Valor** y pulse el botón **Agregar**.

19 En efecto el dato se añade al cuadro como otra propiedad independiente. **(7)** Ya puede pulsar sobre el botón **Aceptar** para cerrar el cuadro.

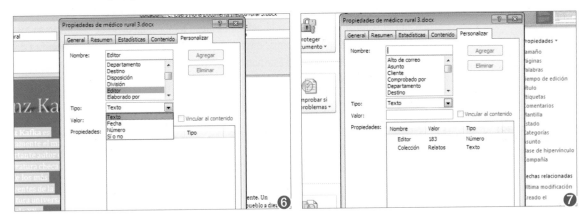

20 De nuevo en el documento, pulse en el botón **Guardar**. Si se dirige ahora a la vista información nuevamente, podrá ver que las propiedades estándar añadidas se han sumado a la información que se muestra en el panel de la derecha de esta vista.

En la pestaña **Personalizar** puede añadir múltiples propiedades a su documento.

21 Recuerde que puede quitar todas las propiedades desde el inspector de documentos, pero en este caso, simplemente guarde los cambios para terminar.

Lección 87. **Crear una firma digital invisible**

Microsoft Word 2010 proporciona a los usuarios la capacidad de firmar digitalmente un documento que ya está acabado. Esto permite saber a otros usuarios si un documento procede de una fuente segura y si dicho documento ha sido alterado con respecto a su estado original. Para poder trabajar con firmas digitales, Office trabaja con la tecnología denominada Microsoft Authenticode.

1 En este ejercicio le mostraremos cómo puede crear un certificado digital para agregarlo después a sus documentos. Para empezar, despliegue el menú **Inicio**, haga clic sobre la opción **Todos los programas**, abra la carpeta de Microsoft Office, abra también la carpeta **Herramientas de Microsoft Office** y haga clic en la opción **Certificado digital para proyectos de VBA**. (1)

2 Se abre el cuadro de diálogo **Crear certificado digital**, que explica entre otras cosas que el certificado digital con firma personal que genera la aplicación no es una prueba de identidad y que, por lo tanto, los usuarios que lo reciban recibirán también un aviso de seguridad en este sentido. Una vez haya leído la información completa, escriba su nombre en el campo **Nombre del certificado**. Tenga en cuenta que este nombre, tal como lo inserte aquí, será el que se usará en el certificado digital que va a crear. (2)

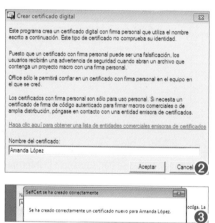

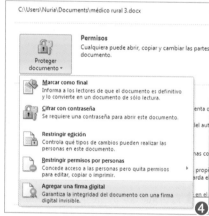

3 Efectivamente, un certificado digital, para ser de total confianza y por lo tanto, poder ser usado públicamente, debe ser emitido por una entidad emisora de certificados. Si más adelante necesita en algún momento de un certificado con código de autenticidad, puede hacer clic en el vínculo que se encuentra en este mismo cuadro, para ver algunas empresas que emiten certificados de este tipo. Ahora haga clic en **Aceptar.**

4 Se abre un cuadro informativo que le hace saber que se ha generado un certificado digital para el nombre que usted ha indicado. (3) Pulse también en el botón **Aceptar** de este cuadro.

5 Ahora agregaremos el certificado digital que acabamos de crear al documento que permanece abierto. Haga clic en la pestaña **Archivo**, despliegue el comando **Proteger documento** de la vista **Información** y haga clic sobre la opción **Agregar una firma digital**. (4)

6 Aparece en esta oportunidad un nuevo cuadro de advertencia sobre el uso seguro de los certificados digitales. Si pulsa ahora sobre el botón **Catálogo de soluciones - Servicios de firmas...**

será dirigido a una página de la ayuda de Word donde le proporcionarán información sobre los proveedores recomendados por Microsoft, pero sepa que puede usar cualquier otro que desee si considera que le hace falta. Una vez leída esta información, pulse directamente el botón **Aceptar** del cuadro informativo en pantalla. **(5)**

7 Se abre el cuadro de diálogo **Firmar**, donde podemos indicar la razón por la que vamos a firmar el documento y agregarle la firma que hemos creado en pasos anteriores y que aparece ya en el apartado **Firmar como**. En este caso, escriba en el campo **Razón** para firmar este documento algún texto y haga clic en el botón **Firmar**. **(6)**

8 Aparece en este momento un cuadro de Microsoft Word que informa que el certificado seleccionado no se puede verificar. Pulse sobre el botón **Sí**.

9 Una vez agregado el certificado, haga clic en el botón **Aceptar** del cuadro **Confirmación de la firma**, que informa que el certificado solo tiene validez mientras el documento no sea cambiado.

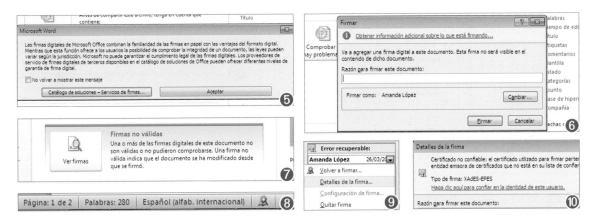

10 Ahora se encuentra en la **Vista información**, donde se ha añadido un comando llamado **Ver firmas** y se informa que en el documento hay una firma no valida. Pulse sobre la pestaña **Archivo** para ver el documento. **(7)**

11 Observe el documento de Word. Además de quedar marcado como final con la inclusión de la firma, en la **Barra de estado** ha aparecido un pequeño símbolo que indica que dicho documento está firmado digitalmente. **(8)** Haga clic sobre este comando para mostrar el panel de firmas.

12 El panel se muestra a la derecha del **Área de trabajo**. En él aparece la firma invisible que hemos agregado, aunque, según se informa, con un error recuperable. Sitúe el puntero sobre el nombre de la firma y, en el menú que se despliega, haga clic sobre la opción **Detalles de la firma**. **(9)**

13 Se abre el cuadro **Detalles de la firma**, en el cual podemos leer que la entidad emisora de certificados que hemos utilizado no es confiable. Para solventar el problema, pulse sobre el vínculo **Haga clic para confiar en la identidad de este usuario**. **(10)**

14 Nuestra firma ya es válida y la aplicación certifica que el documento no ha sido modificado desde que se firmó. Pulse ahora sobre el botón **Ver**.

15 Se abre el cuadro **Certificado** en la ficha **General**. En primer lugar informa los propósitos del certificado, y luego los detalles de quién lo emite y para quién. Además, se indica que tiene una validez de 6 años. Pulse ahora sobre la pestaña **Detalles**. **(11)**

16 Los detalles que se muestran son los que identifican al certificado. Si desea más información sobre el significado de cada uno de los campos, puede pulsar en el vínculo detalles del certificado, donde se explican uno a uno. Pulse sobre el botón **Aceptar** para salir de este cuadro y en el botón **Cerrar** para salir del cuadro **Detalle de la firma**.

17 A continuación pulse sobre el botón **Editar de todas formas** en la ficha que se muestra arriba del **Área de trabajo**. **(12)** Confirme que desea eliminar la firma y editar el documento en el cuadro de diálogo de Microsoft Word, **(13)** y a continuación pulse sobre el botón **Aceptar** del cuadro **Firma eliminada**.

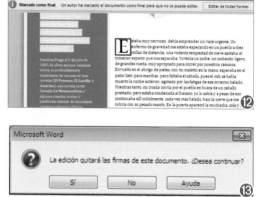

En la pestaña **General** del cuadro Certificado podemos ver los principales datos del certificado (fecha de emisión, nombre del emisor, etc.)

18 Una vez acabado el ejercicio, puede cerrar el panel **Firmas**, ahora vacío, desde su botón de aspa y pasar a la siguiente lección.

Lección 88. **Insertar una firma visible en la línea de firma**

Word 2010 permite agregar líneas de firma visibles a un documento para después insertar en ellas la representación visible de la firma. En este último ejercicio de este apartado aprenderemos a agregar una línea de firma a un documento, a añadirle alguna breve instrucción o comentario y a insertar una firma digital en la línea de firma.

1 En este ejercicio añadiremos al documento una firma digital en una línea de firma. Una línea de firma, como veremos a continuación, tiene el mismo aspecto que el marcador de posición de firma que aparece en muchos documentos impresos pero, además de contener la firma, puede tener instrucciones para la persona que firma, o información sobre esta. Además, puede tener un certificado digital y es lo que haremos en nuestro ejemplo. Para empezar, vamos al final del documento, que es donde situaremos la línea de firma. Pulse el comando **Control+Fin** y una vez esté al final, pulse la tecla **Mayúsculas** y, sin soltarla, haga un clic justo debajo de la fotografía, antes de la palabra **Kafka**, para seleccionar todas las palabras de prueba que añadimos al final en pasadas lecciones. Luego pulse la tecla **Retorno** para eliminar estas palabras al tiempo que añade una nueva línea en blanco.

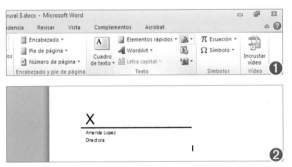

2 Ya tenemos el cursor en el lugar en el que queremos agregar la línea de firma. Ahora haga clic en la pestaña **Insertar** de la **Cinta de opciones** y pulse sobre el comando **Línea de firma**, cuyo icono se encuentra a la derecha del comando **Elementos rápidos**, en el grupo de herramientas **Texto. (1)**

3 Aparece uno de los cuadros de advertencia sobre la seguridad de las firmas digitales que ya vimos en la lección pasada. Una vez lo haya leído, pulse el botón **Aceptar** del cuadro informativo.

4 Se abre entonces el cuadro de diálogo **Configuración de firma**, en el cual podemos introducir la información solicitada sobre la persona que firmará en la línea de firma. Esta información, debe saberlo, es la que aparecerá posteriormente debajo de dicha línea. Introduzca algún nombre y cargo, active la opción **Permitir que el firmante agregue comentarios en el cuadro de diálogo Firmar** y mantenga activada la opción **Mostrar la fecha en la línea de firma**. A continuación pulse el botón **Aceptar. (2)**

5 La línea de firma se ha insertado en una nueva página del documento. **(3)** Esta línea serviría para firmar el documento una vez sea impreso. Pero ahora haremos algo diferente. Para firmar en esta línea, haga doble clic sobre ella.

6 Se ha abierto nuevamente el cuadro que nos advierte sobre la seguridad de las firmas digitales de Microsoft. Marque la opción **No volver a mostrar este mensaje**, para que no nos aparezca ya más,

En el cuadro de **Configuración de la firma** puede añadir cualquier comentario para el firmante y una dirección de correo electrónico para contactarlo.

y simplemente pulse el botón **Aceptar**.

7 Vamos a utilizar una imagen de firma. Para ello, puede utilizar cualquier archivo de imagen de que disponga o descargar la imagen **firma.jpg** de nuestra página web y guardarlo en la carpeta Imágenes. En el cuadro de diálogo **Firmar**, haga clic en el vínculo **Seleccionar imagen**.

8 Se abre el cuadro **Seleccionar imagen de la firma**. Seleccione la imagen en la carpeta correspondiente y pulse el botón **Seleccionar**.

9 En el campo **Razón para firmar este documento** del cuadro **Firmar** escriba la palabra **Aprobado**, por ejemplo y para agregar la firma visible al documento, pulse el botón **Firmar** y pulse el botón **Aceptar** del cuadro **Confirmación de la firma**. (4)

10 Automáticamente aparece la firma en el espacio reservado para ella. (5) Al mismo tiempo el documento se marca como final y aparece en la **Barra de estado** el icono pertinente. Antes de terminar, deberá validar la firma. Para ello, pulse sobre la pestaña **Archivo**. Se indica en la vista **información** que las firmas de este documento no son validas, tal como sucedió en la lección anterior. Deberemos ahora entonces repetir todos los pasos de verificación de una firma digital. Pulse sobre el botón **Ver firmas**.

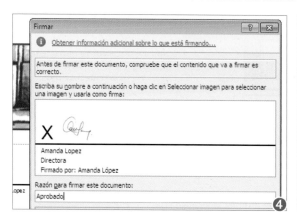

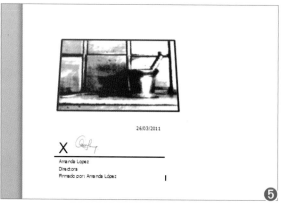

En el cuadro **Firmar** puede insertar cualquier imagen.

11 La aplicación le lleva de nuevo al documento, ahora con el panel **Firmas** abierto, donde de nuevo se indica que la firma tiene un error recuperable. Tal como hicimos en el ejercicio anterior, pulse sobre el botón **Más** que aparece al colocar el cursor sobre la fecha y seleccione la opción **Detalles de la firma**.

12 En el cuadro **Detalles de la firma**, pulse en el vínculo correspondiente para confiar en la identidad del usuario y una vez haya autentificado la firma, pulse en el botón **Cerrar**.

13 La firma ha sido correctamente aplicada al documento y ha desaparecido la advertencia de que la firma no es valida. Ahora, antes de acabar con esta lección, vamos a eliminar tanto la firma digital como la línea de firma. Despliegue nuevamente el menú de la firma pulsando sobre ella en el panel de **firmas** y seleccione la opción **Quitar firma**. (6)

14 Se abre un cuadro de diálogo que pide que confirme si realmente desea quitar la firma. Pulse en el botón **Sí**. (7)

15 Se abre el cuadro **Firma eliminada** en el que se los informa que la firma se ha quitado y se ha guardado el cambio en el documento. Pulse sobre el botón **Aceptar**.

16 Como verá, se ha eliminado la condición de solo lectura en el documento, pero la línea de firma se mantiene. Por lo tanto, se mantiene también abierto el panel **Firmas** mostrando la firma eliminada ahora como firma requerida, pues el documento ha de ser firmado en la línea insertada.

17 Para eliminar la línea de firma, haga clic sobre ella para seleccionar todo el campo en el que está colocada. **(8)** Una vez la haya seleccionado, pulse el botón **Suprimir**. Al momento desaparece la firma del documento y del panel de **Firmas**. **(9)**

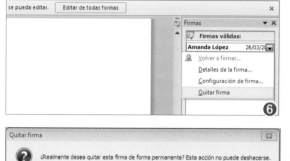

18 Una vez eliminada la firma, guarde los cambios aplicados en el documento para poder pasar a la siguiente lección, donde comprobaremos la accesibilidad del mismo.

La línea de firma se elimina como cualquier otro objeto. Sólo hay que seleccionarla y pulsar la tecla **Suprimir**.

Lección 89. **Comprobar la accesibilidad**

El comprobador de accesibilidad es otra interesante novedad incluida en Word 2010. Se trata de una herramienta de gran utilidad incluida, igual que el Inspector de documentos, en el comando Comprobar si hay problemas de la vista Información. Permite localizar y solucionar los posible problemas que podían impedir que cualquier usuario con una discapacidad pudiera acceder al documento.

1 El comprobador de accesibilidad informa sobre los posibles problemas que un documento puede presentar para la accesibilidad de personas con discapacidades, al tiempo que ofrece diferentes soluciones. Vamos a probar en este ejemplo la accesibilidad del documento **médico rural3.docx**. Para ello, pulse sobre la pestaña **Archivo** y haga un clic en el comando **Comprobar si hay problemas** para seleccionar la opción **Comprobar accesibilidad**. (1)

2 Se abre a la derecha del **Área de trabajo** el panel **Comprobador de accesibilidad**, que muestra un resumen de las características del documento que pueden representar un problema para que usuarios con determinadas discapacidades accedan a sus contenidos. Es probable que el usuario prefiera no corregir todos o algunos de estos hipotéticos problemas detectados por el **Comprobador** y en ese caso puede dejar el documento tal como está. En todo caso, el panel, tal como hemos dicho y habrá comprobado, ya muestra el resultado de su inspección además de información adicional de cómo corregir los fallos detectados. El comprobador clasifica los problemas en **Errores**, **Advertencias** y **Sugerencias**. En principio, si ha seguido paso a paso este manual, su comprobador habrá encontrado errores y sugerencias. Del primer grupo el comprobador reporta que falta un **Texto alternativo** en tres elementos. Para ver una explicación y la solución propuesta por la aplicación, pulse sobre el texto del primer error, en nuestro caso con el texto **Grupo 80**, en el **Comprobador de accesibilidad**.

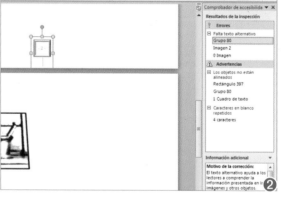

Cada uno de los comandos del botón **Comprobar si hay problemas** tiene una pequeña explicación de sus funciones.

3 Automáticamente se desplaza hasta el punto donde ha encontrado el error, que es el número de página. El apartado **Información adicional** del panel explica que la imagen no cuenta con un texto alternativo que ayude a los lectores con ciertas discapacidades a recibir la información presentada por medio de imágenes, que ellos tal vez no puedan ver o entender. Como en este caso se refiere al recuadro que enmarca el número de página, que no transmite ninguna información en realidad, ignoraremos el error y pasaremos al siguiente. (2) Pulse sobre el error **Imagen 2**.

4 Como podrá ver, se refiere a la primera imagen del documento. En el apartado **Información**

adicional, además de la información que ya leímos en el error anterior, muestra el procedimiento recomendado para solucionarlo. Pulse la parte inferior de la barra de desplazamiento vertical de esta sección para acabar de leer la información que contiene y vamos a aplicarla de inmediato.

5 Pulse sobre la imagen insertada en el documento con el botón secundario de su ratón y seleccione la opción **Formato de imagen**. **(3)**

6 Una vez desplegado el cuadro **Formato de imagen**, pulse sobre la opción **Texto alternativo**.

7 Como verá, en esta ficha puede insertar un título y una descripción a la imagen. En el campo **Título** introduzca a modo de ejemplo la palabra **Mortero medicinal**.

8 En el campo descripción se ve la ruta de acceso a la imagen prediseñada que insertamos en el documento en la lección correspondiente. Haga tres clics sobre esta ruta para seleccionarla entera y sustituirla por una descripción de la imagen que aquellos usuarios con problemas cognitivos o visuales, que no puedan comprender o ver el objeto, podrán escuchar si lo necesitan. Escriba el texto de ejemplo **Imagen alusiva a la medicina tradicional** y pulse el botón **Cerrar**. **(4)**

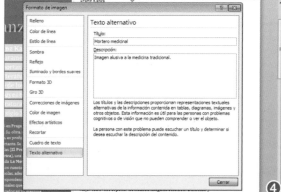

Al pulsar sobre uno de los elementos reportados, la aplicación selecciona directamente al elemento en cuestión en el documento.

9 Como verá, al solucionar el error este desaparece al momento del panel. Pulse sobre el error siguiente.

10 Reporta un error igual al anterior en la fotografía insertada al pie del documento. Como ya hemos visto cuál es el procedimiento, no lo repetiremos en este momento. Sin embargo, realice por su cuenta la corrección si le parece conveniente a modo de práctica.

11 Ya hemos llegado a las advertencias del **Comprobador**. Nos indica que algunos elementos no están alineados y que hay caracteres en blanco repetidos. Veamos la primera advertencia de los objetos no alineados, que se refiere al rectángulo. Selecciónelo con un clic.

12 El **Comprobador** nos advierte que personas con determinadas discapacidades podrían tener problemas para navegar por la página hasta los objetos que no están alineados con el texto principal, de manera que estos podrían permanecer inaccesibles para ellos. **(5)** Use la barra de desplazamiento vertical para leer la sugerencia del **Comprobador** y pase a aplicarla.

13 Pulse con el botón derecho del ratón sobre el cuadro de texto en el documento, pulse en la opción **Ajustar texto** y haga un clic en la opción **En línea con el texto**. **(6)**

14 El texto principal pasa a colocarse bajo el cuadro de texto, efectivamente alineado y la advertencia desaparece del panel. ¿Le gusta como se ve? Suponemos que no, así que puede usar el comando **Control+Z** para deshacer esta modificación. **(7)**

15 Antes de terminar, vamos a solucionar el motivo de la última advertencia. Pulse sobre la advertencia del grupo **Caracteres en blanco repetidos**. (8)

16 Se seleccionan los caracteres en blanco que se encuentran al final del texto del recuadro. El motivo, nos informa el **Comprobador**, es que los lectores de pantalla los leerán uno a uno y que varios espacios en blanco seguidos pueden ser interpretados como el final del documento. El procedimiento recomendado por la aplicación se refiere a otro tipo de espacios en blanco, y para nuestro ejemplo, que se trata solo de espacios en blancos añadidos de forma accidental, puede simplemente pulsar la tecla **Suprimir** para borrarlos sin más.

17 Así hemos eliminado los espacios y con ellos ha desaparecido la advertencia. De este modo puede seleccionar uno a uno los posibles problemas de accesibilidad del documento y aplicar las soluciones o ignorarlos según su propio criterio y sus necesidades. Por ahora, ya hemos terminado con esta lección así que cierre el panel.

18 Ya puede guardar los cambios aplicados al documento y pasar a la lección siguiente, donde comprobaremos la compatibilidad del mismo.

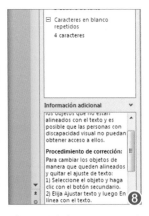

Al preparar un documento conviene considerar desde un comienzo si será distribuido a personas con discapacidad, en cuyo caso el diseño de la pagina puede hacerse tomando en cuenta ciertas recomendaciones que evitarían que, como en nuestro ejemplo, sean necesarias modificaciones profundas de diseño de la página para asegurar su accesibilidad.

Lección 90. **Comprobar compatibilidad**

El comando Comprobar si hay problemas de Word 2010 también permite comprobar si en el documento hay características que no son compatibles con otras versiones del programa. Al ejecutar esta función, la aplicación elabora un resumen en el que explica qué elementos serían modificados al llevar el documento al formato de versiones anteriores de Word.

1 En este ejercicio, que verá que resulta muy sencillo, comprobaremos la compatibilidad del documento que hemos venido usando en las últimas lecciones, **médico rural3.docx**. Vamos a la vista Backstage **Información**, pulse nuevamente el botón **Comprobar si hay problemas** y de su menú seleccione la opción **Comprobar compatibilidad**. **(1)**

2 Se abre el cuadro de dialogo comprobar si hay problemas, que muestra un resumen de las características de nuestro documento que no son compatibles con versiones anteriores de Word y que por lo tanto pueden perderse o modificarse si el documento se abre desde alguna de esas versiones o si es guardado con algún formato más antiguo. **(2)** Para este ejemplo imaginemos que este documento va a ser enviado a una persona que trabaja en Word 2007. Pulse en el botón **Seleccionar versiones para mostrar** y desactive la opción **Word 97-2003**.

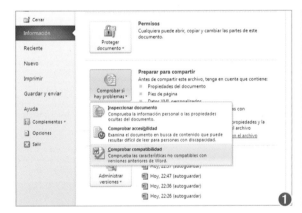

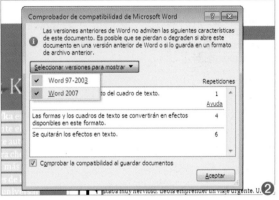

3 El cuadro resumen cambia en función de la opción ahora seleccionada. Así pues, puede seleccionar una o ambas opciones según la versión en la que necesite trabajar con el documento. La primera advertencia del comprobador explica que las formas y los cuadros de texto se convertirán con la aplicación de efectos disponibles en la versión seleccionada. La siguiente advertencia indica que se eliminarán los efectos de texto.

Al guardar un documento en un formato distinto al que se utilizó al crearlo, se pueden dar problemas de compatibilidad. El **Comprobador** le indica exactamente qué tipo de elementos se verán afectados en su documento específicamente.

4 Si desea que Word 2010 compruebe los problemas de compatibilidad con otras versiones cada vez que guarde el documento, seleccione la opción **Comprobar la compatibilidad al guardar documentos**.

5 Pulse el botón ayuda, que muestra un signo de interrogación.

6 Al momento se abre el cuadro de **Ayuda de Word** en el artículo **Cambios de compatibilidad de versiones** donde puede leer una descripción detallada de esta función y de los cambios que se aplican al cambiar de versiones un documento de Word 2010. Pulse una vez en la parte inferior de la barra de desplazamiento vertical.

7 Como verá, el artículo incluye un completo cuadro que resume la disponibilidad de ciertas características de Word en cada uno de los formatos. **(3)** Pulse ahora tres veces en la parte inferior de la barra, hasta acabar la tabla en pantalla.

8 El apartado siguiente explica de qué forma cambia cada uno de los elementos arriba mencionados. Si pulsa en el botón **Más** que está al lado de cada punto, podrá leer el detalle de lo que sucede con cada versión. **(4)** Una vez vista la ayuda de este comando, ciérrela pulsando en su botón de aspa.

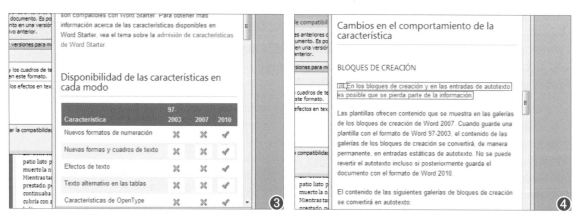

Una vez comprobada la compatibilidad, la **Ayuda de Word** le puede ampliar la información sobre cada aspecto reportado.

9 Cierre el **Comprobador de compatibilidad** pulsando el botón **Aceptar** y, para acabar este ejercicio, guarde los cambios realizados en el documento.

Lección 91. **Administrar versiones de documentos**

Word tiene la capacidad de ir guardando automáticamente sus documentos, a medida que va trabajando. Esta capacidad es de gran utilidad cuando se produce un error y la aplicación se cierra inesperadamente, o cuando, por alguna razón desea regresar a una versión anterior de un documento en el que ha realizado múltiples modificaciones.

RECUERDE

Los parámetros de **auto-guardado** se encuentran preestablecidos y pueden modificarse desde el cuadro de Opciones de Word.

1 En esta lección, última del presente apartado, le mostraremos una de las novedades comunes que presenta Word 2010 en cuanto a seguridad y mantenimiento se refiere. Se trata de la administración de las versiones de un documento, que guarda automáticamente la aplicación. Lo que haremos en primer lugar es mostrarle dónde puede configurar este almacenamiento automático y qué parámetros presenta por defecto. Continuaremos trabajando en nuestro documento **médico rural 3.docx**, que hemos venido modificando en las últimas lecciones. Para comenzar, pulse sobre la pestaña **Archivo** para acceder a la vista Backstage y haga clic sobre el comando **Opciones**.

2 En el cuadro **Opciones de Word** seleccione la pestaña **Guardar**.

3 El apartado **Guardar documentos** de la sección **Personalizar la forma en que se guardan los documentos** permite indicar desde el formato en que deseamos que el programa almacene los documentos automáticamente hasta el intervalo de tiempo tras el cual se debe crear un nuevo archivo autoguardado. Este intervalo está establecido en 10 minutos. Para disminuirlo, haga doble clic sobre el campo que muestra el valor **10** e inserte el número **7**. **(1)**

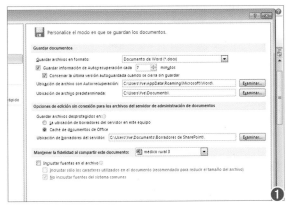

4 Resulta de gran utilidad mantener marcada la opción **Conservar la última versión autoguardada cuando se cierra sin guardar**, puesto que gracias a ella es posible administrar posteriormente las distintas versiones de un documento. A continuación, puede comprobar la ubicación en el equipo en la cual se almacenan los archivos autoguardados. Se trata de ubicaciones predeterminadas, normalmente dentro de las carpetas de la aplicación. Haga clic en el botón **Aceptar** para confirmar el cambio.

5 Una vez personalizado el proceso de autoguardado de documentos, vamos a mostrarle cómo podemos recuperar estos archivos. Para ello, vamos a suponer que ha estado trabajando en el documento y de pronto desea volver a una versión anterior del mismo. Para que sea más notorio el resultado de nuestro ejercicio, seleccione el cuadro de texto ubicado a la izquierda del documento y pulse la tecla **Suprimir** para eliminarlo. **(2)**

El apartado **Guardar documentos** del cuadro **Opciones de Word** permite indicar desde el formato hasta el intervalo de tiempo tras el cual se debe crear un nuevo archivo autoguardado. De las opciones seleccionadas dependerán las versiones que se muestren en la lista de **Versiones**.

6 En nuestro ejemplo imaginario no le vale de nada usar la opción **Deshacer** ya que ha realizado demasiadas modificaciones, así que es el momento de recuperar las versiones autoguardadas del archivo. Para ello, haga clic sobre la pestaña **Archivo** y en la vista **Información**, veamos la tercera sección de este comando, que es la que debe contener una lista de las versiones autoguardadas del documento. Evidentemente, que dicha lista contenga más o menos versiones dependerá del intervalo del tiempo asignado para que el programa almacene automáticamente el trabajo realizado y de las modificaciones realizadas sobre el documento. Según sea su caso, pulse sobre una de las versiones autoguardadas. **(3)**

7 El archivo se muestra en el área de trabajo del programa. Compruebe como en la **Barra de título** se informa de que se trata de es un documento de sólo lectura, y que es una versión autoguardada. Esto implica que deberá volver a guardarlo si desea mantener esta versión en la que, por cierto, ya ha recuperado el cuadro de texto. Se indican además los datos temporales acerca del momento en que se ha llevado a cabo el almacenamiento automático. **(4)** La barra de mensajes de color amarillo que aparece en la parte superior del área de trabajo nos informa también de que se trata de una versión autoguardada y de que existe una versión más reciente. El botón **Restaurar** reemplaza el documento actual por la versión anterior autoguardada, mientras que el botón **Comparar** compara con la versión más reciente. **(5)**

Como novedad en esta versión de la aplicación, es posible recuperar todas y cada una de las **versiones** guardadas automáticamente.

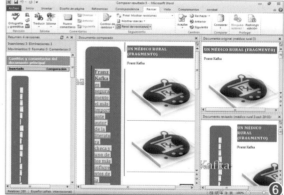

8 Tal como sucedía en la lección **Comparar documentos** de este manual, se ha abierto el **Panel de revisiones** y el área de trabajo se ha dividido en tres marcos que contienen el **Documento original**, que es la versión anterior que acabamos de abrir, el **Documento revisado**, que en este caso es la última versión del documento, y el **Documento comparado**. **(6)** En este momento podría rechazar o aprobar cada uno de los cambios entre una y otra versión si así quisiera. En lugar de esto, cierre el documento comparado sin guardar los cambios, para regresar a la versión autoguardada del documento.

9 Pulse ahora sí en el botón **Restaurar** de la barra de mensajes de color amarillo que está ubicada arriba del Área de trabajo. **(7)** Luego pulse el botón **Aceptar** en el cuadro de advertencia que muestra la aplicación para confirmar que efectivamente desea sobreescribir la última versión guardada.

10 Antes de acabar, veamos las opciones del comando **Administrar versiones**. Pulse en la pestaña **Archivo** y luego sobre la punta de flecha de la opción **Administrar versiones** de la vista **Información**. **(8)**

11 Como verá, se muestran dos opciones que permiten o comparar el documento con la versión más reciente, tal como acabamos de hacerlo, o recuperar los elementos sin guardar. Sepa que esta última opción le dirige al cuadro **Abrir**, directamente en el directorio en el que se archivan todos los archivos sin guardar de la aplicación. Aprovechando que estamos en la Backstage, pulse directamente en el comando **Salir** para cerrar el documento y también de la aplicación, pues ya hemos llegado al final de este apartado, y probablemente merezca un descanso.

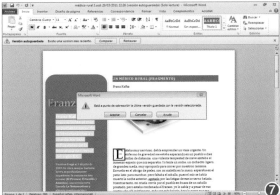
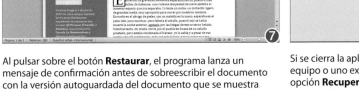
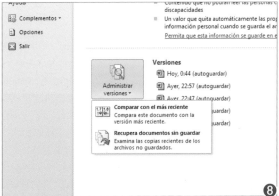

Al pulsar sobre el botón **Restaurar**, el programa lanza un mensaje de confirmación antes de sobreescribir el documento con la versión autoguardada del documento que se muestra ahora en pantalla.

Si se cierra la aplicación por cualquier tipo de fallo, ya sea uno del equipo o uno externo, como una falla en el servicio eléctrico, la opción **Recuperar documentos sin guardar** le permite acceder a su versión autoguardada.

Imprimir y compartir

Una vez ha terminado el proceso de creación de un documento, lo ha revisado y lo ha protegido debidamente, llega la hora de **compartirlo** con otros usuarios. Esta operación puede llevarse a cabo de diferentes maneras: imprimiendo una copia del documento o de las partes que se desea mostrar a otras personas, enviando el documento por correo electrónico, o almacenándolo en alguna ubicación de red a la que puedan acceder otros usuarios.

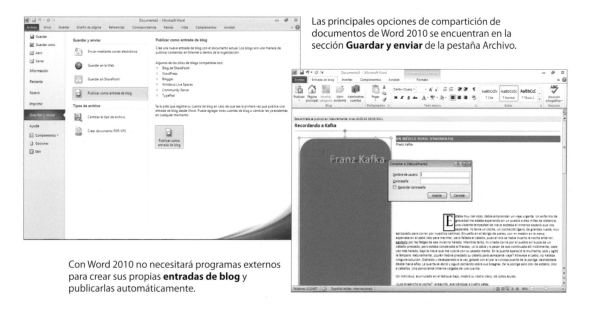

Las principales opciones de compartición de documentos de Word 2010 se encuentran en la sección **Guardar y enviar** de la pestaña Archivo.

Con Word 2010 no necesitará programas externos para crear sus propias **entradas de blog** y publicarlas automáticamente.

Las cuatro primeras lecciones de este último apartado las hemos dedicado a la **Combinación de correspondencia**, una importante función que permite personalizar el envío de documentos a múltiples destinatarios, ya sea para enviarlo en un mensaje electrónico o por correo postal.

Las cuatro lecciones siguientes se dedican a las diferentes herramientas del comando Guardar y enviar de la ficha Archivo. Esta versión de la aplicación tiene varias novedades reservadas a este comando, que permite el **envío por correo electrónico** de los documentos en diferentes formatos (operación para la cual el usuario deberá disponer de una cuenta de correo electrónico y un programa gestor de correo electrónico), el **almacenamiento en sitios remotos** como SkyDrive y finalmente la opción de subir un documento directamente a su **blog** personal. Todo esto sin necesidad de salir de la aplicación en ningún momento.

La última lección la hemos reservado a la Backstage de la opción **Imprimir**. En el ejercicio de esta lección conocerá las diferentes opciones de impresión que proporciona Word 2010 y a la configuración de esta importante función del programa que incorpora en esta versión de la aplicación una **vista previa** de actualización automática, lo que facilita enormemente su uso.

Word 2010 ofrece algunas interesantes **novedades** en cuanto a la comprobación de errores y a la visualización de documentos previa a su impresión definitiva.

Así, aprenderá a **ajustar la impresión** del documento a sus necesidades específicas, a insertar la numeración de las líneas del documento para su impresión, a cambiar la orientación del papel, y en general, a modificar la configuración predeterminada para que el resultado de la impresión sea exactamente en que está buscando en cada ocasión.

Lección 92. **Combinar correspondencia**

L a combinación de correspondencia automatiza el proceso de insertar información personal, como un nombre o una dirección, en un documento que se debe enviar a muchas personas. Para hacerlo de forma más fácil y cómoda, el Asistente para combinar la correspondencia le guiará paso a paso en el proceso indicándole qué debe hacer en todo momento.

1 Antes de comenzar esta lección puede bajar de la zona de descargas de nuestra web el documento **Carta presentación.docx**, aunque también puede usar para el ejercicio otra que tenga en su equipo. En todo caso, en esta lección vamos a imaginar que tiene que enviar la carta seleccionada, que en nuestro ejemplo es una carta de presentación, a diferentes destinatarios. Para ello, lo primero que debe hacer es crear un fichero con los datos de los destinatarios, acción que llevará a cabo mediante el **Asistente para combinar correspondencia**. Sitúese en la ficha **Correspondencia** de la **Cinta de opciones**, despliegue el comando **Iniciar combinación de correspondencia** y seleccione la opción **Paso a paso por el Asistente para combinar correspondencia. (1)**

RECUERDE

El fichero de **fuentes de datos** contiene una lista de nombres y direcciones. Un documento enviado con combinación de correspondencia es remitido de forma personalizada a varios destinatarios seleccionados de este fichero, y permite que no sea necesaria la creación de un documento por y para cada destinatario.

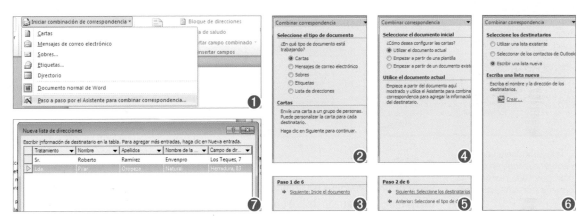

2 Se abre de este modo a la derecha del área de trabajo el panel **Combinar correspondencia**. En el apartado **Seleccione el tipo de documento** se muestra seleccionada la opción **Cartas. (2)** Como efectivamente vamos a hacer cartas, mantenga la selección y pulse sobre el vínculo **Siguiente: Inicie el documento. (3)**

3 También en este segundo paso mantendremos la opción que aparece seleccionada por defecto, según la cual el programa utilizará el documento actual. **(4)** Nuevamente pulse sobre el vínculo **Siguiente. (5)**

4 En este paso debemos seleccionar los destinatarios. Podría usar alguna lista creada previamente o seleccionar entre sus contActos de Outlook pero, como de momento no disponemos de ninguna lista, utilizaremos el asistente para crear una lista nueva. Marque la opción **Escribir una lista nueva** y pulse sobre el vínculo **Crear. (6)**

5 Aparece en pantalla el cuadro de diálogo **Nueva lista de direcciones**. Rellene los campos principales con alguna dirección y pulse el botón **Nueva entrada**.

6 Como podrá ver, se añade una nueva línea para que introduzca más datos. Añada ahora un nuevo destinatario con su dirección y al terminar pulse el botón **Aceptar. (7)**

La creación de fuentes de datos puede realizarse desde el **Asistente para combinar correspondencia** o desde la opción **Seleccionar destinatarios**, también incluida en la ficha **Correspondencia**.

7 El programa le pide que almacene los registros introducidos. Como ve, la carpeta que aparece por defecto es **Mis archivos de origen de datos**. En el campo **Nombre de archivo** escriba **Contactos presentación** y pulse el botón **Guardar**.

8 Se abre el cuadro de diálogo **Destinatarios de combinar correspondencia**, donde aparecen todos los miembros de la lista de contactos y donde deberá seleccionar los que desea incluir en la lista de destinatarios. Con la breve lista que hemos creado es tarea fácil, pero imagínese que tiene una lista de, por ejemplo, 500 clientes. En ese caso le serán de gran utilidad las opciones del apartado **Restringir lista de destinatarios**, que le permitirán aplicar un orden ascendente o descendente a cualquiera de los campos, filtrar los registros por determinados campos, buscar registros duplicados para combinar y organizar sus contactos, buscar destinatarios concretos o validar las direcciones. En este caso, como nuestra lista es realmente muy sencilla, simplemente mantenga seleccionados los dos contactos y pulse el botón **Aceptar**. (8)

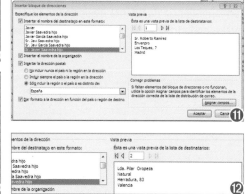

Toda la información de las fuentes se recoge en registros y campos. Cada registro está formado por varios campos.

9 Así pues, el primer objetivo se ha cumplido y ha terminado el paso 3, pues ya ha creado la fuente de datos necesaria para combinar la correspondencia. Compruebe que en el texto situado bajo el título del apartado **Utilice una lista existente** aparece el nombre del archivo **contactos presentación** como fuente de origen de los destinatarios. **(9)** Pulse en el vínculo **Siguiente: Escriba la carta** para acceder al cuarto paso del asistente.

10 El panel le indica que es la hora de escribir la carta si aún no lo ha hecho, que no es el caso, así que pasamos a la instrucción siguiente, aún en el paso 4. Debe situar el cursor en el punto donde va insertar la dirección de los destinatarios. Para ello haga un clic en el margen superior del documento de manera que el cursor de edición se fije en la línea en blanco ubicada justo antes del texto.

11 Una vez ubicado el cursor, haga clic en el vínculo **Bloque de direcciones** del panel **Combinar correspondencia. (10)**

12 Se abre el cuadro de diálogo **Insertar bloque de direcciones** mostrando varias opciones de formato y presentación de los datos. A la derecha se encuentra el apartado **Vista previa** que muestra como se verá el primer destinatario. **(11)** Haga clic en el botón de punta de flecha que señala hacia la derecha situado junto al campo que muestra el número 1, correspondiente al primer destinatario.

13 Aparece así una vista previa de los datos de nuestro segundo destinatario. **(12)** En el apartado **Corregir problemas**, pulse el botón **Asignar campos**.

14 En el cuadro de diálogo **Asignar campos** podemos ver y modificar la correspondencia entre los campos de la fuente de datos y la información de dirección requerida. En este caso, mantendremos los campos tal y como se muestran por defecto. Pulse el botón **Aceptar** para cerrarlo y pulse el botón **Aceptar** nuevamente en el cuadro **Insertar bloque de direcciones**.

15 Vamos ahora al paso **6** del **Asistente**. Pulse para ello en el vínculo **Siguiente: Vista previa de las cartas**.

16 Se muestra en la carta una vista previa de la carta al segundo destinatario. Tenga en cuenta que el formato de párrafo aplicado al bloque de dirección será el que esté aplicado previamente en el párrafo en que lo inserte. Veamos cuál será el aspecto del primer registro o destinatario. **(13)** Pulse sobre el botón con una doble punta de flecha situado a la izquierda del texto **Destinatario 2** en el apartado **Vista previa de las cartas** del panel.

17 Ya puede comprobar el aspecto de la otra carta. Por última vez, haga clic en el panel sobre el vínculo **Siguiente** que muestra ahora el texto **Complete la combinación**.

18 Como ya no queremos realizar ningún tipo de cambio o personalización en las cartas combinadas pasaremos a imprimirlas. Pulse sobre la opción **Imprimir**.

19 Se abre el cuadro de diálogo **Combinar al imprimir** con la opción **Todos** seleccionada. Haga clic sobre el botón **Aceptar. (14)**

20 En el cuadro **Imprimir**, pulse el botón **Aceptar** para llevar a cabo la impresión del documento con los registros creados.

21 Una vez terminadas las cartas, guarde los cambios realizados en el documento.

En el quinto paso del Asistente podemos **excluir de la combinación** a los destinatarios que queremos así como acceder al cuadro de edición de destinatarios para modificar sus datos.

Lección 93. **Crear etiquetas para correspondencia**

También las etiquetas, al igual que las cartas, los sobres o los mensajes electrónicos, pueden ser objeto de la combinación de correspondencia ya que todos tienen en común que siguen un único patrón pero lo aplican a datos distintos cada vez. La combinación de sobres puede realizar del mismo modo que las cartas es decir, a través del **Asistente para combinar correspondencia**. El funcionamiento y la metodología son bastante similares en todos los casos, a excepción de ciertas opciones que veremos en breve. Por este motivo, para esta lección hemos considerado que no es necesaria la ejecución del asistente, que haría el ejercicio muy repetitivo.

1 Para empezar, pulse sobre el comando **Crear** de la ficha **Correspondencia** y seleccione la opción **Etiquetas**. **(1)**

2 Se abre de este modo el cuadro de diálogo **Sobres y etiquetas**, mostrando activa la ficha **Etiquetas**. A partir de este cuadro puede importar contactos de una libreta de direcciones, insertar nuevos datos directamente, configurar la impresión y finalmente, imprimir las etiquetas creadas. Pulse sobre el botón **Nuevo documento** del cuadro en pantalla. **(2)**

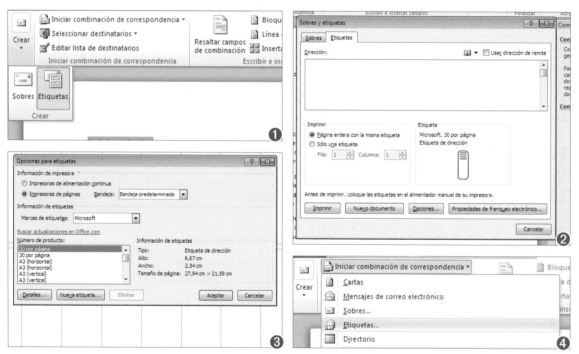

En el cuadro **Opciones para etiquetas** puede ubicar la descripción de los modelos de etiquetas de las marcas más comúnmente usadas y seleccionar las que vaya a usar en cada caso.

3 Se abre un nuevo documento denominado en nuestro caso **Etiquetas3** con los registros que se utilizarán para albergar las etiquetas. Haga clic en la pestaña **Correspondencia** de la **Cinta de opciones**, despliegue el comando **Iniciar combinación de correspondencia** y seleccione la opción **Etiquetas**. **(3)**

4 Aparece el cuadro de **Opciones para etiquetas**. **(4)** Pulse el botón **Detalles** para ver las propiedades del modelo de etiqueta seleccionado en estos momentos, llamada **30 por página**.

5 Aparece un cuadro informativo con todas las dimensiones de la etiqueta. Imaginaremos que coincide con el de las etiquetas que vamos a imprimir. Cierre este cuadro de información pulsando el botón **Aceptar** y cierre también los cuadros **Opciones para etiquetas** y **Combinar correspondencia** pulsando el botón **Aceptar** en cada uno.

6 El siguiente paso consiste en seleccionar la fuente de datos de donde extraeremos los destinatarios, que será la que creamos en la lección pasada. Despliegue el comando **Seleccionar destinatarios** y pulse sobre la opción **Usar lista existente**. **(5)**

7 En el cuadro **Seleccionar archivos de origen de datos** haga un doble clic en el panel de exploración sobre la librería **Documentos**, repita la operación con la carpeta **Mis documentos** y finalmente pulse sobre la carpeta **Mis archivos de datos**, que es donde está el archivo. A continuación seleccione el archivo **contactos presentacion.mdb**, que como recordará es el que creamos y guardamos en el último ejercicio, y pulse el botón **Abrir**.

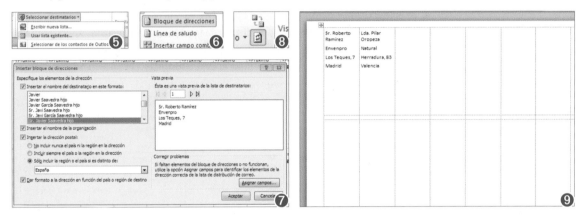

8 Ahora debemos indicar los campos que queremos que se muestren en las etiquetas. Haga clic en el comando **Bloque de direcciones** del grupo de herramientas **Escribir e insertar campos**. **(6)** En este momento podría desechar algunos campos, pero como los mantendremos todos, pulse el botón **Aceptar** del cuadro **Insertar bloque de direcciones**. **(7)**

La vista previa permite ver el aspecto final de la hoja de etiquetas mostrando todos los registros insertados.

9 Para que sus etiquetas estén actualizadas y muestren todos los destinatarios de la lista de contactos, pulse el comando **Actualizar etiquetas**, situado a la derecha del comando **Insertar campo combinado**. **(8)** Hágalo ahora para que aparezcan etiquetas para los dos contactos introducidos.

10 Para obtener una vista previa de los resultados, haga clic en el comando **Vista previa de resultados** del grupo de herramientas del mismo nombre.

11 Ese es el aspecto que tendrá su hoja de etiquetas que, al menos de momento, solo tiene texto en dos de las etiquetas. **(9)** Una vez terminado este ejercicio, cierre el documento creado sin guardar los cambios.

Lección 94. **Crear sobres para correspondencia**

U na vez que ha creado una carta, es probable que en lugar de imprimir etiquetas desee directamente imprimir los sobres en los que las enviará a sus destinatarios. Esto también puede hacerlo, como seguramente ya sabrá, con las herramientas de combinación de correspondencia. El proceso es muy similar al de creación de etiquetas, pero en este caso cambiaremos un par de opciones de configuración del sobre para ver cómo funcionan.

1 Para comenzar, coloque nuevamente en pantalla el documento **Carta presentación.docx**, que aun debe tener abierto en un segundo plano. Despliegue el comando **Crear** de la ficha **Correspondencia** en la **Cinta de opciones** y seleccione la opción **Sobres**.

2 Se abre el cuadro de diálogo **Sobres y etiquetas**, en esta ocasión en la ficha **Sobres**. Escriba algún nombre y dirección en el campo **Remite**, para que aparezcan en todos los sobres. Recuerde separar cada elemento por un salto de párrafo, tal como lo haría en cualquier dirección. Una vez haya introducido los datos del remitente, pulse el botón **Opciones. (1)**

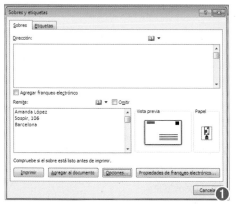

En el cuadro **Sobre y etiquetas** puede insertar los datos del remitente para que se repitan en todos los sobres de forma automática.

3 El cuadro de diálogo **Opciones de sobre** aparece en pantalla. Este cuadro muestra dos pestañas distintas, **Opciones de sobre**, dedicada a las opciones de tamaño, formato y diseño del sobre y **Opciones de impresión**. En un principio, el programa establece que va a usar un sobre de tamaño un estándar, cuyo aspecto y medidas aparecen en el campo **Tamaño de sobre** de la ficha ahora en pantalla. Imagine que el sobre que usted tiene no presenta estas mismas medidas. Pulse sobre el botón situado a la derecha del cuadro de lista **Tamaño de sobre** y seleccione el modelo **B6**.

4 La vista previa se encarga de mostrar el aspecto del nuevo sobre seleccionado. A continuación, modificaremos la ubicación de la dirección situándola a **4 cm** del borde izquierdo del sobre utilizado. Haga doble clic dentro del cuadro **Desde la izquierda** del apartado **Dirección** para seleccionar la palabra **Automático** e inserte el número **4** y observe los cambios en la vista previa.

5 Modifiquemos ahora la posición del remitente. Manteniendo la alineación actual, la bajaremos un poco. Haga doble clic dentro del cuadro **Desde arriba** del apartado **Remite**, inserte el valor **3** y observe el resultado. **(2)**

6 El tipo de fuente del remite y la dirección del destinatario puede modificarse pulsando en el botón **Fuente...** de los campos respectivos aunque, en este ejercicio, no realizaremos ningún cambio en este aspecto. Veamos ahora cuáles son las opciones de impresión. Active la pestaña **Opciones de impresión. (3)**

7 Según el tipo de impresora instalada en su equipo, Word marca unas opciones u otras, pero también permite modificarlas. Pulse sobre el botón **Aceptar.**

8 De nuevo en el cuadro **Sobres y etiquetas,** pulse en el botón **Agregar al documento**.

9 La aplicación pregunta si desea guardar el remitente añadido como el predeterminado para nuevas ocasiones. Seleccione la opción que prefiera.

10 Aparece en pantalla el sobre creado, que como verá se ha agregado como una nueva página en el documento. La dirección del remitente se ha añadido automáticamente. Vamos ahora a insertar los destinatarios. Haga clic en el centro de la parte inferior del sobre creado.

11 Se muestra así el área de direcciones en el lugar que definimos en el cuadro **Opciones de sobre. (4)** Como en este documento ya hemos insertado en la carta la dirección de los destinatarios de las cartas en la lección correspondiente, pulse ahora directamente en el botón **Bloque de direcciones** del grupo **Escribir e insertar campos.**

12 Como mantendremos las características preestablecidas, pulse el botón **Aceptar** del cuadro **Insertar bloque de direcciones.**

13 Los datos del primer destinatario se han añadido al momento. Pulse sobre el botón **Vista previa de resultados**, que muestra seleccionado el comando del mismo nombre y pulse la punta de flecha hacia la derecha para ver en pantalla la vista previa del segundo contacto. **(5)**

14 Efectivamente se han añadido los dos contactos. Ahora supongamos que quiere añadir alguna personalización en cada sobre. Pulse sobre el comando **Finalizar y combinar** y esta vez seleccione la opción **Editar documentos individuales.**

15 En el cuadro **Combinar en un documento nuevo** podría seleccionar solo algunos de los registros de su lista, pero en este caso mantenga la opción **Todos** seleccionada y pulse el botón **Aceptar. (6)**

16 Se ha creado en nuevo documento llamado **Cartas1**. Pulse dos veces la parte inferior de la barra de desplazamiento vertical para ver su contenido

17 Como verá, el nuevo documento contiene el sobre y la carta de cada destinatario, de manera que ahora pueda introducir los cambios que desee en cada uno. **(7)**. No será lo que haremos en

Al estar activado el comando **Vista previa**, podemos ver en el documento el contenido de uno de los registros.

este ejercicio, que ahora ha llegado a su final. Haga clic sobre el icono **Guardar** de la **barra de herramientas de acceso rápido** para almacenar los cambios realizados.

18 Asigne un nombre al documento que ha creado y ciérrelo a continuación.

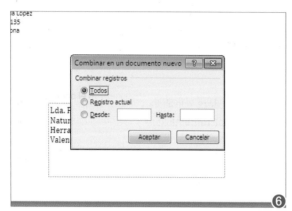

Si usa la opción **Editar documentos individuales**, puede editar cualquiera de las páginas del nuevo documento tal como lo haría con cualquier otro.

19 Una vez hemos acabado con esta lección, guarde también los cambios aplicados al documento **Carta presentación**, pero manténgalo en pantalla.

Lección 95. **Combinar en correo electrónico**

Tal como hemos editado un documento para convertirlo de forma automática en varias cartas dirigidas a diferentes personas, y hemos creado sobres y etiquetas para estos mismos destinatarios, podemos usar el comando Iniciar combinación de correspondencia para enviar un documento de Word a modo de varios correos electrónicos a los distintos destinatarios de una lista de direcciones.

1 En este correo volveremos a trabajar en el documento **carta presentación.docx**, que ahora enviaremos por correo electrónico. Para empezar, despliegue el comando **Iniciar combinación de correspondencia** y pulse sobre la opción **Mensajes de correo electrónico. (1)**

2 Automáticamente se activa el modo de visualización **Diseño Web**. Como el documento que hemos usado contiene el sobre insertado en la lección anterior, aparecen los campos con los datos de este en lo alto del documento. Selecciónelos arrastrando el ratón **(2)** y pulse la tecla **Suprimir** para eliminarlos.

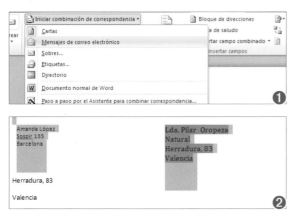

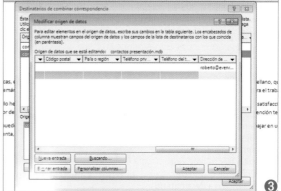

3 Al momento se recolocan correctamente los datos del destinatario. Ahora debemos seleccionar los destinatarios del mensaje en una lista ya existente o bien crear una nueva. En este caso, pulse el comando **Editar lista de destinatarios**.

4 Se abre el cuadro **Destinatarios de combinar correspondencia**. En el apartado **Origen de datos** seleccione nuestro archivo contactos **presentación.mdb** y pulse sobre el botón **Edición...**

5 Se abre el cuadro **Modificar origen de datos**. Pulse dos veces a la derecha de la barra de desplazamiento horizontal para ir a la última columna, que es **Dirección de correo electrónico**. Pulse bajo el título de este campo y añada la dirección del primer destinatario. **(3)**

6 Pulse nuevamente abajo de la dirección insertada para activar el siguiente registro, añada la dirección correspondiente y pulse el botón **Aceptar** para aplicar los cambios.

7 En el cuadro de diálogo que aparece, pulse el botón **Sí** para confirmar que deseamos actualizar la lista de destinatarios y guardar los cambios y luego haga clic en **Aceptar** del cuadro **Destinatarios de combinar correspondencia**.

8 Coloque ahora el cursor de edición justo antes del texto **Soy licenciada**, que es el comienzo de la primera línea de la carta en sí, añada una línea en blanco con la tecla **Retorno** y luego coloque el cursor sobre ella usando la tecla de desplazamiento hacia arriba para insertar en este lugar un saludo.

9 Los comandos del grupo **Escribir e insertar campos** permiten añadir al mensaje diferentes campos, como direcciones y saludos personalizados. En este caso, pulse sobre el comando **Línea de saludo**.

10 En el cuadro **Insertar línea de saludo**, despliegue el campo que muestra el texto **Querido**, seleccione la opción **Estimado** y pulse el botón **Aceptar. (4)**

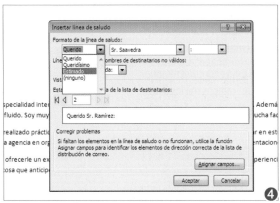

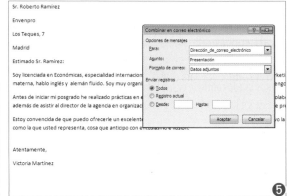

La combinación de correspondencia para mensajes de correo electrónico permite que cada mensaje sea un correo independiente en el que cada destinatario es único, a diferencia de los mensajes de correo electrónico que se envían a un grupo de destinatarios o a destinatarios ocultos.

11 Como el comando **Vista previa de resultados** del grupo de herramientas del mismo nombre se encuentra activado, podemos comprobar cómo se añade la línea de saludo al documento. Haga clic ahora en el botón **Finalizar y combinar** y pulse sobre la opción **Enviar mensajes de correo electrónico**.

12 En el cuadro **Combinar en correo electrónico** está seleccionado por defecto el formato **HTML**. Cámbielo a **datos adjuntos**. Mantenga seleccionada también la opción **Todos** en el apartado **Enviar registros** para que el mensaje se envíe a todos los destinatarios de nuestra lista. Pulse sobre el campo **Asunto** y escriba por ejemplo **Presentación** y a continuación pulse el botón **Aceptar. (5)**

13 Aparece un cuadro de advertencia de seguridad desde el cual debemos permitir el acceso a las direcciones de correo electrónico de **Outlook**, el programa que se utiliza para los envíos desde Word. Dicha advertencia de seguridad es una novedad en esta versión **2010** del programa.

14 Finalmente, los dos correos electrónicos son enviados de forma automática, sin siquiera necesidad de abrir el programa de correo electrónico o el navegador, a pesar de hacerlo a través del segundo. Podemos ver sin embargo un pequeño aviso en la **Barra de estado** que indica que Word está usando el pograma **Outlook** para hacer el envío.

Lección 96. **Adjuntar a un correo electrónico**

Una manera rápida de compartir un documento con varios usuarios es enviarlo como correo electrónico. En la lección pasada vimos como enviar un documento como un correo electrónico personalizado, pero en esta lección haremos un procedimiento mucho más sencillo desde el comando Compartir del nuevo menú Archivo, que de hecho proporciona diferentes formas de envío. La que exploraremos ahora es la primera, que nos permite enviarlo como documento adjunto.

1 En este ejercicio imaginaremos que acabamos de terminar con nuestro documento **médico rural3.docx** y queremos compartirlo con varios usuarios que deberán corregirlo. Como verá, se trata de una intención distinta a la de la lección pasada cuando usamos el comando **Combinar correspondencia** para enviar una carta simultáneamente a varios usuarios, de manera independiente. El proceso, así mismo, también es distinto y de hecho mucho más rápido, aunque tampoco en este caso tendrá necesidad de salir de Word. Para empezar, abra el **documento médico rural3.docx**.

2 Una vez lo tenga en pantalla, haga clic en la pestaña **Archivo** y pulse sobre el comando **Guardar y enviar**.

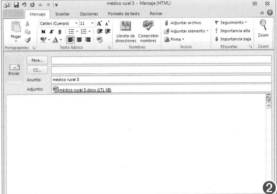

3 Obviamente, la opción **Enviar mediante correo electrónico** del apartado **Guardar y enviar** es la que nos permite enviar por correo electrónico una copia del documento. Esta opción se encuentra seleccionada por defecto, lo que permite visualizar, en el panel de la derecha, las opciones de envío disponibles. **(1)** Haga clic en la opción **Enviar como datos adjuntos**.

4 Tenga en cuenta que al utilizar la función **Enviar como datos adjuntos**, el documento se enviará siempre como un documento de Word, por lo que el destinatario del mensaje deberá tener instalada la aplicación para poder abrir el archivo. Sobre el documento se ha abierto una ventana con el mensaje ya creado por el programa gestor de correo electrónico **Outlook 2010**. Observe que en el campo **Adjunto** aparece el documento indicando su tamaño, es decir, el documento ya ha sido adjuntado al mensaje. En el campo **Asunto** se ha asignado automáticamente el nombre del documento. **(2)**

5 Para enviar este correo solo tiene que introducir la dirección de correo electrónico del destinatario del mensaje. Existen dos modos de hacerlo: insertándolo manualmente o bien seleccionán-

Word crea el nuevo mensaje y adapta las fichas de su **Cinta de opciones** para incluir todos los comandos necesarios para su edición y distribución.

dola entre las direcciones guardadas en la **Libreta de direcciones**. Supondremos que la dirección no está almacenada en la lista de contactos y seremos nosotros quienes introduzcamos el primer registro. En el campo **Para**, escriba una dirección de ejemplo.

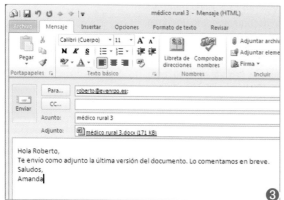

6 En el campo **CC** se insertan aquellas otras direcciones a las que también se desea enviar una copia del mensaje. En este caso lo dejaremos tal y como está aunque, si quisiéramos insertar varias direcciones en este campo tendríamos que separarlas con un punto y coma. Solo le queda escribir un texto como cuerpo del mensaje. Hágalo ahora y pulse el botón **Enviar**. **(3)**

7 Una vez se ha enviado el e-mail, la aplicación le dirige nuevamente al documento en Word. **(4)** La principal novedad que presenta Office 2010 en cuanto a la integración de funciones entre sus programas es, en este caso, el envío inmediato de los documentos. En versiones anteriores, una vez realizado el proceso de envío desde Word, el correo electrónico se almacenaba en la bandeja de salida de Outlook y era preciso acceder a la aplicación y realizar el envío definitivo. Ahora ya es necesario, puesto que el mensaje se envía al instante, como habrá visto.

Lección 97. **Enviar como PDF o XPS**

Incluidas también en el comando Guardar y enviar se encuentran las opciones Enviar como PDF y Enviar como XPS, que permiten enviar un documento de Word como archivo adjunto con esos dos formatos de documento portátil, lo que logra que el documento tenga el mismo aspecto en la mayoría de los equipos y que el documento no pueda ser fácilmente modificado.

1 En este ejercicio enviaremos el documento **médico rural3.docx** como un archivo **XPS** primero y como **PDF** después. De hecho, podrá ver que el proceso es casi idéntico en ambos casos. Para empezar, haga clic en la pestaña **Archivo** y pulse sobre el comando **Guardar y enviar**.

2 Dentro del comando **Enviar mediante correo electrónico** del apartado **Guardar y enviar**, pulse sobre la opción **Enviar como XPS**. **(1)**

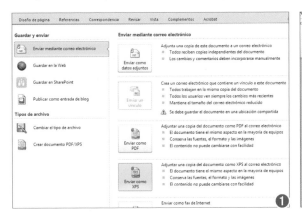
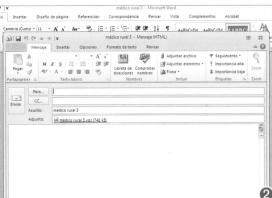

3 ¿Lo ha visto? Ya prácticamente está hecho. El documento **XPS** se ha creado en un instante y además se ha abierto nuevamente la ventana de mensaje de **Outlook** mostrando el documento ya adjuntado en el campo correspondiente y el campo **Asunto** y **Adjunto** rellenado. **(2)** En el campo **Para**, escriba la dirección del o los destinatarios. Ya sabrá que si repite alguna dirección que haya usado anteriormente desde su gestor de correo, esta se completará automáticamente cuando inserte los primeros caracteres.

En un solo paso se crea el archivo portátil y se adjunta en un nuevo mensaje electrónico.

4 Antes de enviar el mensaje, abriremos el archivo adjunto para comprobar el programa que se utiliza para visualizarlo. Haga doble clic sobre el archivo adjunto.

5 Se abre un mensaje de **Outlook** que le advierte sobre los peligros de abrir un adjunto que no proceda de una fuente de confianza. Como no es el caso y tampoco deseamos guardar el archivo en el ordenador, que es la otra opción propuesta por la aplicación, pulse el botón **Abrir**.

6 El archivo **XPS** se abre en el visor de **XPS** de Windows correctamente. **(3)** Cierre el visor pulsando el botón de aspa de su **Barra de título**.

7 De nuevo en la ventana del mensaje de **Outlook**, pulse el botón **Enviar**.

8 Ahora repetiremos la operación para enviar el documento como archivo adjunto con formato **PDF**. Despliegue el menú **Archivo**, haga clic en el comando **Compartir** y seleccione la opción **Enviar como PDF**. **(4)**

9 En la ventana del mensaje, haga doble clic sobre el nombre del archivo adjunto **médico rural**

3.pdf para abrirlo. **(5)**

10 En el cuadro de diálogo **Abrir datos adjuntos de correo**, pulse sobre el botón **Abrir**.

11 En este caso, el documento se abre en Acrobat Reader o Adobe Reader, según la aplicación que tenga instalada en su equipo. Cierre el programa pulsando el botón de aspa de su **Barra de título**.

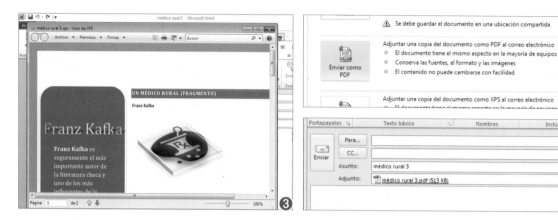

Al pulsar sobre el documento **XPS** adjunto, este se abre directamente en el **Visor de XPS**.

12 Para acabar este ejercicio en el que hemos aprendido a enviar un documento de Word con formato **PDF** y **XPS**, enviaremos definitivamente el mensaje. En el campo **Para** escriba la dirección del destinatario y pulse el botón **Enviar**. Mantenga el documento de **Word** en pantalla, puesto que lo necesitará aún en la próxima lección.

Lección 98. **Guardar en SkyDrive**

En algunas ocasiones varios usuarios necesitan tener acceso a un mismo documento. En otras un mismo usuario tiene que trabajar en un documento desde varios equipos. Para ambos casos, resulta sumamente práctico guardar el archivo en la red, de manera que se pueda acceder a él desde cualquier ordenador al tiempo que se mantiene una copia única del documento. En esta lección, aprenderemos lo fácil que subir un documento al servidor de Windows Live desde Word.

1 En esta lección vamos a subir el documento **carta presentación.docx** a la Web, concretamente al espacio de almacenamiento **SkyDryve**, en **Windows Live**, de manera que sea posible acceder a él desde cualquier ordenador con acceso a Internet, sin necesidad de guardarlo en un dispositivo de almacenamiento portátil. Con el documento abierto en pantalla, pulse sobre la pestaña **Archivo** y seleccione la opción **Guardar y enviar**.

2 Una vez esté en la **Backstage**, seleccione la opción **Guardar en la Web**. En el panel de la derecha aparece una breve descripción de la función, además de tres opciones. La primera de ellas es un vínculo que le permite acceder a la página de **Windows Live** para obtener más información sobre el servicio. La siguiente, el botón **Iniciar Sesión**, le permite acceder a su cuenta si la tiene. Por último, el vínculo **Regístrese para Windows Live** le permite darse de alta ahora si aún no tiene una cuenta en este servicio. Si ya tiene cuenta, pase directamente al paso **3** de esta lección. Si no es su caso, use el último vínculo ahora para crear su cuenta siguiendo las instrucciones de la página **Crear su Windows ID** y al terminar, cierre el explorador y continúe el ejercicio desde el paso que viene.

Desde la opción **Guardar en la Web** de **Word 2010** también puede crear una nueva carpeta en su **SkyDrive** pulsando sobre el icono correspondiente, que muestra el texto **Nueva**.

3 Pulse sobre el botón **Iniciar sesión. (1)**

4 Se abre el cuadro **Conectando con docs.live.net**, donde debe introducir su dirección de correo y su contraseña. Hágalo y pulse el botón **Aceptar**.

5 La vista **Backstage** de la ficha información se actualiza y muestra las carpetas personales que tiene en el **SkyDrive** de su cuenta en **Windows Live.** Su carpeta **Mis documentos** en este servidor se muestra seleccionada por defecto. Pulse ahora el botón **Guardar como. (2)**

6 La aplicación le lleva de nuevo al documento y muestra el cuadro **Guardar como**. Dependiendo de la velocidad de su conexión y del tamaño del archivo, esta operación puede tardar un poco. Directamente pulse en el botón **Guardar como** para almacenar el documento en **Windows Live**.

7 La **Barra de estado** muestra el mensaje **Cargando al servidor. (3)** Es tan sencillo como eso. Vamos ahora a imaginarnos que se encuentra en un equipo distinto y desea acceder a este documento. ¿quiere saber qué debe hacer para abrirlo? En este caso, cierre primero el documento.

8 A continuación abra su explorador e inserte la dirección **http:www.skydrive.com**, que le dirige a la página de inicio de sesión de **Windows Live**. En caso de que no hubiera iniciado sesión en el equipo, tendría que pulsar el vínculo **Inicie sesión con un Windows Live ID diferente** e insertar sus datos. En este caso, inserte su contraseña y pulse el botón **Iniciar sesión**. **(4)**

9 Puede ver ahora el contenido de su espacio SkyDrive. Pulse sobre el icono **Mis documentos** para poder acceder a su contenido. **(5)**

10 Efectivamente, ahí está el documento **médico rural3.docx**, pero la aplicación ha mostrado también un aviso de seguridad. Pulse el botón **Sí** para poder acceder al documento. **(6)**

11 Al colocar el cursor sobre el nombre del archivo de nuevo se muestran diferentes opciones. La primera permite editar en el explorador, desde **Word Web App**, sin necesidad de volver a Word. Incluso sin necesidad de tener instalada la aplicación en el equipo. Tenga en cuenta que si escoge la edición desde el explorador no tendrá disponibles todos los recusos de **Word 2010**, por lo que debe reservar esta opción para ediciones concisas y puntuales. Si realmente tiene que hacer una edición más profunda, lo recomendable es que abra el documento en **Word**. Pulse ahora sobre esta opción que muestra el texto **Abrir en Word**. **(7)**

12 Se muestra el cuadro de diálogo **Abrir documento** con un aviso que recomienda no abrir este documento si no conoce el origen. En este caso pulse el botón **Aceptar**.

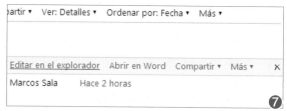

13 Word le pide que escriba los datos de su cuenta en Windows Live para autorizar la conexión. Luego de establecer el contacto con el servidor, se abre el documento en WOrd. Recuerde que cualquier cambio que haga en este será almacenado en su carperta **SkyDrive** y no en el equipo. Ya puede cerrar **Word**.

14 A continuación cierre su sesión **Windows Live** y cierre también el explorador.

El proceso para guardar un documento en SharePoint es muy parecido al que realizamos en esta lección, sin embargo, para ello necesita contar con una cuenta **SharePoint**, que en este caso sí es de pago. **SharePoint** es una plataforma de colaboración empresarial creada por **Microsoft** para la administración de contenidos compartidos desde la interfaz de **Office**.

Lección 99. **Publicar en un blog**

icrosoft Word 2010 también ofrece la posibilidad de publicar directamente en un blog un documento creado con el programa. Un weblog, también conocido como blog o bitácora, es un sitio web que se actualiza periódicamente en el que se recopilan cronológicamente mensajes de uno o de varios autores y de las temáticas más diversas.

1 En este ejercicio trabajaremos con las opciones que permiten publicar directamente un documento creado con el programa en un blog. Sepa que para poder realizar este ejercicio necesitará haber creado una cuenta en alguno de los sitios de blog compatibles con Microsoft Word 2010. Si no la tiene, créela antes de iniciar la lección. Verá que se trata un de un proceso tan sencillo como darse de alta en un servicio gratuito de correo electrónico. Para empezar, pulse sobre la pestaña **Archivo** y escoja la opción **Recientes**. Observe que ahora tiene dos accesos al documento **médico rural3.docx** uno en su equipo y otro en el servidor de **Window Live**. Compruebe que entra al que está guardado en su equipo. **(1)**

> **RECUERDE**
>
> Para publicar blogs con Microsoft Word es necesario configurar previamente los datos del mismo en el programa. Los sitios de blogs compatibles son Windows Live Spaces, Blogger, Blog de SharePoint, Community Server y TypePad.

2 Haga clic nuevamente en la pestaña **Archivo** y pulse sobre el comando **Guardar y enviar** y haga clic sobre la opción **Publicar como entrada de blog**.

3 En el panel de la derecha, el programa proporciona toda la información relativa a los sitios de blog compatibles, así como a la necesidad de registrar la cuenta de blog en el caso de que sea la primera vez que realiza una publicación de este tipo. Haga clic sobre el botón **Publicar como entrada de blog** para seguir adelante. **(2)**

4 Se abre el cuadro **Registrar una cuenta de blog**. Para proceder a registrar su cuenta en Word, pulse el botón **Registrar ahora**. **(3)** Como los datos solicitados dependen del espacio que usted tenga reservado en Internet, dejaremos que sea usted quien lleve a cabo personalmente este registro. Tendrá que indicar ciertos datos como cuál es su proveedor de Blog y su nombre de usuario y contraseña.

5 Tan pronto como acaba de configurar su cuenta, la aplicación le lleva de regreso a su documento. Seguramente habrá percibido el cambio en la interfaz del programa, concretamente en la **Cinta de opciones**, que muestra diferentes fichas y herramientas. **(4)** Haga clic sobre el texto **Introducir aquí título de la entrada del blog** y escriba, a modo de ejemplo, las palabras **Recordando a Kafka**.

Antes de publicar un documento como entrada de blog, debe registrar su blog en **Word**. Esto puede hacerlo al momento de guardar el documento desde el comando **Guardar y enviar**, o justo antes de publicar la entrada.

6 El documento ya está listo para ser publicado, así que haga clic en el botón **Publicar** del grupo de herramientas **Blog** de la ficha **Entrada de blog**. (5)

7 Se abre ahora el cuadro **Conectar a (nombre de blog)**, que le pide que vuelva a introducir su nombre de usuario y contraseña. Seleccione la opción **Recordar nombre de usuario y contraseña** y pulse el botón **Aceptar** en ete cuadro y en el cuadro de aviso que le sigue.

8 Aparece en la cabecera del documento un mensaje que nos informa de la fecha y la hora en que éste ha sido publicado en el blog. Para comprobar que la publicación se ha llevado a cabo correctamente, podemos acceder al blog o bien abrir el cuadro en el que se listan todos los mensajes publicados en el blog. Haga clic en el comando **Abrir existente** del grupo de herramientas **Blog**.

Puede agregarle una **Categoría** a su post, que es como se llama un artículo publicado en un blog, usando el botón correspondiente a esa opción de la **Cinta de opciones**.

9 En el cuadro **Abrir Existente** aparece seleccionada por defecto la cuenta configurada y los mensajes que se han publicado en ella desde Word. Observe que el primero de ellos es el que hemos llamado **Recordando a Kafka**. Para abrir cualquiera de los mensajes existentes sólo hay que seleccionarlo y pulsar el botón **Aceptar**. Cierre el cuadro **Abrir existente** pulsando el botón **Cancelar**.

10 Pulse el botón de aspa de la **Barra de título** del documento creado para cerrarlo.

11 El cuadro de advertencia que aparece nos pregunta si deseamos almacenar los cambios realizados en el documento. Pulse el botón **Guardar** del cuadro de diálogo.

12 El documento publicado en un blog se considera un nuevo documento, por lo que debemos asignarle un nombre y una ubicación en el cuadro **Guardar como**.Haga doble clic en el campo **Nombre** del cuadro **Guardar como**, escriba en minúsculas la palabra blog y, manteniendo seleccionada la ubicación **Documentos**, pulse el botón **Guardar**.

13 Antes de acabar, queremos mostrarle otro procedimiento para publicar un nuevo documento en un blog. Se trata de utilizar la opción adecuada del comando **Nuevo** del menú **Archivo**.Haga clic en la pestaña **Archivo** y pulse sobre la opción **Nuevo**.

14 Entre las plantillas disponibles se encuentra el comando **Entrada de blog**, que nos permite crear un nuevo documento de **Word** que será publicado directamente en nuestro blog. Pulse el botón **Entrada de blog**.

15 Haga clic en el botón **Crear** del panel de la derecha. (6)

16 El programa muestra así la misma interfaz con la que hemos trabajado antes, pero el documento está, lógicamente, en blanco. Ahora sólo tendría que escribir el texto que desee publicar, añadirle opcionalmente un nombre y una categoría, y publicarlo en su blog. **(7)** Pulse el botón de aspa de la **Barra de título** del documento creado para cerrarlo.

17 En el cuadro de advertencia que aparece, pulse el botón **No guardar** para dar por acabado el ejercicio y pasar, finalmente, a la última lección de este manual.

Preparando sus **posts** desde Word puede hacer más cómodo y versátil el proceso de creación de sus textos.

Lección 100. **Configurar la página de impresión**

En Word 2010, la configuración de un documento para su impresión es mucho más sencilla y rápida gracias a la nueva función de vista previa. En el comando Imprimir del nuevo menú Archivo se incluyen todas las opciones de vista previa e impresión del documento. El apartado Impresora permite seleccionar la impresora y establecer las propiedades de la impresión, mientras que el apartado Configuración cuenta con todos los campos necesarios para modificar parámetros como la orientación, el número de páginas, el papel, etc.

1 En este ejercicio practicaremos con las nuevas opciones de configuración de página y vista preliminar que ofrece Word 2010. Practicaremos con el documento **De la tierra a la luna.docx** así que ábralo para comenzar. Una vez tenga el documento en pantalla, haga clic en la pestaña **Archivo** y pulse sobre el comando **Imprimir**.

Directamente desde la **Backstage Imprimir** puede establecer las opciones principales de impresión y obtener una vista previa en tiempo real.

2 Una de las mejoras que incorpora toda la suite de programas de **Office 2010** es la inclusión en una misma ventana de las opciones de configuración de la página para su impresión y la vista previa del documento. En la parte inferior de la vista preliminar, haga clic sobre la punta de flecha que señala hacia la izquierda para visualizar así la página siguiente del documento de ejemplo. **(1)**

3 También en la parte inferior derecha de la vista preliminar se encuentran los controles para modificar el zoom. Puede aumentarlo o disminuirlo mediante el botón deslizante o utilizando los botones que muestran un + y un -. Haga clic en el botón con el signo + para aumentar el zoom de visualización en la vista preliminar. **(2)**

4 Por su parte, el pequeño comando situado a la derecha del zoom permite encajar la página completa en el panel de vista previa en aquellos casos en que ésta haya sido ampliada o reducida. Pulse sobre este comando para volver a ver la página completa. **(3)**

5 Desde este mismo cuadro puede decidir cuántas páginas desea imprimir en cada hoja. Despliegue el último campo del apartado **Configuración** y elija la opción **2 páginas por hoja**.

6 La aparición de la nueva vista denominada **Backstage** de **Office 2010** no ha eliminado el cuadro de diálogo **Configurar página**. Pulse sobre el vínculo **Configurar página** situado en la parte inferior de las opciones de configuración.

7 El cuadro **Configurar página** se abre en la ficha **Márgenes** desde donde pueden modificarse, entre otros parámetros, la orientación y los márgenes del documento. Haga clic en la opción **Horizontal** para cambiar la orientación del papel.

8 Pulse sobre la pestaña **Papel**.

9 En esta ficha podemos especificar el tamaño del papel que utilizaremos para realizar la impresión. En este caso, mantendremos los valores predeterminados y pasaremos a mostrar las opciones de impresión que ofrece Word 2010. Pulse el botón **Opciones de impresión**.

10 Se abre de este modo el cuadro **Opciones de Word** con la ficha **Mostrar** activa. En ella puede cambiar el modo en que se muestra el contenido del documento en la pantalla y al imprimirlo. Salga del cuadro **Opciones de Word** pulsando el botón **Cancelar**.

11 Sitúese ahora en la ficha **Diseño** pulsando en su pestaña.

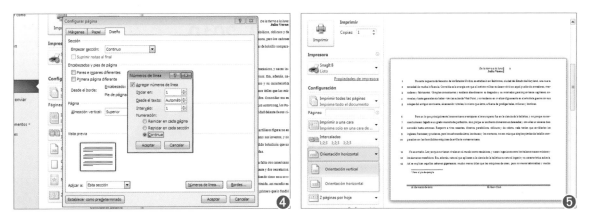

12 A través de esta ficha puede modificar la distancia entre los encabezados y los pies de página y el borde de la misma así como la alineación vertical, determinar si las páginas impresas presentarán bordes o no, etc. Otra de las tareas posibles es la de numerar las líneas del documento. Pulse el botón **Números de línea**.

13 En el cuadro **Números de línea**, haga clic en la casilla de verificación de la opción **Agregar números de línea**. Al seleccionar esta opción, se activan las opciones de configuración para la numeración de líneas. Haga clic en el botón de radio **Continua**. **(4)**

14 De esta manera la numeración no se reiniciará en cada página, sino que será continua en todo el documento. Pulse el botón **Aceptar** del cuadro **Números de línea** primero y luego del cuadro **Configurar página**.

15 Al volver a la vista **Backstage** del comando **Imprimir** se reflejan sobre la vista previa del documento todos los cambios realizados en el cuadro de configuración. (x) Para recuperar la orientación vertical, haga clic en el botón **Orientación horizontal** del apartado **Configuración** y elija la opción **Orientación vertical**. **(5)**

16 En este momento, si deseara imprimir el documento debería pulsar el botón **Imprimir**. En lugar de esto, aprovechando que tiene a la vista las opciones de la ficha **Archivo**, puede pulsar directamente el botón **Salir** para dejar la aplicación, pues con este último ejercicio ha terminado el **Manual de Word 2010**. La decisión de guardar los cambios o no, va por su cuenta en esta oportunidad. Felicidades.

La numeración de las líneas que se establece desde el cuadro **Configurar página**, son visibles solo en la vista previa y en las vistas **Diseño de impresión** y **Lectura de página completa**, en este último caso cuando está seleccionada la función en **Mostrar página impresa**.

COLECCIÓN MANUALES

• •

EXCEL 2010

Microsoft Excel 2010 es el programa de edición de hojas de cálculo más extendido y utilizado. Una hoja de cálculo permite efectuar desde sencillas operaciones hasta complejos cálculos matemáticos de forma automática.

Con **Excel 2010** es posible crear hojas de cálculo y aplicarles formato, obtener espectaculares gráficos con aspecto profesional a partir de los datos introducidos, compartir información de un modo seguro con clientes, socios o compañeros, ordenar y filtrar todo tipo de información, etc. Se trata de una útil y sencilla herramienta que permite al usuario crear sus propios libros de cuentas. Con este manual:

- Gestionará eficazmente la **información** de su empresa.
- Obtendrá espectaculares **gráficos** de aspecto completamente profesional.
- Realizará **cálculos** aritméticos y estadísticos.
- Podrá **compartir** hojas de cálculo e información empresarial con otras personas.

OFFICE 2010

Un completo paseo por las principales utilidades de tres de los programas estrella de la suite de Microsoft: Word, Excel y PowerPoint.

Office 2010 proporciona un sinfín de utilidades para diseñar documentos (hojas de cálculo, textos y presentaciones) con aspecto completamente profesional. Esta nueva versión de la aclamada suite ofrece un mundo de opciones de diseño con las que el usuario podrá expresar y compartir sus ideas de una manera atractiva e impactante. Con este manual:

- Conocerá las nuevas y mejoradas **herramientas de edición** de imágenes.
- Practicará con las nuevas **funciones de representación gráfica** de datos de Excel 2010.
- Realizará **atractivas presentaciones** usando las mejoradas funciones de PowerPoint 2010.
- Trabajará con la nueva **Vista Backstage**, desde donde se llevan a cabo las principales tareas de administración de archivos (imprimir, guardar, compartir, publicar, etc.).

FLASH CS5

Flash CS5 es un excepcional programa para la creación de animaciones, vídeos y elementos interactivos que generalmente se añaden a las páginas Web. Es especialmente utilizado por creativos publicitarios y diseñadores de juegos.

Con **Flash CS5** es fácil diseñar contenido interactivo con tipografía especial, diseños flexibles y animaciones profesionales dotadas de movimientos expresivos y naturales. Las potentes y avanzadas herramientas ActionScript de este editor permiten desarrollar aplicaciones y contenido web multiplataforma. Con este manual:

- Conocerá las nuevas características del **editor de ActionScript** mejorado.
- Aplicará **efectos de animación** avanzados gracias al nuevo conjunto de pinceles para la herramienta Deco.
- Practicará con nuevas funciones de **control de texto.**
- Conseguirá **efectos realistas de movimiento** usando los nuevos atributos añadidos a la herramienta Huesos.

PHOTOSHOP CS5

Photoshop es probablemente el programa de retoque fotográfico más utilizado y conocido en el mundo. Con sus múltiples y avanzadas herramientas podrá sacar el máximo partido a sus imágenes digitales.

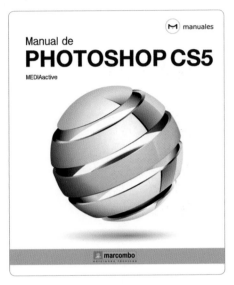

Entre las infinitas funciones que ofrece **Photoshop CS5** se encuentran las que permiten mejorar el aspecto de las fotografías tomadas con cámaras digitales y las que proporcionan a las imágenes espectaculares efectos. Con este manual:

- Aprenderá a aprovechar las nuevas y potentes **herramientas de selección**.
- Practicará con las funciones mejoradas de retoque de imágenes para conseguir **efectos realistas**.
- Conocerá las importantes **mejoras del flujo de trabajo** y rendimiento.
- **Corregirá** sencilla y rápidamente los habituales defectos que presentan las fotografías.
- Descubrirá nuevos **efectos pictóricos** y practicará con la extraordinaria función **Relleno según el contenido**.

INDESIGN CS5

InDesign es uno de los programas de la suite de Adobe y es actualmente el programa de maquetación más usado y extendido en el mundo.

Desde su primera aparición en el mercado en el año 1999 su interfaz y herramientas han ido mejorando hasta hacer posible que la organización y modificación de todos los elementos del producto sea ágil y fluida y los resultados sean cuidados y competentes. La versión CS5 de **InDesign** ha incorporado varias novedades que continúan mejorando el programa. Con este manual:

- Aprenderá la sencillez con que es posible trabajar con los distintos programas de la suite, como Photoshop o Flash, para la creación de un **único documento**.
- Conocerá los nuevos y mejorados recursos para la edición de libros digitales que permiten adaptarse al **entorno** y **demandas** del mercado.
- Practicará con las más potentes herramientas para **insertar** texto, páginas e imágenes.

RETOQUE FOTOGRÁFICO CON PHOTOSHOP CS5

El manual imprescindible para conocer los mejores trucos y las técnicas más espectaculares para el retoque de imágenes con Photoshop CS5 .

Aunque la versión CS5 de Photoshop no presenta excesivas novedades en cuanto a funciones se refiere, en este libro se utilizan algunas que dan como resultado espectaculares creaciones. Así, en estas páginas encontrará lecciones dedicadas al retoque y a la corrección de todo tipo de imágenes, además de a la creación de espectaculares efectos especiales mediante la aplicación combinada de diferentes filtros y ajustes para la imagen. Con este manual:

- Aprenderá a solucionar los "típicos" problemas relacionados con la **luz** (sobreexposición, subexposición...).
- Solucionará pequeñas **imperfecciones** e **impurezas** que puedan aparecer en retratos.
- Aprenderá, de un modo sencillo, a realizar **fotomontajes**.
- Conocerá el modo de aplicar **filtros** y **máscaras** para llegar a conseguir fotografías nunca imaginadas.

AUTOCAD 2011

AutoCAD es, sin duda alguna, el programa de diseño y dibujo asistido por ordenador más conocido y utilizado por los profesionales.

La versión 2011 del programa no presenta demasiadas novedades en cuanto a comandos se refiere, aunque sí numerosas e importantes mejoras en las funciones existentes. Gracias a estas mejoras, muchos procedimientos resultan claramente más sencillos, como la inserción de materiales sobre sólidos; ahora es posible aplicar un material desde el renovado Explorador de materiales sencillamente mediante la técnica de arrastre. Con este manual:

- Aprenderá a trabajar con las nuevas fichas de la Cinta de opciones denominadas **Sólido** y **Superficie**.
- Conocerá la forma más sencilla de crear y editar **mallas 3D**.
- Aprenderá todos los secretos acerca de las **herramientas de sección**.
- Conseguirá impresiones en tres dimensiones gracias a la función de **impresión 3D**.

COLECCIÓN APRENDER...CON 100 EJERCICIOS

• •

DISEÑO TRIDIMENSIONAL

Si se inicia en el trabajo con el programa de diseño tridimensional 3ds Max, entonces "Aprender 3ds Max 2010 con 100 ejercicios prácticos" es, sin duda, el libro que está buscando.

3ds Max 2010 es la solución completa para el modelado, la animación y la renderización en 3D. Con estos 100 ejercicios el usuario tendrá una primera toma de contacto con el programa y aprenderá a realizar operaciones básicas como crear objetos planos y tridimensionales y a transformarlos y editarlos con distintas herramientas y modificadores. Con este libro:

- Conozca la **nueva interfaz** de 3ds Max 2010.
- Practique con la herramienta de agrupación **Container**.
- Cree modelos poligonales usando la cinta **Graphite**.
- Transforme objetos con las **herramientas de edición**.
- Utilice los **modificadores** del programa.

DISEÑO TRIDIMENSIONAL AVANZADO

Si quiere profundizar en su conocimiento del programa de diseño tridimensional 3ds Max, entonces "Aprender 3ds Max 2010 Avanzado con 100 ejercicios prácticos" es, sin duda, el libro que está buscando.

3ds Max 2010 es una de los programas más utilizados y respetados por los profesionales de desarrollo de juegos, televisión, cine y composición digital. Con estos 100 ejercicios el usuario aprenderá a realizar operaciones que bien pueden considerarse avanzadas con las múltiples herramientas de edición de esta nueva versión. Con este libro:

- Aprenda a aplicar **materiales** a los objetos de las escenas.
- Conozca la importancia de una correcta **iluminación.**
- Coloque **cámaras** y obtenga distintos encuadres de escena.
- Genere y reproduzca **animaciones** sencillas y complejas.
- Añada **efectos especiales y atmosféricos** y **renderice** las escenas para comprobar los espectaculares resultados.

● ●

FUNCIONES AVANZADAS DE WINDOWS 7

Si le interesa conocer las más sofisticadas y avanzadas soluciones de Windows 7, entonces "Aprender Windows 7 avanzado con 100 ejercicios prácticos" es, sin duda, el libro que le interesa.

Tras un largo proceso de pruebas y consultas con los usuarios, Windows 7 se presenta como un rápido, fiable e intuitivo sistema que incluye las más sofisticadas soluciones de seguridad y una serie de aplicaciones que permiten un **control total** por parte del usuario. Con este libro:

- Realice **búsquedas** de cualquier aplicación, solución y característica desde la misma ventana del Panel de control.
- **Administre sus dispositivos**, tanto unidades de disco como extraíbles, en una única ventana.
- Adapte el equipo a sus necesidades físicas con las múltiples **soluciones de accesibilidad.**
- Cree redes domésticas y comparta archivos y dispositivos mediante los nuevos **Grupos en el hogar.**

APLICACIONES EN INTERNET

Por otro lado si ha oído hablar de Windows Live pero no tiene claro en qué consiste, entonces su libro ideal es "Aprender Windows Live con 100 ejercicios prácticos".

Windows Live es el paquete de aplicaciones gratuitas y en línea de Microsoft que ofrece al usuario una nueva dimensión en el mundo del entretenimiento, la seguridad, la comunicación y la información. Con este libro:

- Manténgase en contacto permanente con sus amigos y familiares gracias a **Messenger** y **Mail.**
- Comparta con otros usuarios fotos, enlaces, documentos, etc. a través de su blog, editándolo con **Writer.**
- Cree presentaciones de fotografías con **Galería fotográfica** y **Movie Maker.**
- Evite que los más pequeños de la casa accedan a sitios web no recomendables con el filtro **Protección infantil.**

MULTIMEDIA Y NUEVAS TECNOLOGÍAS

Si desea conocer las últimas novedades en el sector de las tecnologías de la comunicación, en constante desarrollo, no dude en adquirir el libro "Aprender Windows 7. Multimedia y nuevas tecnologías con 100 ejercicios prácticos."

El sistema operativo **Windows 7** ofrece muchas e interesantes mejoras relativas al ámbito multimedia y de nuevas tecnologías. Se hace cada vez más necesario el uso y el conocimiento de esas nuevas tecnologías, que pretenden facilitarnos notablemente la vida. Con este libro:

- Conozca las prestaciones del nuevo **Reproductor de Windows Media de Windows 7.**
- Aprenda a descargar las fotografías desde su cámara digital y a crear presentaciones con **Windows DVD Maker.**
- Saque el máximo provecho a **Windows Media Center**, la biblioteca de entretenimiento digital de Windows 7.
- Gestione desde su equipo los **dispositivos portátiles** más utilizados (memorias de bolsillo, teléfonos móviles, PDAs).

LAS NOVEDADES DE WINDOWS 7

Por otro lado, si desea conocer las principales novedades del sistema operativo Windows 7, entonces su libro ideal es "Aprender Las novedades de Windows 7 con 100 ejercicios prácticos".

El célebre sistema operativo de Microsoft, Windows, aparece en 2009 totalmente renovado y actualizado en su versión 7. **Windows 7** ha sido hecho a medida por los desarrolladores del sistema para los millones de usuarios que lo utilizan, puesto que en esta ocasión se han tenido en cuenta sus opiniones y sugerencias para mejorar las funciones existentes e incorporar necesarias novedades. Con este libro:

- Conozca la nueva interfaz del sistema, con una renovada **Barra de tareas** más amplia y más accesible.
- Trabaje con la **nueva interfaz** transparente de ventanas.
- Localice sus archivos en las **nuevas bibliotecas.**
- Rastree su equipo con la nueva **Búsqueda de Windows** del menú Inicio.

DISEÑO ASISTIDO POR ORDENADOR

Si su interés está más cerca del diseño de interiores o de la arquitectura asistidos por ordenador, entonces su libro ideal es "Aprender AutoCAD 2010 con 100 ejercicios prácticos".

AutoCAD 2010 es, en la actualidad, una de las aplicaciones más respetadas y utilizadas por profesionales del diseño, la ingeniería y la arquitectura. Con este manual aprenderá a manejarla de forma cómoda. En esta versión de AutoCAD, se presentan interesantes novedades, tanto en su aspecto como en sus herramientas y funciones, que incrementan las posibilidades de creación y diseño técnico. Con este libro:

- Reduzca el **tiempo de revisión** de sus diseños.
- Cree y edite **mallas tridimensionales.**
- Use el nuevo comando **Plano de sección.**
- Consiga impresiones en tres dimensiones gracias a la nueva función de **impresión 3D.**

CREACIÓN Y DISEÑO DE PÁGINAS WEB

Si lo que le interesa es el diseño Web y la creación de elaboradas páginas Web, entonces "Aprender Dreamweaver CS4 con 100 ejercicios prácticos" es, sin duda, el libro que le interesa.

Dreamweaver CS4 es el programa de creación y edición de páginas Web por excelencia. Con este manual aprenderá a manejarlo de forma cómoda. En esta versión de Dreamweaver, Adobe ha añadido muchas e interesantes novedades, tanto en su aspecto como en sus herramientas y funciones, que incrementan las posibilidades de edición. Con este libro:

- Cree **páginas Web** de aspecto totalmente profesional .
- Conozca la nueva y flexible **interfaz** de usuario.
- Potencie el flujo de trabajo centrado en la **vista código** junto con la vista de diseño visual.
- Disfrute de las novedades en los **códigos HTML, CSS y Java.**
- Aproveche las nuevas herramientas dirigidas al **desarrollo Web profesional.**